Ullstein

ÜBER DAS BUCH:

HUNA ist ein uraltes psychologisch-philosophisches System, das erst in diesem Jahrhundert auf Hawaii wiederentdeckt wurde. Der Autor hat die Grundlagen und die praktische Anwendung dieses Systems für den Alltag des modernen Menschen nachvollziehbar und anwendbar gemacht. Wer HUNA praktiziert, kann negative Charaktereigenschaften erkennen und beseitigen und selbst Ängste und Depressionen überwinden. Mit Hilfe der leicht erlernbaren Methoden der HUNA-Weisheit ist es möglich, die alltägliche Kommunikation zu verbessern. Der Autor zeigt, wie man mit seinem unteren Selbst in Kontakt tritt und schließlich mit seinem »Schutzengel«, dem eigenen, persönlichen Hohen Selbst der HUNA-Lehre. Der Leser erfährt alles über den praktischen Umgang mit Mana, einer besonderen Kraft, die Arbeit mit der Aka-Schnur, der feinstofflichen Verbindung zur Mitwelt, den geistigen Reinigungsprozeß unter Einsatz der Kala-Reinigung, den Gebrauch von innerem Licht sowie bestimmte Formen des Visualisierens. Weitere Themen sind die Anwendung des Pendels und die Verbindung von HUNA-Gebet und geistigem Heilen.

DER AUTOR:

Henry Krotoschin, Dipl. Ing. ETH, kam in einer tiefen Lebenskrise durch die Bücher von Max Freedorm Long auf den HUNA-Weg. Als Naturwissenschaftler hat er die Praxis der HUNA-Lehre gründlich und kritisch geprüft. Seit längerer Zeit widmet er sich ganz seiner Berufung als HUNA-Lehrer und hat in den vergangenen Jahren über 400 Vorträge und Seminare im deutschsprachigen Raum sowie in den USA und Brasilien gehalten. Er gründete die HUNA-Forschungsgesellschaft in Zürich, die offizielle Europa-Vertretung der noch von Max F. Long gegründeten Huna Research Inc. in Missouri, USA.

Henry Krotoschin

HUNA-Praxis

Bewußte Lenkung
des Schicksals

Ullstein

Ullstein Buchverlage GmbH & Co. KG,
Berlin
Taschenbuchnummer: 35896

Ungekürzte Ausgabe
(auf der Grundlage der 5. Auflage 1996)
Mit 2 Zeichnungen
Mai 1999

Umschlaggestaltung:
Vera Bauer
Unter Verwendung einer Abbildung von
Tony Stone Images

Alle Rechte vorbehalten
© 1990 by Heinrich Krotoschin
© 1990 für die deutschsprachige Ausgabe
und für alle Ausgaben,
außer in englischer Sprache,
by Verlag Hermann Bauer KG, Freiburg im Breisgau
Printed in Germany 1999
Gesamtherstellung:
Ebner Ulm
ISBN 3 548 35896 9

»HUNA« ist ein international und
national registriertes und geschütztes
Marken- und Dienstleistungszeichen

Die Deutsche Bibliothek –
CIP-Einheitsaufnahme

Krotoschin, Henry:
Huna-Praxis : bewußte Lenkung des
Schicksals / Henry Krotoschin.
– Ungekürzte Ausg. (auf der Grundlage
der 5. Aufl. 1996). – Berlin : Ullstein, 1999
(Ullstein-Buch ; 35865)
Lizenz des Verl. Bauer, Freiburg im Breisgau
ISBN 3-548-35865-9

Dieses Buch ist
Marion Jeannette
mit liebevollen Gedanken gewidmet

Danksagung

Von den vielen, denen ich für Rat, Hilfe und Impulse von Herzen danke, möchte ich besonders hervorheben: Max und Hermann, die unermüdlichen Helfer; Otha, der mir die »Initialzündung« gegeben hat; Sir George, Régine, die Künstlerin; Jaqueline und Annette mit ihrer Liebe; den anderen Max und Erwin, durch die ich viel gelernt habe; Jeannette und Clara und last but not least Helene, durch deren erfolgreiche Arbeit die Herausgabe dieses Buches stark gefördert wurde, und natürlich, ganz selbstverständlich, Ariel und George.

Das Erscheinen dieses Buches wurde schließlich durch W. Michael Harlacher wesentlich gefördert, indem er sich als höchstqualifizierter und gewissenhafter Lektor zur Verfügung stellte. Von ihm habe ich bei der Herausgabe meines ersten Buches viel gelernt, und ich bin ihm zu großem Dank verpflichtet.

Einen weiteren Dank füge ich dieser Reihe von Danksagungen nun 1993 vor dem Druck der 3. Auflage zu. Immer wieder haben Leser betont, wie treffend der Titel meines Buches lautet: »HUNA-PRAXIS«. Ich wollte es einfach »HUNA« nennen. Aber es war Friedrich Kirner, der Schirmherr des Verlages Hermann Bauer, der erfahrene Kenner, der mich zu dieser Formulierung des Buchtitels drängte.

Inhalt

Vorwort

Henry Krotoschin ist der qualifizierteste Autor für ein praktisch anzuwendendes HUNA-Lehrbuch, das im deutschen Sprachraum schon lange fehlte. Henry hat sowohl wissenschaftliche Schulung als auch Wirtschaftserfahrung; er kennt die deutsch- und englischsprachige HUNA-Literatur vollkommen.

Die Internationale HUNA-Organisation HUNA *Research Inc.*, von Max Freedom Long 1945 in USA gegründet, hat Henry als HUNA-Lehrer und -Praktiker bestätigt. Er ist unser offizieller Vertreter in Europa und Leiter unserer Zweigstelle, der HUNA *Forschungs-Gesellschaft* in Zürich. Sein Ansehen als Redner und Lehrer ist international anerkannt. Er schreibt aus eigener Erfahrung, denn er lebt die HUNA-Praxis.

Dieses Buch ist eine gründliche praktische Darstellung der HUNA-Lehre. Seine Grundlage sind Henrys zahlreiche Vorträge und Seminare in Deutschland, der Schweiz, Österreich und den USA, einschließlich einer achtwöchigen Vortrags- und Seminarreise, die wir beide 1985 in Deutschland und in der Schweiz absolviert haben.

Sie können sich darauf verlassen, daß die Grundlagen der HUNA-Lehre dieses Buches authentisch sind. Sie können sie sofort in die Praxis umsetzen, um Ihr eigenes Leben glücklicher, harmonischer und sinnvoller zu gestalten. Sie können schon jetzt nach dem HUNA-Leitsatz leben: Nie verletzen, immer helfen!

Prof. Dr. E. Otha Wingo, Executive Director
HUNA Research Inc., Cape Girardeau, Missouri, USA

Einleitung
Was ist HUNA?

Du sollst dich nicht nach einer vollkommenen
Lehre sehnen, sondern nach Vervollkommnung
deiner selbst.   Hermann Hesse

Eine uralte Lehre für moderne Menschen

Dieses Buch bietet einfache und klare Informationen über die
HUNA-Lehre und -Praxis für jedermann. Nach seiner Lektüre
sollen die Leserinnen und Leser fähig sein, die Grundlagen der
HUNA-Lehre zu verstehen und, wenn sie es wollen, damit ihr
tägliches Leben zu bereichern und geistige und materielle Fortschritte zu machen. Außerdem ist dieses Buch die Einlösung
eines Versprechens, das ich manchen Teilnehmern meiner HU-
NA-Seminare gegeben habe: eine übersichtliche Darstellung
der HUNA-Praxis.

HUNA ist eine Lebensweise. Unter einer Lebensweise verstehe ich eine gedankliche Grundlage und praktische Erkenntnisse, die es ermöglichen, diese Grundlage in die Tat umzuset-
zen, im täglichen Leben anzuwenden und daraus Nutzen zu
ziehen. HUNA ist keine Religion oder Konfession, enthält kein
Dogma. Die Gedanken der HUNA-Lehre setzen nicht voraus,
daß man sich ihnen sklavisch unterwirft; sie erlauben, sie verlangen sogar eigene kritische Gedanken, die es ermöglichen,
die Lehre und die Praxis den eigenen Bedürfnissen anzupas-
sen.

HUNA ist eine ganz große Lebenshilfe. Mit der praktischen
Anwendung der HUNA-Weisungen, der Erkenntnisse dieser
Lehre und ihrer Lebens-Praxis können wir in unserem täglichen Leben, besonders im Verkehr mit unseren Mitmenschen,
positive Änderungen erreichen, die wir rückblickend nach de-

ren Vollendung als Wunder bezeichnen könnten und die besonders unsere Mitmenschen als solche bezeichnen würden, weil sie nicht wissen, wie diese Änderungen und Wandlungen zustande gekommen sind.

Wir sind in dieses Leben gestellt worden als in-karnierter Geist (caro, carnis, lat. = Fleisch). Wir Menschen sind reine Geistwesen, die für eine kurze Zeit von siebzig, achtzig Jahren durch ihren Körper engstens mit der Materie verbunden sind. Dies ist ein Zustand des Lernens, in dem wir ganz herrliche und leider auch sehr schmerzhafte Erfahrungen machen. Die herrlichen nehmen wir an, meistens ohne uns darüber Gedanken zu machen und meistens ohne dafür zu danken. Aber die Schmerzen, oder gar die unverarbeiteten Schmerzen, die Leiden, die machen uns Schwierigkeiten und Sorgen, und von diesen möchten wir uns gerne befreien. Wenn diese Befreiung durch einen Lernprozeß erfolgt, dann ist alles in Ordnung; wenn nicht, müssen wir weitere Erfahrungen machen, noch mehr Schmerzen erleben. Manchmal bedarf es eines späteren Lebens, um auf der Stufenleiter der ethischen Entwicklung weiterzukommen.

Um diesen – ich möchte sagen – gnadenvollen Lernprozeß zu erkennen, anzunehmen und zu erleben, ist die HUNA-Lehre die klassische Hilfe. Ich selbst habe manche Stellen in der Bibel erst durch die HUNA-Lehre begreifen können, und mein Weg zu Gott, auf dem mein Glauben durch Wissen ersetzt wurde, war der Weg der HUNA-Lehre und -Praxis. Auf diesem Gebiet kann jeder, der sich mit HUNA beschäftigt, gesunde, praktische und fördernde religiöse Erfahrungen machen. Zunächst unannehmbar und unrealistisch und lebensfremd erscheinende Forderungen Jesu wie zum Beispiel »Liebet eure Feinde« werden nun plötzlich klar und einfach, und die Ausführung solcher Forderungen wird realisierbar. Das zu behaupten, ist keineswegs lebensfremde Bigotterie, es ist Lebenspraxis für den, der es er-lebt hat. Ganz wichtig dabei ist die gesunde, natürliche und zweckmäßige Bearbeitung des menschlichen Egos. Hier gibt uns die HUNA-Lehre klare und wirksame Anweisungen. Ich habe im Laufe von jahrzehntelangem Suchen keine andere Lehre gefunden, keine östliche und keine westliche, die mir die Klarheit und die Wirksamkeit der HUNA-Lehre und -Praxis hätte ersetzen können. Jeder, der einmal die Gnade hat (und viele werden sie haben), sein eigenes Hohes Selbst zu erreichen, ein unerhört beglückend-erschütterndes Erlebnis, wird diese Erfahrungen bestätigen.

Vielleicht werden manche, die diese Zeilen lesen, meinen, meine enthusiastischen Äußerungen, besonders da ich oben von einem Wunder gesprochen habe, gingen zu weit. Ihnen möchte ich sagen: Geduld! Es scheint mir zweckmäßig, an dieser Stelle einige Erklärungen über meine Einstellung zu und Erfahrungen mit HUNA zu geben, die belegen mögen, daß ich dergleichen nicht leichtfertig äußere. Ich habe das Ingenieurdiplom der Eidgenössischen Technischen Hochschule in Zürich erworben. Diese Hochschule hat einen guten Ruf. Ich bin Naturwissenschaftler und habe mich jahrelang mit Chemie und Physik beschäftigt und habe auch versucht, meine Erkenntnisse der Technik und der theoretischen und praktischen Physik in Verbindung zu bringen mit den mir zugekommenen Gedanken des göttlichen Wirkens in der Schöpfung und der Erschaffung der Physis. Diese Gedanken hier näher auszuführen würde im Rahmen dieses kurzen Lehrganges über HUNA zu weit führen.

Im Laufe meines Lebens bin ich immer wieder zu grundlegenden Gedanken und Fragen geführt worden. Zum Beispiel: Warum leben wir überhaupt? Was war vor dem Leben, was ist danach? Was ist der Sinn unseres Lebens? Warum machen wir die Erfahrung von Schmerzen? Wie erreichen wir das sogenannte Glück?

Ich habe mich über mehrere Jahrzehnte hinweg mit manchen Religionen und Weisheiten beschäftigt, die sowohl in unserem Kulturkreis als auch im Osten verankert sind. Allzu viele Fragen blieben von den Religionen, die mir zugänglich sind, unbeantwortet. Östliche Weisheiten habe ich respektiert. Aber ich hatte, ganz offen gesagt, einige Mühe mit den vielen neuen Vokabeln, die ich lernen sollte und die nicht nur Vokabeln waren, die ich in eine mir geläufige Sprache hätte übersetzen können; nein, diese Worte hatten einen besonderen Sinn, und es war unbedingt notwendig, sich den Inhalt ihres Sinnes sehr sorgfältig zu erarbeiten. Anderenfalls konnte man diese Begriffe nicht benutzen.

Aber viele dieser sehr beachtens- und verehrungswürdigen Begriffe sind uns westlichen Menschen fremd. Obwohl es einige wenige westliche Philosophen gibt, die versucht haben, uns diese Begriffe zu erläutern und nahezubringen, war mir die Gedankenarbeit zu kompliziert, und ich hatte die Empfindung, daß ich die Prinzipien, die ich mir erwerben wollte, nicht ins tägliche Leben hätte umsetzen können.

So kam es, daß ich bei dem dauernden Suchen nach Erkenntnis, von dem ich sozusagen besessen war, nur Sorgen und Enttäuschungen erlebte. Schließlich kam dieser wirklich merkwürdige Sonntagnachmittag, an dem ich die beiden bedeutungsvollsten Bücher über HUNA in die Hand bekam. Das war kein Zufall, sondern ich wurde geführt. Kann man das behaupten? Bitte urteilen Sie selbst! Es kam so:

Ein Freund hatte ein Haus im Tessin am Lago Maggiore, an einem der steil abfallenden Berghänge. Er war mit einer Bühnenkünstlerin verheiratet, die viel auf Tournee reisen mußte. Wir, meine Frau und ich, hatten sie immer verfehlt. Schließlich war es soweit: An diesem Sonntag nachmittag wurden wir zum Tee eingeladen. Der Eingang des Hauses ist, wie dort immer üblich und zweckmäßig, an der Rückseite, der Bergseite. Wir traten ein und wurden mit der Frau meines Freundes bekannt gemacht. Die beiden Frauen gingen sofort in lebhaftem Gespräch durch das große Zimmer des Hauses auf die Terrasse zu, die eine herrliche Aussicht auf den See bietet und auf der sich das Leben im Sommer abspielt. Ich jedoch blieb in dem großen Raum stehen. Mein Freund stand neben mir. Er legte die eine Hand auf meinen Rücken und lud mich mit der anderen ein, voranzuschreiten, um ebenfalls auf die Terrasse zu gehen. Warum tat ich das nicht? Ich blieb statt dessen immer noch stehen und wandte mich nach rechts, wo ich eine große Wand sah, die ganz mit Büchern ausgefüllt war. Auf diese Bücherwand schritt ich zu, während mein Freund schon etwas ungeduldig wurde. »Komm doch«, sagte er. Ich ging jedoch links auf die Bücherwand zu, stellte mich auf die Zehen und holte mit ausgestrecktem linken Arm zwei Bücher heraus, in denen ich interessiert blätterte. Mein Freund nahm sie mir, nun fast ein wenig unwirsch, aus der Hand, während ich sagte: »Mich interessiert das!« Mein Freund schaute auf die beiden Buchrücken und sagte: »HUNA! So ein Unsinn! Wenn du es haben willst, schenke ich es dir!« So kam ich zu den beiden wichtigsten Büchern über HUNA, deren Autor *Max Freedom Long* ist.

Ist vielleicht doch anzunehmen, daß seltsame Kräfte im Spiel waren, die mich zu diesen Büchern geführt haben? Daß irgendein mich führendes Wesen wollte, daß ich diese beiden Bücher bekam? Nun, es wird in einem späteren Kapitel dieses Buches ganz deutlich werden, wer mich zu diesen beiden Büchern geführt hatte.

Dieses Buch ist anders als die beiden Werke Longs, der sich historisch um die Erforschung von HUNA verdient gemacht hat. Als ein kurzes und komprimiertes Buch über die HUNA-Lehre soll es besonders die praktische HUNA-Arbeit fördern. Ich habe an mir selbst und bei vielen meiner Seminar-Teilnehmer gesehen, welchen unvorstellbaren Segen die Anwendung der HUNA-Lehre im praktischen Leben eines Menschen bringen kann. Wie ich selbst, haben viele Menschen durch HUNA Ängste und Depressionen überwunden, konnten viele negative Charaktereigenschaften erkennen und beseitigen. Viele Menschen haben durch HUNA eine höhere ethische Ebene erreicht, und ich scheue mich nicht festzustellen, daß manchem, wie mir selbst, durch HUNA ihr direkter Kontakt mit dem Schöpfer geschenkt wurde (vgl. auch Kapitel 10).

Wenn ich all das Positive betrachte, all die Errungenschaften einer geistigen, ethischen Entwicklung, die Tausende, wie ich selbst, durch HUNA erfahren haben, dann spüre ich den stärksten inneren Drang, an dieser Stelle ausdrücklich dem bereits erwähnten Menschen meine besondere Ehrerbietung zu erweisen, der als erster die HUNA-Lehre entdeckt, entschlüsselt und veröffentlicht hat: *Max Freedom Long*. Das Genie dieses amerikanischen Sprachforschers, der durch seinen Höheren Geist geführt wurde, hat uns die Grundlage für die HUNA-Lehre geliefert. Sein Werk und seine Bücher sind unersetzlich. Von seinen zahlreichen Publikationen sind zumindest die deutschsprachigen in der Bibliographie am Schluß dieses Buches aufgeführt.

Drei Impulse haben dieses Buch entstehen lassen: erstens: meine Arbeit mit den Büchern von Max Freedom Long; zweitens: die Intuitionen, die ich durch seine Bücher und die Arbeit mit ihnen empfangen habe; drittens: die praktischen Erfahrungen, die ich mit HUNA in meinem eigenen Leben und durch Schüler und Patienten gemacht habe. Weil es den Rahmen dieses Buches sprengen würde, kann ich vieles, was ich durch Intuition und Erfahrung erfaßt habe, nur andeuten. Damit muß ich mich im Augenblick begnügen.

Es gibt gute Gründe, warum dieses Buch zum heutigen Zeitpunkt erscheint. Eine erfolgreiche englische Schriftstellerin hörte vor etwa zwei Jahren von mir, daß ich mich seit Monaten mit der Idee beschäftigte, ein Buch über HUNA zu schreiben. In ihrer impulsiven und doch sehr liebenswerten Art schimpfte sie mit mir. »Wenn du dich nicht hinsetzt, alles andere liegenläßt und das Buch schreibst, dann wirst du es nie schreiben!« Ich beherzigte das, ging mit mir ins Gericht – und begann nicht, das Buch zu schreiben! Warum? Ich stellte fest, daß ich dazu noch nicht genügend reif war. Heute ist, so hoffe ich es wenigstens, für mich die Zeit gekommen, so wie überhaupt *jetzt* die Zeit für die Verbreitung der HUNA-Weisheit gekommen ist.

Was ist denn so anders an der jetzigen Zeit, am Ende des zweiten Jahrtausends? Vieles und Grundlegendes ist anders. Wohl in jedem Jahrhundert hat es dramatische Ereignisse und das Erscheinen von Kometen gegeben, die furchteinflößend waren und die Menschen an den Weltuntergang glauben ließen. Nein, der Weltuntergang wäre paradox im Gegensatz zum Schöpfungsbericht. In unserem Jahrhundert sind aber Ereignisse geschehen, die in der Geschichte der Menschheit einmalig sind und uns aufhorchen lassen.

Die Menschheit und die Erde sind zweifellos in einem gewaltigen Umbruch begriffen. Und nicht umsonst spricht man davon, daß das Wassermann-Zeitalter jetzt begonnen habe. (Der Umfang dieses Buches erlaubt mir nicht, auf die zwölf Zeitalter im einzelnen einzugehen.) Im zwanzigsten Jahrhundert sind wesentliche Ereignisse eingetreten, die in der Geschichte der Menschheit erstmalig sind:

1. Menschen haben die Gravitationskraft der Erde überwunden, haben sie verlassen und haben den Mond betreten.

2. Die Atomkraft ist erfunden worden (sie ist weder gut noch böse, sondern der Mensch ist es).

3. Die Kommunikationsmöglichkeiten sind im Gegensatz zu früheren Jahrtausenden in höchstem Maße entwickelt worden, so daß der einzelne Mensch schnellere und intensivere Informationen bekommen hat, die er zum Lernen benutzen kann: zum Beispiel durch Fernsehen, Radio, Telefon, Flugzeug.

4. Der Computer hat, besonders auch in Zusammenarbeit mit der Kommunikation, dem menschlichen Wissen und dessen Anwendung neue Dimensionen eröffnet.

5. »Macht euch die Erde untertan«, heißt es im ersten Buch Mose. Diese Weisung ist in einem so erschreckenden Grade umgesetzt worden, wie es früher noch nie der Fall war.

6. Die Gründung des Staates Israel war die Erfüllung einer biblischen Prophezeiung für die »Endzeit« (mit diesem Begriff ist nicht die Zerstörung der Menschheit gemeint).

7. Die Relativitätstheorie hat uns die wissenschaftlich-geistige Grundlage für das Verständnis des biblischen Schöpfungsberichtes gebracht. Überdies hat uns die Experimentalphysik der letzten Jahrzehnte die Möglichkeit gegeben, den Schöpfungsbericht, das heißt »Herstellung« von Materie aus Geist, intellektuell nachzuvollziehen.

8. Die 1947 erstmals entdeckten Rollen von Qumran am Toten Meer geben uns Einzelberichte über die Essener, jene unbeugsame jüdischen Sekte, zu der auch Jesus gehört hat. Diese Rollen, von einem Hirtenknaben »zufällig« gefun-

den, hätten genausogut Jahrhunderte früher oder später entdeckt werden können, sind aber ausgerechnet in unserer
Zeit gefunden, präpariert und veröffentlicht worden.

9. Die HUNA-Lehre, eng verwandt mit der Lehre der Essener,
   wurde in der ersten Hälfte des zwanzigsten Jahrhunderts
   von Max Freedom Long in Hawaii entdeckt, entschlüsselt
   und veröffentlicht. Auch hier ist der Zeitpunkt nicht zufällig,
   denn auch die HUNA-Lehre hätte viel früher oder viel später
   gefunden werden können.

Was ist HUNA? Wieso hat die HUNA-Lehre mir meine brennen-
den Fragen beantwortet? HUNA ist eine Weisheit und Praxis,
die aus Psychologie, Philosophie, Religion und aus Lebenser-
fahrung zusammengesetzt ist. Ihre Methoden sind einfach, klar
und leicht erlernbar und ich habe mich als Naturwissenschaftler von der Brauchbarkeit dieser Lehre vollkommen überzeugt.
Sie beruht auf einfachen Erkenntnissen und ist leicht anzuwenden.

Eine wesentliche Rolle spielt hier unser Unterbewußtsein.
Die Psychologie kennt zwar die Wirkungen des Unterbewußtseins, aber ich habe von ihr noch nicht erfahren, was das Unterbewußtsein ist. Die HUNA-Lehre nennt es *unteres Selbst*. –
Wir lernen in ihr auch das *mittlere Selbst* kennen und erfahren, daß wir es sind, wir Menschen im Körper mit unseren Sin-
nesorganen und unserem Gehirn. Schließlich wird uns auch
klar, was der sogenannte Schutzengel der Kinder bedeutet: es
ist das, was auch als »göttlicher Funken« des Menschen bezeichnet wird, jene Eigenart, die den Menschen unter allen
anderen Lebewesen der Schöpfung heraushebt. Das ist ein
geistiges Wesen, wir nennen es *Hohes Selbst*. Neben diesen
drei Selbsten, dem unteren, dem mittleren und dem Hohen
Selbst, kennt die HUNA-Lehre noch »Werkzeuge«. Das sind
Hilfsmittel, die wir im täglichen Leben anwenden und nützen
können, die uns die praktische Arbeit mit der HUNA-Lehre ermöglichen. Da ist zum Beispiel eine besondere Kraft, *Mana*
genannt, die wir in verstärkter Weise produzieren können.
Dann ist da weiter eine feinstoffliche Verbindungsschnur, die

Aka-Schnur, die uns beispielsweise mit anderen Menschen verbindet. Dann gibt es einen Reinigungsprozeß, mit dem wir arbeiten, *Kala-Reinigung* genannt. Auch das Licht ist ein solches Werkzeug, das keinesfalls ausschließlich von der HUNA-Praxis benutzt wird. Die *Visualisierung,* die Fähigkeit, sich etwa Bilder oder Symbole vorzustellen, geistig sichtbar zu machen, ist ebenfalls ein Werkzeug der HUNA-Lehre, das mit Erfolg gebraucht wird.

Die HUNA-Lehre kennt drei Selbste und fünf sogenannte Werkzeuge. Wir werden sehen, wie wir mit ihnen arbeiten können.

Kann dieses Buch ein Seminar ersetzen? Nicht ganz, denn meine jetzigen Seminare beinhalten, je nach verfügbarer Zeit, eine ganze Anzahl gemeinsamer Übungen, die in einem Buch nur unvollkommen beschrieben werden können. Das liegt daran, daß einzelne Seminarteilnehmer bei den Übungen immer wieder persönliche Fragen stellen, die beantwortet und manchmal durch körperlichen Kontakt erklärt werden.

Trotzdem habe ich versucht, die grundlegenden Übungen zu beschreiben und sie mit meinen Leserinnen und Lesern gemeinsam »im Geiste« zu machen, denn ich bin überzeugt und hatte schon früher Beweise dafür, daß der geistige Impuls des Autors die gedruckte Sprache , ein Buch, sozusagen imprägniert, so daß die mit dem Impuls verbundene Schwingung vom intuitiv veranlagten Leser wahrgenommen wird.

Albert Einstein, Max Planck und Stephen W. Hawking

Das zwanzigste Jahrhundert hat gewaltige Umwälzungen in der Physik gebracht, in der experimentellen und der theoretischen Physik. Die über Jahrhunderte gültigen Ideen von Galilei, Kepler und Newton sind zwar nicht überholt, aber die Erkenntnisse von Einstein, Planck, Bohr, Heisenberg und anderen modernen Physikern haben unser Wissen über das Wesen der Materie, und damit der Schöpfung, enorm erweitert. Dieses Wissen der großen Physiker hat nicht etwa dazu geführt, daß sie sich triumphierend von der Religion abgewendet hätten, um weiter, wie manche ihrer Vorgänger, dem Materialismus zu huldigen, nein – diese Physiker wurden durch ihre großartigen Erkenntnisse *gottgläubig.*

Wenngleich der Zusammenhang mit HUNA hier vielleicht nicht auf den ersten Blick erkennbar ist, so gibt es doch einen ganz tiefen Bezug; denn die HUNA-Lehre führt uns in die geistige Welt hinein, wenn auch auf eine sehr realistische Weise. Für diesen Realismus verbürge ich mich als Naturwissenschaftler. Ich habe diese Lehre gründlich untersucht und geprüft, bevor ich sie akzeptiert habe. Ich möchte deshalb, daß Sie, die Leserin und der Leser dieses Buches, mit den Gedanken vertraut werden, die Planck, Einstein und Hawking im Hinblick auf die geistige Welt beschäftigt haben. Von ihnen habe ich einige Aussagen gefunden – bei weitem nicht alle –, welche die Ideen der HUNA-Lehre auf breitester Basis unterstützen. Die Quellen finden Sie in der Bibliographie am Ende des Buches. Die jeweiligen Hervorhebungen stammen von mir.

Ich zitiere hier zunächst einige Äußerungen von *Albert Einstein,* die uns zum Nachdenken veranlassen.

»Es ist durchaus möglich, daß sich hinter unseren *Sinneswahrnehmungen* ganze Welten verbergen, von denen wir keine Ahnung haben.«

»Das Schönste, was wir erfahren können, ist das *Geheimnisvolle.*«

»Für uns *gläubige Physiker* hat die Scheidung zwischen Vergangenheit, Gegenwart und Zukunft nur die Bedeutung einer, wenn auch hartnäckigen Illusion.«

»Das tiefste und erhabenste Gefühl, dessen wir fähig sind, ist das Erlebnis des *Mystischen.* Aus ihm keimt alle wahre Wissenschaft. Wem dieses Gefühl fremd ist, wer sich nicht mehr wundern und in Ehrfurcht verlieren kann, der ist bereits tot. Das Wissen darum, daß das Unerforschliche wirklich existiert und daß es sich als *höchste Wahrheit und strahlendste*

Schönheit offenbart, wovon wir nur eine dumpfe Ahnung haben können – dieses Wissen und diese Ahnung sind der Kern aller wahren Religiosität. In diesem Sinne, und in diesem allein, zähle ich mich zu den echt religiösen Menschen.«

»Der Forscher aber ist von der *Kausalität* allen Geschehens durchdrungen ... Seine Religiosität liegt im verzückten Staunen über die *Harmonie der Naturgesetzlichkeit,* in der sich eine so *überlegene Vernunft* offenbart, daß alles Sinnvolle menschlichen Denkens ... dagegen ein gänzlich nichtiger Abglanz ist.«

»Das Wissen um die Existenz des für uns *Undurchdringlichen,* der Manifestation tiefster *Vernunft* und leuchtendster *Schönheit* ... dies Wissen und Fühlen macht *wahre Religiosität* aus.«

Von *Max Planck* zitiere ich:

»Religion und Naturwissenschaft befinden sich nicht in einem Gegensatz, wie manche meinen oder fürchten, sondern sie führen auf verschiedenem Wege zum gleichen Ziel, und dieses Ziel ist *Gott.«*

Hier folgt nun zum Schluß jenes Zitat von Max Planck, das ich seit einigen Jahren in jedem HUNA-Vortrag und -Seminar vortrage. Es ist meiner Überzeugung nach die klarste Aussage eines der bedeutendsten modernen theoretischen Physiker zur Beweisführung dessen, was die Bibel aussagt, nämlich *der Beweis dafür, daß es eine jenseitige geistige Welt gibt,* die unsere wahre Heimat ist, und daß wir uns, von wissenschaftlicher Seite aus betrachtet, sowohl in tiefster Ehrfurcht sowie auch mit natürlichen und logischen Gedanken dem höchsten Wesen nähern dürfen, das wir Gott nennen.

Das Zitat von Max Planck lautet:

»... als Physiker, also als Mann, der sein ganzes Leben der nüchternsten Wissenschaft, der Erforschung der Materie diente, bin ich sicher von dem Verdacht frei, für einen

Schwarmgeist gehalten zu werden. Und so sage ich Ihnen nach meinen Erforschungen des Atoms dieses: *Es gibt keine Materie an sich!* Alle Materie entsteht und besteht nur durch eine Kraft, welche die Atomteilchen in Schwingung bringt . . .

Da es im ganzen Weltall weder eine intelligente noch eine ewige Kraft gibt . . ., so müssen wir hinter dieser Kraft einen bewußten intelligenten Geist annehmen . . .

Dieser Geist ist der Urgrund aller Materie.

Nicht die sichtbare, aber vergängliche Materie ist das Reale, Wahre, Wirkliche . . ., sondern der unsichtbare, unsterbliche Geist ist das Wahre!

Da es aber Geist an sich allein ebenfalls nicht geben kann, sondern jeder Geist einem *Wesen* zugehört, *so müssen wir zwingend Geistwesen annehmen.*

Da aber auch Geistwesen nicht aus sich selber sein können, sondern geschaffen worden sein müssen, so scheue ich mich nicht, diesen geheimnisvollen Schöpfer ebenso zu benennen, wie ihn alle alten Kulturvölker der Erde früherer Jahrtausende genannt haben: *Gott!*«

Stephen W. Hawking, einer der bedeutendsten Physiker am Ende des zwanzigsten Jahrhunderts, schreibt ganz nüchtern im Zusammenhang mit Betrachtungen über die Entstehung des Weltalls, besonders im Zusammenhang mit dem »heißen Urknall«:

»Warum das Universum gerade auf diese Weise angefangen haben sollte, wäre sehr schwer zu erklären, ohne das *Eingreifen eines Gottes* anzunehmen, der beabsichtigt hätte, Wesen wie uns zu erschaffen.«

Welche Bedeutung diese Aussagen von hervorragenden Physikern für mich, einen ebenfalls gläubigen Naturwissenschaftler, haben, können Sie jetzt wohl erfassen. Bitte lesen Sie diese Zitate noch einmal durch, und lassen Sie diese während der Lektüre dieses Buches immer wieder auf sich einwirken.

Essener-Weisheit und HUNA-Lehre

Mündliche Überlieferungen von Hawaii vom neunzehnten Jahrhundert und vom Beginn des zwanzigsten Jahrhunderts bestätigen, daß die HUNA-Lehre ihren Ursprung keineswegs in Hawaii gehabt hat, sondern daß sie von »zehn Stämmen« aus dem östlichen Mittelmeergebiet vor geraumer Zeit nach Polynesien gebracht worden ist. Max Freedom Long bestätigt das in seinen grundlegenden Werken als Ergebnis seiner Forschung.

1947 wurden die ersten »Rollen von Qumran« entdeckt. Qumran liegt in Israel, am Toten Meer, einige Kilometer nördlich von Masada. Etwa 150 vor bis 50 nach Christus lebte dort in engster Abgeschlossenheit eine strenggläubige jüdische Sekte, die Essener genannt wurde (Betonung auf der zweiten Silbe). Nach 1947 wurden in der gleichen Gegend noch weitere Schriftrollen entdeckt, insgesamt über vierzig, in denen die Weisheit der Essener niedergeschrieben war. Solche Schriften waren ein Sonderfall, denn die Überlieferung der Essener-Weisheit erfolgte, genau wie die der HUNA-Weisen in Hawaii, nur mündlich. Es scheint, daß diese Rollen als Vermächtnis von den Essenern geschrieben und versteckt worden sind, weil sie etwa im Jahr 50 vor ihren Verfolgern, den Römern, fliehen mußten. Ein englischer Historiker und Forscher, *Hugh J. Schonfield,* wies in seinem Buch *Die Essener* (Originaltitel: *The Essene Odyssey*) nach, daß Gruppen dieser Essener nach Damaskus (Hauran), Afghanistan, Persien bis nach Indien gewandert sind. Weitere Forschungen über deren Weg wurden nicht angestellt. Wenn die Essener aufgrund eines medialen Auftrages, den sie noch in Qumran erhalten hatten, nach Hawaii ausgewandert sind, so ist es nicht erstaunlich, daß ihre Spur sich in Indien verliert, denn wenn man die Landkarte anschaut, wird deutlich, daß sie von Indien aus wohl per Schiff, Boot oder in Doppel-Kanus weitergereist sind. Das ist nicht verwunderlich, denn man hat frühe jüdische Niederlassungen auch in China und Japan gefunden.

Max Freedom Long kannte die Essener-Rollen nicht, denn nach deren Funden dauerte es etwa fünfzehn bis zwanzig

Jahre, bis genügend Forschungsliteratur über die Qumran-Essener verfügbar war. Long starb 1971. Aber auch Schonfield hatte gewiß keine Kenntnis von der HUNA-Lehre, denn sonst hätte er diese wohl in seinen Forschungen erwähnt.

Daß die Ähnlichkeit zwischen der HUNA-Lehre und der Weisheit der Essener jedoch deutlich erkennbar ist, beschreibt ein anderer namhafter Historiker und Forscher, *Sir George Trevelyan,* im Kapitel 9 seines Buches *Unternehmen Erlösung* (Originaltitel: *Operation Redemption*). Dieses Kapitel erscheint mir so bedeutend, daß ich es als Anhang diesem Buche beifüge. Ich spreche Sir George für die Erlaubnis dazu meinen besonderen Dank aus.

Die Essener gingen mit ihren ethischen Forderungen weit über das alte mosaische Gesetz hinaus. Jesus selbst war ja ein Essener und, wie Trevelyan schreibt, ein eingeweihter Ka-HUNA. (HUNA, polynesisch = Geheimnis; Ka = Hüter, Ka-HUNA = Hüter des Geheimnisses, Eingeweihter). Daß Jesus wohl die Lehren der Essener verbreitet hat, die der HUNA-Lehre so nahestehen, geht allein schon aus der *Bergpredigt* hervor. Es heißt in Matthäus 7.28, daß sich das Volk über die Lehre Jesu entsetzt habe. Das ist durchaus verständlich, denn sie war für die damaligen Juden revolutionär. Ich will einige wenige Zitate aus der Bergpredigt anführen, die mit der HUNA-Lehre identisch sind. Matthäus 5.8: »Selig sind, die reinen Herzens sind, denn sie werden Gott schauen!«

Die Reinheit des Herzens bezieht sich ganz deutlich auf die Kala-Reinigung der HUNA-Lehre – Matthäus 5.21,22. Hier vergleicht Jesus das Gebot »Du sollst nicht töten« mit dem Zorn gegen unseren eigenen Bruder und setzt beides gleich. Kurz danach, im Vers 26, erinnert er daran, mit der inneren Reinigung nicht auf halbem Wege stehenzubleiben, und sagt bildhaft, man käme aus dem Gefängnis nicht heraus, bis man »den letzten Heller bezahlt hat«. Kurz darauf, im Vers 28, sagt er, daß der Verheiratete, der »ein Weib ansieht, ihrer zu begehren«, schon geistigen Ehebruch begangen hat. Er geht damit über das alte mosaische Gesetz »Du sollst nicht ehebrechen« weit hinaus (Siebtes Gebot, 2. Mose 20.14). Er bezieht sich damit deutlich auf die Erziehung des unteren Selbstes der HUNA-Lehre, denn im unteren Selbst des Menschen, dem ursprünglich wohl tierischen Teil, entsteht der Drang zur »Sünde«, und dort, nur dort, kann dieser Drang mit Liebe, Vertrauen und Logik erklärt und ausgelöscht werden. *Das sind typische Gedanken von Essenern.* Auch in Vers 33 ff. verurteilt er grundsätzlich das Schwören und schließt im Vers 37: »Es sei aber eure Rede: Ja ja! Nein nein!« Und dann kommt eben im Vers 44 die rigorose Absage an das alte Gesetz »Liebe deinen Nächsten wie dich selbst« mit der Forderung »Liebet eure Feinde«.

Wenn er weiterhin fortfährt: »Bittet für die, so euch beleidigen und verfolgen«, so ist das eine reine HUNA-Aktion, für welche die HUNA-Lehre genaue Anweisungen gibt. Im Vaterunser (Matthäus 6.9 ff.) sagt Jesus: »Gib uns heute unser tägliches Brot.« Natürlich bewertet man das Wort »Brot« als Symbol für die Nahrung im allgemeinen, aber Max Freedom Long geht wohl mit Recht noch weiter: Er begreift das Wort »Brot« als Ersatz für das Wort »Mana«; dies jedoch ist jene bedeutsame Lebenskraft, die in der HUNA-Lehre eine ausschlaggebende Rolle spielt und die HUNA-Adepten in verstärktem Maße produzieren.

Ein deutlicher Hinweis (ich bin vorsichtig; fast möchte ich sagen: ein deutlicher Beweis) für die Identität der HUNA-*Praxis* mit derjenigen der Essener ist Markus 4.35–41 und Lukas 8.21–25. Longs Forschungen hatten eindeutig ergeben, daß die KaHUNAs Hawaiis nicht nur zu spontanen Heilungen fähig waren, daß sie materielle Not lindern und auf glühender Lava barfuß gehen konnten – nein, Long sagt sogar, daß die KaHUNAs auch das Wetter (Wind und Regen) beeinflussen konnten (*Geheimes Wissen hinter Wundern,* Kapitel XXI). Er sagt auch, *wie* sie das taten, nämlich durch Gebete, während Markus von einem *Befehl Jesu* spricht, von seiner Bedrohung des Windes. Das finde ich nicht störend, sondern logisch, denn Jesus war als KaHUNA in der Hierarchie denjenigen Hawaiis so hoch überlegen, daß er die Veränderung des Wetters »von oben« *gebieten* konnte, während die KaHUNAs in Hawaii sie demütig

»von unten« zu *erbeten* hatten! Wir wissen auch, daß HUNA-Gebete in ihrer Form dreimal wiederholt werden und daß sie sooft *wie möglich* in dieser Form wiederholt werden sollten. Genauso finden wir in den Evangelien die Weisung, Gebete mehrfach zu wiederholen, zum Beispiel Lukas 18.1 (. . . daß sie allezeit beten . . .), Römer 12.12 (. . . seid beharrlich im Gebet . . .), Eph 6.18 (. . . betet jederzeit im Geist . . .) und 1 Thess 5.17 (Betet ohne Unterlaß . . .). Aber ein Mensch im täglichen Leben, nicht einmal ein Mönch, kann »ohne Unterlaß beten«! Wer aber sein *unteres Selbst,* George (wie sich dieser Name eingebürgert hat, wird noch erläutert), am Gebet teilhaben läßt und ihm ein *Symbol* für das Gebet gibt, der kann sich darauf verlassen, daß George wirklich »ohne Unterlaß« betet.

Im Kapitel 8 (HUNA-Gebet und Geistheilung) wird genauer darauf eingegangen. Die für Nichteingeweihte unrealistisch erscheinende Forderung Jesu erweist sich also für Kenner der HUNA-Lehre als durchaus praktisch realisierbar!

Auf diese Fragen noch weiter einzugehen würde den Rahmen dieses Buches sprengen. Das postume Werk von Max Freedom Long *What Jesus taught in secret* («Was Jesus im geheimen lehrte«, in deutscher Übersetzung noch nicht erhältlich) geht ausführlich auf diese Fragen ein und beweist aufgrund seiner erfolgreichen Sprachforschung (Semantik), daß viele Äußerungen Jesu, der ja in Parabeln und Gleichnissen zum Volk sprach, durch die HUNA-Lehre klar und verständlich werden.

Es ist eine der wichtigsten Aufgaben der HUNA *Forschungs-Gesellschaft* in Zürich sowie der HUNA *Research Inc.* in Cape Girardeau, Missouri, USA, diese Gemeinsamkeiten von Essener- und HUNA-Weisheit wissenschaftlich präzis zu untermauern. Keinem der Essener-Forscher, darunter einem der bedeutendsten, Edmond Bordeaux Szekely, ist es bis jetzt gelungen, die »Technik« der HUNA-Praxis, besonders auch die schon oben erwähnten »Werkzeuge«, in den Schriftrollen zu finden. Das mag daran liegen, daß vermutlich keiner der bisherigen Forscher die HUNA-Lehre gekannt hat oder kennt. Es mag auch daran liegen, daß gewisse praktische Einzelheiten der Essener-Lehre in den Rollen gar nicht zu finden sind, denn die Lehre war ja, wie wir wissen, eine streng gehütete Geheimlehre, genau wie HUNA. Es wäre wohl denkbar, daß die Verfasser der Qumran-Rollen der Nachwelt zwar die Ethik der Essener-Lehre hinterlassen wollten, nicht aber Einzelheiten ihrer Praxis. Deshalb entschließe ich mich zu dem ungewöhnlichen, aber vielleicht sehr wirksamen Schritt, die Leser dieses Buches zu bitten, daß sie mir ihnen bekannte Forschungshinweise mitteilen, welche uns dem Ziel näher bringen, nämlich dem eindeutigen Beweis der Gleichheit beider Lehren.

Grundlagen der HUNA-Lehre

Wir haben eingangs schon erfahren, daß es die drei sogenannten Selbste sind, die unser Wesen bestimmen, das Untere, das Mittlere und das Hohe Selbst. Wir haben gelernt, daß wir mit fünf geistigen oder feinstofflichen »Werkzeugen« arbeiten können, nämlich der Kraft Mana, der Aka-Schnur, der Kala-Reinigung, dem Licht und schließlich der Visualisierung.

Die HUNA-Weisheit ist eine uralte Lehre, Wissenschaft und Praxis. Keinesfalls ist sie eine neue Sekte oder ein »Psi-Mode-Kurs«! Sie ist eine echte Lebenshilfe. Sie ist das Mittel, unsere Lebensqualität im physischen wie im psychischen Bereich zu verbessern. Für viele, die sich ehrlich und gründlich mit HUNA beschäftigt haben, wurde diese Lehre ein Weg zu Gott. HUNA bietet jedem Interessierten, besonders auch jedem nicht medial Veranlagten, ein einfaches und zuverlässiges System für den Kontakt mit der geistigen Welt. HUNA ist weder irreal, irrational noch mystisch!

Und nun zu zwei wesentlichen Grundideen der HUNA-Lehre:

Erstens: die Dreiheit des geistigen Menschen, die Verbindung der drei Selbste zu einer Einheit und damit die Verbindung mit Gott, denn unser Hohes Selbst ist unser göttlicher Teil. Sind wir mit ihm verbunden, dann sind wir auch mit Gott verbunden.

Zweitens: Gedanken sind Realität, wenn wir es wollen. Diese anscheinend widersprüchliche Behauptung läßt sich mit der HUNA-Praxis in die Wirklichkeit umsetzen, wenn wir die Mana-Kraft zu Hilfe nehmen. (Diese uralte HUNA-Idee wurde – jedoch ohne die Verwendung der äußerst wirksamen Mana-Kraft – ebenfalls von anderen Lebensberatern und Philosophen verwendet, zum Beispiel von Joseph Murphy und José Silva.) Daß Gebete ebenfalls Gedanken sind, ist unbestritten. Welche gewaltige Rolle die Mana-Aufladung für die Erfüllung von Gebeten spielt, werden wir später sehen.

Der Erfolg der HUNA-Anwendung im täglichen Leben ist die Verbesserung der gesamten psychischen und physischen Lebensumstände, des Charakters, des Seelenfriedens, der geistigen, seelischen und körperlichen Harmonie. Wir bekommen mehr Lebenskraft und ganz besonders durch die Mitwirkung des Hohen und des unteren Selbstes ein unerschütterliches starkes Gefühl von *Geborgenheit*. Dabei werden viele unserer Lebensumstände durch die Verbesserung zwischenmenschlicher Beziehungen gefördert.

Braucht demnach eigentlich jeder einzelne Mensch die Segnungen der HUNA-Lehre? Nein, ich glaube das nicht. Ich bin sicher, daß manche Menschen mit den göttlichen Segnungen geboren sind: Ihnen wurde die Verbindung mit dem eigenen Hohen Selbst in die Wiege gelegt. Sie mußten sich diese Bindung nicht erarbeiten, wie wir es tun sollten. Ich kenne eine geistig äußerst hochstehende Frau, die in einem schmerzhaften Lebenskonflikt ihren inneren Frieden durch Franz von Assisi gefunden hat. Manche Menschen finden ihren inneren Frieden und ihren Weg zu Gott durch ein einziges mystisches Erlebnis, durch eine Eingebung, eine innere Schau, durch echte religiöse Verzückung oder durch die bewußte oder unbewußte Mithilfe eines Mitmenschen oder einfach durch ein Buch – oder die Bibel! Diese leben in ihrer angeborenen Dreiheit. Den meisten von ihnen ist das gar nicht bewußt. Das sind die wahrhaft guten Menschen, und wir spüren das irgendwie, wenn wir mit ihnen in Kontakt kommen.

Wir anderen Menschen, wir »Normalbürger«, brauchen

HUNA, wenn wir auf eine höhere ethische Ebene kommen wollen, wenn wir »gut« werden wollen. Daß es diese HUNA-Weisheit, diesen klaren und einfachen Wegweiser für uns gibt, ist eine Gnade unseres Zeitalters, des New Age, eine Gnade, zu deren Erkenntnis uns Max Freedom Long verholfen hat, dem wir deshalb zutiefst dankbar sind.

Geschichte und Status quo

Bis in die vierziger Jahre des zwanzigsten Jahrhunderts war über die HUNA-Lehre nichts, aber auch gar nichts bekannt. Wenn ich »HUNA« sage, dann ist das verständlich, denn dieser Ausdruck wurde mangels jeglicher anderer Referenz von Max Freedom Long notgedrungen neu eingeführt. Er benutzte dieses polynesische Wort, welches »Geheimnis« bedeutet, zur Charakterisierung dieses gesamten Wissens. Ich hatte gehofft, daß unter Verwendung anderer Stichwörter, die das Wesen dieser Lehre treffen, frühere literarische Quellen zu finden wären, aber meine Hoffnung hat sich nicht erfüllt: Sogar im Katalog der *British Library,* dem Annex des Britischen Museums in London, einer der größten Büchersammlungen der Welt, war nichts zu finden, was sich auch annähernd mit HUNA vergleichen ließ. Unter dem Stichwort »HUNA« waren nur die beiden wesentlichen Bücher von Max Freedom Long erwähnt. Das bestätigt mit größter Sicherheit, daß Long den Weg eines echten Pioniers gegangen ist.

Wie kam Long nach Hawaii? Er schildert das in einer seiner Schriften. Als Sprachforscher und Lehrer wurde ihm eines Tages angeboten, eine Lehrstelle in Honolulu anzunehmen. Seine Lebensumstände sprachen damals eigentlich nicht dafür, diesen Ruf anzunehmen, aber er entschloß sich trotzdem, nach Hawaii zu gehen. Es ist deutlich, daß er bei diesem Entschluß von seinem eigenen Hohen Selbst geführt wurde. Dort interessierte ihn natürlich die alte hawaiische Kultur und die sehr seltsame Sprache, die ihn bald über alle Maßen faszinierte. Er besuchte in Honolulu häufig das ganz bedeutende

Bishop Museum und lernte schließlich dessen Direktor, Dr. William Tufts Brigham, kennen. Die beiden Männer kamen bald auf die alte Königskultur Hawaiis zu sprechen. Beiden drängte sich der Wunsch auf, das Wesen der hawaiischen Kultur zu ergründen.

Es war erstaunlich, *daß es in ganz Hawaii keine Gefängnisse, also keine Verbrecher gab.* Das Leben dort mußte demnach von inneren Regeln bestimmt sein, die das Wohl des Nächsten besonders hoch achteten. Dabei waren die Hawaiianer fröhliche, positive und ausgeglichene Menschen.

Und es gab einige wenige Menschen, so Dr. Brigham, die über das Wesen dieser Lebensweise genau Bescheid wußten. Sie wurden »Kahunas« genannt, die Hüter des Geheimnisses. Man ging zu ihnen, wenn man Rat oder Hilfe brauchte. Man brachte Kranke zu ihnen, damit sie von ihnen geheilt würden. Einen Beinbruch heilten die Kahunas spontan innerhalb weniger Sekunden. Selbstverständlich konnten sie auf glühender Lava barfuß gehen. Sie konnten auch, wenn die Ernte ausnahmsweise wegen Trockenheit in Gefahr war, den ersehnten Regen »herbeibeten«. Sie halfen zudem denjenigen, die ohne Schuld in Not geraten waren, aus ihrer Misere heraus, alles durch Gebete. Sie wurden verehrt, denn sie sorgten mit ihrem gründlichen Wissen und ihren gewaltigen Fähigkeiten dafür, daß die innere Harmonie der Bevölkerung und des Landes gewahrt blieb.

Long war vom Wesen der Kahunas begeistert, fasziniert und zugleich erschüttert. Er fühlte sofort die unabwendbare Herausforderung, das Geheimnis dieser Kahunas und ihrer Lehre zu ergründen. Er mischte sich unter die Bevölkerung und fragte, nachdem er die hawaiische Sprache längst erlernt hatte, nach der Grundlage dieser gewaltigen Fähigkeiten der Kahunas. Mancher wollte ihm helfen, aber niemand wußte Bescheid. Nur die Kahunas selbst wußten, um was es ging, und ihre Nachkommen und Adepten, die von ihnen in die Geheimnisse des Wissens persönlich eingeweiht waren, und zwar ohne irgendwelche schriftlichen Unterlagen, durch mündliche Überlieferung. Bei den Essenern sehen wir die gleiche Parallele. Auch sie übermittelten ihr Wissen den wenigen Eingeweihten mündlich. Jesus erklärte seinen Jüngern, den Adepten, ausdrücklich, daß er ihnen die volle Wahrheit sagte, während er zum Volk ja in verschleierter Form in Parabeln und Gleichnissen sprach.

Long ließ nicht locker. Er sagte sich, er müsse in die Höhle des Löwen gehen, das heißt zu den Kahunas selbst. Nachdem er einige von ihnen kennengelernt hatte, überlegte er sich eine Anzahl ganz präziser Fragen, die er sich notierte. Er begann nun, einen Kahuna nach dem anderen zu besuchen und stellte ihnen zwanglos, um keinen Verdacht zu erwecken, beiläufig eine dieser Fragen nach der anderen.

Und er erhielt bereitwillig Antwort! Nur stellte er fest, daß die Antworten der Kahunas auf jede einzelne Frage grundverschieden waren, das heißt also, daß sie offenbar nicht der Wahrheit entsprachen. Trotzdem enthielten die verschiedenartigen Antworten gewisse gemeinsame Ideen, die Long schließlich weiterführten. Bei diesen Gesprächen muß er nämlich bemerkt haben, daß ihm gewisse Schlüsselworte, die in den gestellten Fragen vorkamen, Auskunft geben würden. Im nächsten Abschnitt über die Erforschung der Lehre wird noch von dem in diesem Zusammenhang wichtigen Problem der Semantik die Rede sein.

Der würdige alte Dr. Brigham starb nach einigen Jahren, nachdem er Long einige Kisten vermacht hatte, angefüllt mit seinen Forschungsnotizen über die Kahunas und die hawaiische Kultur. Diese Notizen und die semantischen Forschungsergebnisse führten dann zum vollkommenen Erfolg der Entdeckung des Geheimnisses. All das trug sich in den Jahren nach 1918 zu.

1930 berichtete Reginald Stewart an Max F. Long, er habe die gleiche HUNA-Lehre bei einem Berber-Stamm im nordafrikanischen Atlas-Gebirge gefunden. Dort war eine Kahuna-Frau mit dem Namen Lucchi, die »Queen Quahine« genannt wurde. Sie habe behauptet, so Stewart, für den Transport der großen Steine beim Bau der Pyramiden seien *Levitationskräfte* verwendet worden. Und diese Kräfte seien durch Kahunas erzeugt worden. (Daß der Name »Kahunas« schon damals gebraucht worden sei, dafür konnte sich Long nicht verbürgen, jedenfalls erwähnt er das nicht ausdrücklich.) Die Sprache dieser »Priesterin« in Nordafrika war fast identisch mit einem Dialekt auf den südpazifischen Gesellschaftsinseln.

Ein weiterer Stamm eines Volkes, so hörte Max Freedom Long, sei vom östlichen Mittelmeer nach Madagaskar ausgewandert. Dort ist die halbe Bevölkerung ethnologisch mit den Polynesiern identisch, und auch die Grundsprache ist mit der polynesischen identisch.

Aber Long hat nicht nur Sprachforschung betrieben, sondern er hat sich auch intensiv mit der Bevölkerung beschäftigt, hat mit den Menschen gesprochen und festgestellt, daß in Hawaii Sagen und Märchen und alte mündlich überlieferte Berichte existieren, die alle von zwölf miteinander verwandten Volksstämmen berichten, die im östlichen Mittelmeergebiet gelebt haben sollen. Wer denkt da nicht sofort an die biblischen zwölf Stämme Israels? Die Sahara, hieß es, sei ein fruchtbares Gebiet mit wunderbarer Vegetation gewesen. Moderne Geologen unterstützen diese Idee, denn sie sagen, daß einmal ein Polsprung stattgefunden habe und daß die Sahara erst dadurch zur Wüste geworden sei. Diese zwölf Stämme, so hieß es weiter, seien durch die grüne Sahara ins Niltal gezogen; sie hätten mit Levitationskräften die Pyramiden gebaut und über Ägypten geherrscht. Zehn von diesen Stämmen hätten den visionären Auftrag bekommen, nach Hawaii auszuwandern, um ihre Lehre rein zu erhalten. Auch wurde der Hinweis gegeben, im östlichen Mittelmeer seien so viele kulturelle Einflüsse maßgeblich geworden, daß die Gefahr bestanden hätte, daß ihre Lehre mit anderen vermischt worden und ihre Reinheit verlorengegangen wäre. (Hier kommt nun die spannende Herausforderung auf uns zu, festzustellen, ob es sich bei diesen zehn Stämmen um Essener gehandelt haben könnte.)

Long erfuhr bei seinen Gesprächen in Honolulu, daß die HUNA-Lehre schon fünftausend bis sechstausend Jahre alt sein soll. Daß sie von Atlantis stamme, wird vom einen oder anderen Autor behauptet. Ich möchte mit solchen Feststellungen vorsichtig sein, denn wir können sie nicht beweisen. Dagegen können wir mit zumindest an Sicherheit grenzender Wahrscheinlichkeit beweisen, daß die HUNA-Lehre bereits im alten Ägypten bekannt war. Dort kannte man drei Bewußtseinsarten, drei Arten von Lebenskraft (Mana) und auch drei Schattenkörper, die ja den Schattenkörpern der drei Selbste der HUNA-Lehre entsprechen. In den Hieroglyphen sehen wir die entsprechenden Symbole: Die drei übereinander angeordneten, zu einer Einheit verschmolzenen und trotzdem einzeln sichtbaren Störche bedeuten diese Dreiheit. Eine Wellenlinie (Wasser ist immer das Symbol für Mana) bedeutet die einfache Mana-Art, genannt Mana, zwei Wellenlinien übereinander bedeuten die verstärkte Mana-Form (Mana-Mana) und drei Wellenlinien übereinander bedeuten die mit dem Hohen Selbst verbundene Mana-Energie, Mana-Loa genannt, diese besonders starke Energieform, die im ersten Kapitel erklärt wird. Drei Schirme bei den Hieroglyphen bedeuten drei Schattenkörper. Wir finden auf Grabzeichnungen die Spinne am Faden, hinweisend auf die Aka-Schnur.

In Indien wird in frühen Schriften die »Seele« mit der Schnur erwähnt, das ist ohne Zweifel das untere Selbst. Die Brahmanen tragen heute noch die sogenannte heilige Schnur um den Hals.

Einen weiteren Hinweis finden wir im Alten Testament: Dort ist vom »Silberfaden« die Rede (Prediger 12.6.). Auf den Osterinseln, bekannt durch die rätselhaften gigantischen Steinköpfe, die angeblich von Atlantis stammen sollen, wird die Nabelschnur heute noch als Symbol aufbewahrt.

Die Gedanken über die Geschichte der HUNA-Lehre drängen uns Fragen über Moses und Jesus auf. Ohne hier auf weitere Einzelheiten eingehen zu können, ist festzuhalten, daß Moses von einer ägyptischen Prinzessin gerettet und am ägyptischen Königshof erzogen worden ist. Er ist meines Wissens der erste Mann, von dem über einen direkten Kontakt mit Gott berichtet wird. Er hat offenbar am Königshof das Vollbringen von »Wundern« gelernt. Wunder sind für uns nur so lange magischer Art, als wir sie nicht erklären können. Er hat mit einem Stab an einen Felsen geklopft, und es kam Wasser heraus. Er hat eine Schlange zum Stab werden lassen. Die Bibel berichtet uns über weitere solche Wunder. Moses hat mit Gott gesprochen. Er hat ihn »von Angesicht« gesehen. War Moses ein Kahuna? Vieles deutet darauf hin. Andere, vernünftigere und logischere Erklärungen sind mir nicht bekannt.

Über Jesus wurde schon oben einiges gesagt. Er kann, nach Sir George Trevelyan, der größte Kahuna gewesen sein, obwohl diese Bezeichnung unter den Essenern selbstverständlich nicht bekannt war, denn die Worte »HUNA« und »Ka« sind in diesem Zusammenhang polynesischen Ursprungs.

Ich schließe den historischen Überblick mit der Feststellung, daß Max Freedom Long seine Forschungsresultate in zahlreichen Büchern veröffentlicht hat, die im bibliographischen Anhang aufgeführt sind. Long hat 1945 die HUNA *Research Associates,* die amerikanische HUNA Forschungs-Gesellschaft, gegründet. Er starb 1971, hat aber vorher noch *Dr. E. Otha Wingo,* Professor für Mythologie und alte Sprachen an der Universität von Missouri (USA), zu seinem Nachfolger ernannt.

Max Freedom Longs geniale Erforschung der HUNA-Lehre

Im vorigen Kapitel hatten wir schon von den Mühen und Schwierigkeiten gehört, die sich Long entgegenstellten, als er in seiner ersten Forscher-Begeisterung versucht hatte, Adepten und Laien über die HUNA-Lehre zu befragen. Und so sah er ein, daß eine seriöse, wissenschaftliche Erforschung auf diesem Weg unmöglich war. Aber bald hatte er mit seinem ungewöhnlichen Instinkt herausgefunden, daß es die *polynesische Sprache* selbst war, die ihm den zuverlässigen, wissenschaftlichen Schlüssel für die Erforschung der HUNA-Geheimnisse geben würde. Man kann über das, was Long danach tat, denken, wie man will. Ich persönlich bin überzeugt, daß er von einer hohen geistigen Kraft geführt wurde, von seinem eigenen Hohen Selbst, das ihm Lösungen und Erkenntnisse bei dieser Forschung anbot, die meiner Ansicht nach mit normaler wissenschaftlicher Gehirnbetätigung nicht erhältlich gewesen wären. Das ist es, was ich vorher als »Instinkt« bezeichnet habe. Man mag mich für einen unrealistischen Phantasten halten, aber solange man mir die außergewöhnlichen Fähigkeiten des Forschers Long nicht anderweitig erklären kann, muß ich an der Idee einer geistigen Eingebung festhalten.

Was war denn diese außergewöhnliche Leistung? Es war die Erforschung der HUNA-Geheimnisse durch Semantik, einen speziellen Teil der Sprachwissenschaft. Semantik, so heißt es zum Beispiel im großen Knaur-Lexikon, untersuche besonders mit Methoden der mathematischen Logik den Bedeutungsbereich von Wörtern. Die Semantik, so heißt es weiter, entscheide über die formale Richtigkeit einer Aussage. Darin liegt große, schwere Verantwortung des Sprachforschers. Aber gerade die polynesische Sprache gibt den Sprachforschern die nötigen Werkzeuge in die Hand. Diese Voraussetzung liegt nach meiner Kenntnis keiner anderen Sprache zugrunde, und das, so scheint es mir, ist eine weitere Begründung für die mediale Weisung, nach Hawaii auszuwandern, welche die zehn Stämme in der Vorzeit erhalten hatten. Ich bin der Meinung, daß Hawaii nicht nur der »sichere Ort« war, an welchem die HUNA-Lehre bis zum zwanzigsten Jahrhundert in völliger Reinheit erhalten werden sollte, sondern ich gehe noch weiter: Ich glaube, daß es gerade dieser Ort mit der polynesischen Sprache war, an dem man eines Tages die bisher nur mündlich überlieferte Geheimlehre würde entschlüsseln können. Genau das hat Max Freedom Long getan.

Wie ging er im einzelnen vor? Er betrachtete etwa ein Wort aus seinen eigenen Notizen oder denen des Dr. Brigham, besonders wenn er es für ein wichtiges Schlüsselwort hielt. Er benutzte dazu ein polynesisch-englisches Wörterbuch. Befriedigte ihn die Übersetzung, so prüfte er den inneren Gehalt trotzdem. Befriedigte sie ihn nicht, so ging er an die exakte semantische Untersuchung, das heißt, er versuchte den inneren, verborgenen Gehalt des Wortes zu ergründen. Die wahre Bedeutung ergab sich immer aus dem Zusammenhang. Bei einsilbigen Wörtern, die nur eine einzige Bedeutung hatten, war die Prüfung einfach. Bei einsilbigen, die mehrere Bedeutungen hatten, mußte die passende im Kontext der betreffenden Aussage geprüft werden. Bestand ein Wort aus mehreren Silben, so traten folgende Komplikationen ein, die zu lösen waren: Jede Silbe konnte eine oder mehrere Bedeutungen haben. Es waren also für mehrere Silben eine oder meistens mehrere verschiedene Bedeutungen zu untersuchen, bis der wahre Sinn des mehrsilbigen Wortes erkannt werden konnte. Nehmen wir beispielsweise ein dreisilbiges Wort, von dem jede Silbe nur zwei verschiedene Bedeutungen hat, dann sind das insgesamt also 2 x 2 x 2 = 8 verschiedene Deutungsmöglichkeiten des Wortes.

Die deutsche Sprache ist in dieser Hinsicht viel einfacher. Wir kennen zwar Wörter, die verschiedene Bedeutungen haben, aber nur wenige, deren Silben Einzelbedeutungen haben, und dazu noch verschiedene! Nehmen wir zum Beispiel das deutsche Wort »Leiter«, das kann erstens ein Gerät sein, das man an eine Hauswand anlehnt, um hinaufzusteigen, zweitens ein Draht, der elektrischen Strom leitet, oder drittens eine Person mit speziellen Befugnissen, zum Beispiel der Betriebsleiter. Oder das Wort »Feder«: Das kann eine Schreibfeder sein oder eine Hühnerfeder oder eine Stahlfeder.

Long schreibt in seinem Buch *Kahuna-Magie,* er habe erkannt, »daß sich unter dem Deckmantel der Alltagssprache eine ›heilige Sprache‹ verbarg«. Diese heilige Sprache versuchte er, mit vollem Erfolg, zu ergründen. Ich will das an wenigen Beispielen dokumentieren. Das Wurzelwort »ka« haben wir bereits kennengelernt in »Kahuna« – es bedeutete hier »Hüter«.

Mit dem Gedanken der Aka-Schnur stellen wir uns das Fließen von Mana oder Vitalkraft vor. Der Stamm »ka« bedeutet aber nicht nur Hüter, sondern auch Schnur oder Rebstock. (Die Rebe und das Wasser sind Symbole des Mana.)

Betrachten wir mit Max Freedom Long noch das Wort Aumakua, das Hohe Selbst jedes Menschen. Dieses Wort bedeutet »äußerst vertrauenswürdiger, zuverlässiger Geist« oder auch »Vater-Gott«. Ich zitiere Long: »Daß man damit keinen Vater im normalen Sinne meinte, zeigt das Wurzelwort Au, was älter im Sinne von völlig erwachsen, völlig entwickelt und überlegen an Kraft, Weisheit und Vertrauenswürdigkeit bedeutet. Au ist auch eine Schnur, in diesem Fall die Aka-Schnur, die das Hohe Selbst mit dem unteren Selbst-Paar verbindet.« Long schreibt weiter, daß das Wurzelwort »Au« ferner »geistige Wirkung« und »ein Fluß« bedeutet. Dadurch wird klar, daß das Hohe Selbst für die Realisierung unserer Gebete seine geistige Wirkung oder Kraft einsetzt, aber gleichzeitig Mana benötigt. »Makua« bedeutet »Vater«, und das Wurzelwort »Ma« »begleiten«. Das bedeutet, daß das Hohe Selbst das untere und mittlere Selbst als Führer durch das Leben begleitet. Long fährt fort: »Das bringt uns nun zu einer der interessantesten Glaubensanschauungen der HUNA-Lehre: Alle Umstände und Begebenheiten, um die der Mensch das Hohe Selbst im Gebet bittet, müssen zuerst vom Hohen Selbst aus unsichtbarer Aka-Substanz vorgeformt werden ... in den so geschaffenen Formen wird die physische Substanz verfestigt oder materialisiert.«

Nachdem Sie nun anhand einiger weniger typischer Beispiele einen Einblick in die »Mechanik« von Longs semantischer Sprachforschung an der polynesischen Sprache gewonnen haben, möchte ich Sie noch einmal auf ein besonderes Buch von Max Freedom Long hinweisen. In seinen letzten Lebensjahren hat er nämlich die geniale Idee gehabt, Gleichnisse und Parabeln Jesu, deren Symbolik nicht leicht verständlich ist, auf ihren inneren Gehalt hin zu untersuchen. Er ist dabei umgekehrt vorgegangen, hat nämlich die Worte Jesu in die polynesische Sprache übersetzt und danach versucht, die Bedeutung der nun sichtbar gewordenen polynesischen Wörter in semantischer Hinsicht zu prüfen. Dadurch hat er ganz erstaunliche Erkenntnisse erworben, welche die wahre Aussage Jesu beleuchten. Diese Erkenntnisse sind in Longs postumem, schon erwähntem Werk *What Jesus taught in secret*

(Was Jesus im geheimen lehrte) niedergelegt. Dieses Werk vermittelt erstaunliche Einsichten über die Zusammenhänge zwischen der Lehre Jesu, besonders der Bergpredigt, und der HUNA-Weisheit.

Kapitel 1

Mana – unsere gewaltige irdische Kraft

Es gibt viele Kräfte, mit denen der Mensch sehr selten bewußt, meistens aber unbewußt arbeitet. Ganz bewußt arbeitet aber der HUNA-Praktiker mit seiner Mana-Kraft. In manchen Büchern werden solche Kräfte erwähnt. Ich bin bei einer Zählung einmal auf nahezu zwanzig gekommen, und Otha Wingo sagte mir, es solle deren über hundert geben. Die bekanntesten sind Prana (ein Sanskrit-Wort aus der indischen Weisheit) und Od.

HUNA lehrt uns, daß Mana die »physische Lebenskraft« ist, ohne die es kein menschliches Leben geben kann. Ohne sie können unsere Organe nicht normal funktionieren. Das bedeutet, daß bei völliger Erschöpfung, bei völligem Mangel an Mana ohne Ergänzungsmöglichkeiten der Tod eintreten muß. Der Mensch verhungert. Anders beim Fasten. Hier wird bewußt und gewollt die Nahrungsaufnahme verringert oder eingestellt.

Aber nicht nur der Mensch in seiner physischen Struktur braucht Mana; nein, es sind auch geistige Wesen, die Mana brauchen können oder brauchen. Die Produktion von Mana liegt aber immer beim physischen Menschen. Diese Geistwesen, die sich über Mana freuen, sind in erster Linie unsere Hohen Selbste. Ohne unser eigenes bewußtes Zutun produziert unser Unterbewußtsein, unser unteres Selbst, Mana und speichert es sogar, ohne daß wir es wissen. Wir können allerdings bewußt Mana zusammen mit dem unteren Selbst aufladen und es an unser mittleres Selbst abrufen: Dieses Mana ist von höherer Energie und wird in der HUNA-Sprache »Mana-Mana« genannt. Wenn wir im weiteren Verlauf Kontakt mit unserem Hohen Selbst aufnehmen, können wir, wiederum gemeinsam mit unserem unteren Selbst, dem Hohen Selbst über die Aka-Schnur Mana zusenden. Mit seinen überirdischen Fähigkeiten potenziert es diese Energie zu, bildhaft gesprochen, 100 000 Volt, die es dann, zum Beispiel als Folge des HUNA-Gebetes, auf unsere physische Ebene zurücksendet mit dem Ziel, Gebetswünsche auf diese Weise zu erfüllen. Die dem Hohen Selbst gesandte Mana-Kraft heißt »Mana-Loa«. (Dieser »Mechanismus« wird später genauer erörtert. Daß die Versorgung eines Hohen Selbstes mit Mana-Loa für den Heilungsprozeß eine bedeutende Rolle spielen kann, wird ebenfalls später genau erklärt.)

Die Mana-Produktion ist einfach und logisch. Mana entsteht durch die Nahrung, die wir unserem Körper zuführen. Genauso, wie bei einem Ottomotor in unseren Fahrzeugen ein brennbarer Energieträger durch Zündung und Luftzufuhr verbrannt, das heißt, oxydiert wird, verbrennt der Mensch seine Nahrung ebenfalls durch Oxydation, durch Sauerstoffzufuhr, durch Atmung. Die normale Arbeit, die Verdauung, die das untere Selbst jahraus, jahrein klaglos verrichtet, ist ein Wunderwerk der Schöpfung, das uns nicht bewußt wird.

Interessant wird es, wenn wir die Atmung bewußt übernehmen und intensivieren und damit unserem unteren Selbst das Signal geben, die Verbrennung unserer Nahrung zu verstärken, um dadurch mehr Mana zu produzieren. Bewußte Intensivierung des Atems ist eine echte Zusammenarbeit zwischen dem mittleren und dem unteren Selbst. Das untere Selbst wird diese Weisung seines mittleren Selbstes stets und unfehlbar und willig akzeptieren.

Mana kommt in erster Linie *aus der Nahrung* und ist eine irdische Kraft, denn jede Nahrung hat ihren Ursprung in der Erde. Besonders gilt das auch für das Wasser, und es besteht kein Zweifel, daß erstens ohne das Wasser keine Nahrung wächst, weder pflanzliche noch fleischliche, und zweitens das Wasser das eindeutige Symbol für Mana ist (siehe auch weiter oben im Abschnitt »Geschichte und Status quo«).

Was liegt also näher, als gerade das Wasser als *den* Träger von Mana zu betrachten? Diese Betrachtung ist richtig. Warum empfinden die meisten Menschen die Dusche als so viel erfrischender als ein Bad? Ganz einfach: Die Dusche ist fließendes, lebendes Wasser, das Bad entspricht aber einem See, einem stehenden Gewässer. Wenn Sie jemals das Erlebnis hatten, unter einem natürlichen Wasserfall zu stehen, dann haben Sie diese gewaltige Mana-Energie in ihrer ganzen Kraft gespürt.

Eine besondere Quelle von Mana sind unsere *Bäume*. Ihre feinsten Haarwurzeln reichen zum reinen Wasser der kühlen Erde hinab und ziehen Mana nach oben. Wir können einen Baum mit nackten Händen fest umarmen und ihn bitten, uns Mana zu geben. Wir können es so empfangen und werden uns danach beim Baum bedanken! Es ist immer meine größte Freude, im Sommer, etwa im Schwarzwald, zu beobachten, wie zwanzig Bäume von uns Seminarteilnehmern inbrünstig umarmt werden, wie wir Mana empfangen und uns dann mit herzlichem Dank verabschieden!

Auch die Taufe gerade mit Wasser hat ihre tiefe Bedeutung: Es ist die Vorstufe der Taufe mit dem heiligen Geist (Markus 1.8), wie Wasser ganz allgemein als Symbol der Reinheit anerkannt war (zum Beispiel Matthäus 27.24). In Johannes 4.11 ff. äußert sich Jesus ganz deutlich über die geistige Bedeutung des *lebendigen Wassers,* jenes Wassers, das den Durst für immer löscht. Diese Gedanken mögen Ihnen, liebe Leserinnen und Leser, als Anregung zum weiteren Nachdenken über die Bedeutung des physischen und des geistigen Wassers dienen.

Ich möchte Sie jetzt mit einer *ersten Übung* vertraut machen. Diese erste Übung ist eine *Lockerungsübung.* Man hört oft von »Entspannung«, aber ich habe das Wort nicht gern, weil es zwei negative Elemente enthält: »Spannung« und »Ent«, das sind zwei negative Begriffe, die ich durch »Lockerung« oder »Lösen« ersetzen will. Bitte verstehen Sie: Das ist keine Haarspalterei, sondern mein Wunsch, unsere Gedanken durch die Sprache positiv zu beeinflussen, und Sie wissen wohl, welchen gewaltigen Einfluß die Sprache auf unsere Gedanken hat; ich denke besonders an Schimpfwörter, Flüche und andere Kraftausdrücke, die wir, ohne prüde zu sein, in unserem Wortschatz vermeiden sollten. Die Übung ist in einzelne Schritte aufgeteilt, die Sie sich leicht merken können.

Die richtige Haltung

Sie setzen sich auf einen Stuhl, nicht in einen bequemen Lehnsessel. Wollen Sie nicht vielleicht die Schuhe ausziehen? Es wäre bequemer. Sie setzen sich so hin, daß die Oberschenkel mit den Unterschenkeln möglichst einen rechten Winkel bilden und daß die Fußsohlen flach auf dem Boden aufliegen. Die Füße stehen bequem nebeneinander. Sie fühlen jetzt Ihre beiden Gesäßknochen, besonders wenn Sie auf einem Holzstuhl sitzen. Schaukeln Sie ein wenig hin und her, dann spüren Sie diese beiden Knochen genau. Lehnen Sie sich bitte nicht an. Wenn nötig, rutschen Sie mit dem Gesäß ein wenig nach vorn. Welche Bedeutung diese Sitzweise hat, werden Sie später sehen: Sinn der Sache ist die aufrechte Haltung der Wirbelsäule über diesen beiden Gesäßknochen. Sie brauchen das später für die Atemübung.

Lockerung der Füße

Jetzt lassen Sie die Arme entweder ganz locker, in den Schultern ganz gelöst rechts und links vom Stuhl herabhängen, oder Sie legen sie bequem auf die Oberschenkel, so daß die Hände fast auf den Knien ruhen. Sie können die Innenfläche der Hände nach unten oder nach oben legen, wie es Ihnen gefällt. – Fangen Sie nun mit den Zehen an zu »klimpern«. Sie machen sich Ihre Zehen dadurch bewußt. Nun spannen Sie bei beiden Füßen die Zehen nach unten an und gleichzeitig den Fußrist bis zur Ferse. Jetzt lassen Sie die Muskeln wieder los und empfinden Füße und Zehen als vollkommen locker.

In diesen Zustand der Lockerung, der vollkommenen Ruhe, werden Sie im weiteren Verlauf in einzelnen Schritten den ganzen Körper versetzen, aufsteigend bis zum Kopf, und dabei erleben, daß das körperliche Lösen und Lockern Ihnen gleichzeitig inneren seelischen Frieden und vollkommene Ruhe bringt. Es wäre auch möglich, mit den Lockerungsübungen von oben nach unten zu gehen, beim Kopf zu beginnen und bei den Zehen aufzuhören. Das ist aber unzweckmäßig, da es später um die Aufladung von Mana gehen wird, wobei die

Aufladung in der Reihenfolge der Chakras von unten nach oben erfolgt.

Lockerung von Waden, Oberschenkeln und Gesäß

Die Füße sind nun gelockert, Sie gehen zu den Waden und Oberschenkeln über und spannen gleichzeitig beide Waden und Oberschenkelmuskeln an. Sie werden feststellen, daß Sie gleichzeitig wie von selbst auch die Gesäßmuskeln anspannen. Spannen Sie nun die Muskeln in den Beinen, Unter- und Oberschenkeln und im Gesäß noch zwei- oder dreimal kräftig an, und lassen Sie diese dann bewußt los. Jetzt sind Sie von den Zehen bis zum Gesäß vollkommen gelockert und spüren diese Lockerung deutlich.

Lockerung von Bauch und Brust

Gehen Sie weiter: Ziehen Sie die Bauchmuskeln kräftig ein, und strecken den Bauch ebenso kräftig heraus. Herein, heraus, herein, heraus! Jetzt lösen Sie die Muskelspannung und lassen den Bauch so, wie er sich wohl befindet. Sie finden das nach den Anspannungen sehr angenehm.

Jetzt die Brust, atmen Sie kräftig, aber bequem ein – der Bauch gerät dabei gleichzeitig in Bewegung, das geschieht automatisch – und atmen Sie aus, ruhig, nicht übertreiben, und ein zweites Mal, ein, aus, und ein drittes Mal, ein, aus.

Lockerung von Schultern und Rücken

Jetzt geht es zu den Schultern: Rollen Sie die Schultern nach hinten, noch einmal nach hinten und nach vorn, in der umgekehrten Richtung, mehrmals nach vorn. Und jetzt ballen Sie kräftig die Fäuste und spüren, wie die Muskelwirkung bis in den Oberarm, bis zu den Schultern hinaufgeht; das ist eine der kräftigsten Erfahrungen, die Sie bei dieser Übung machen. Nochmals: Fäuste, Unterarmmuskeln, Bizeps kräftig anspannen und loslassen, und noch einmal, anspannen und loslassen, und ein drittes Mal, anspannen und loslassen.

Jetzt kommen ganz wichtige Muskeln dran: Ziehen Sie die Schultern fast bis zu den Ohren hoch, stecken Sie den Kopf fast zwischen die Schultern, und spannen Sie die Muskeln kräftig an. Daran sollten Sie auch die ganze Rückenmuskulatur soweit wie möglich intensiv beteiligen. Sie sind nun bewußt in der bekannten vollkommenen Verspannung, die so oft zu Kopfschmerzen und Nervenkrankheiten führt. Lockern Sie das, lösen Sie diese Spannung ganz und gar. Lassen Sie die Arme wieder herunterfallen und empfinden Sie die Lockerung und Gelöstheit und den tiefen Frieden, den Ihnen diese Lockerung bringt.

Lockerung von Hals und Kopf

Jetzt versuchen Sie, wenn Sie es können, die Halsmuskeln anzuspannen und die hinteren und oberen Muskeln der Kopfschwarte. Das kann nicht jeder, aber das macht nichts. Nun runzeln Sie kräftig die Stirn. So gut es geht, ziehen Sie die Wangen hoch, schneiden Sie eine Grimasse. Öffnen Sie den Mund ganz stark, und genieren Sie sich nicht, die Zunge weit herauszustrecken. Rümpfen Sie die Nase. Wenn Sie all das gleichzeitig tun, sind Ihre Augen fest zugekniffen. Lockern und lösen Sie das alles nun vollkommen. Wiederholen Sie die Prozedur zwei- oder dreimal. Schließen Sie die Augen bewußt, rollen Sie die Augen nach rechts und nach links, nach oben und nach unten, kneifen Sie die Augen wieder zu, und lösen Sie alles vollkommen.

Entspannte Körperbetrachtung

Nun schließen Sie die Augen und beobachten Ihren Körper, der nun vollkommen gelöst, vollkommen in Frieden ist. Gehen Sie vom Kopf hinunter über Hals, Schultern, Arme, Rücken, Brust, Bauch, Becken, Gesäß, Oberschenkel, Unterschenkel, Füße, bis zu den Zehen. Alles ist vollkommen gelöst, alles ist locker. In diesem körperlichen Frieden, in dieser vollkommenen Ruhe empfinden Sie nun auch seelischen Frieden und seelische Ruhe. Genießen Sie das einige Minuten. Genießen Sie diesen Seelenfrieden in vollen Zügen während einiger Minuten oder solange Sie wollen.

Bevor wir zur nächsten Übung kommen, gilt es, sich noch einige Zusammenhänge zu vergegenwärtigen.

Schauen wir uns noch kurz die Verdauungsvorgänge an. Wir nehmen Nahrung auf, zerkleinern sie mit den Zähnen und speicheln sie in einer Vorverdauung zu einem gleitenden Brei ein. Im Magen erfolgt die Zerlegung durch Salzsäure, und im Darm beginnt dann, vereinfacht gesprochen, die Zerlegung durch Enzyme. Dazu gehören Eiweiße, die in Aminosäuren, und Fette, die durch Fettspaltung in Glyzerin und Fettsäuren umgewandelt werden. Diese Endprodukte werden durch die Darmwand resorbiert. Auf diese Weise werden nicht nur alle Muskeln und Gewebe, sondern auch das Gehirn ernährt. Die Vorstellung einer Umwandlung von Nährstoffen in gedankliche und geistige Kräfte drängt sich auf, wenn man die Idee der Umwandlung von Wellenenergie in Materie und umgekehrt akzeptiert.

Bleiben wir aber beim Körper. Erhöhte Mana-Produktion bedeutet mehr Lebenskraft. Das heißt mehr Energie für die Erfüllung der Aufgaben, die von uns verlangt werden, erhöhtes Wohlbefinden, erhöhter Pulsschlag, und in den Fällen, in denen Menschen unter Hypotonie leiden, Erhöhung des Blutdruckes, ohne daß deswegen jemals ein krankhafter Zustand zu befürchten wäre. Man kann, wie ich selbst festgestellt habe, bei durch Veranlagung bedingtem niedrigem Blutdruck Weisungen an das untere Selbst geben, diesen zu überwachen und nach Bedarf zu erhöhen. Das erfordert Training mit dem unteren Selbst und wirkt zuverlässig, von extremen Zuständen, zum Beispiel von extremen Wetterbedingungen abgesehen.

Daß für die *geistige Heilung* viel Mana erforderlich ist, leuchtet ein, wenn wir uns überlegen, daß unser eigenes Hohes Selbst und das des Patienten gemäß oben geschildertem Mechanismus sehr viel Mana für die Heilung brauchen. (Der Heiler selbst heilt nie! Weder durch Mana noch durch Magnetismus oder irgendeine andere Energie.) Wenn Sie später etwas Übung in der Mana-Produktion haben, können Sie interessante Versuche ausführen, die Ihnen Mana als Realität dokumentieren.

George Meek hat zahlreiche Beispiele dafür angeführt, daß geistige Einflüsse, die er meistens als Kräfte des Heilers bezeichnet hat, erstaunliche Resultate bringen können. Er kannte weder HUNA noch Mana. Daß es sich bei seinen Beobachtungen aber um Energien gehandelt haben muß, die Mana sind oder mit Mana verwandt sind, leuchtet ein. Darüber hinaus wurden die meisten seiner Versuche an Universitäts-Laboratorien unter strengster Kontrolle durchgeführt. Bekannt sind auch die Versuche mit dem großen amerikanischen Heiler-Ehepaar Ambrose und Olga Worrall. Hier ist kein Raum, um die vielen Einzelheiten von George Meek aufzuführen. Wenn Sie im Verlaufe Ihrer HUNA-Praxis Kontakt mit ihrem unteren Selbst bekommen haben, können Sie folgenden einfachen Versuch machen: Füllen Sie eine Kanne oder Gießkanne mit Wasser, umschließen Sie das Gefäß mit beiden Handflächen fest, und bitten Sie nun unter kräftigem Einatmen Ihr unteres Selbst, aus beiden Handtellern Mana in das Wasser des Gefäßes zu leiten. Dabei stellen Sie sich den Vorgang deutlich und plastisch vor und lassen Ihre Gedanken Wirklichkeit werden! Wenn Sie aber schon mit dem Energiefluß über die Hand gearbeitet haben, können Sie sich auch vorstellen, daß der Mana-Fluß von Ihrer rechten, der gebenden Hand, durch das Wasser in die linke fließt, wobei natürlich der größte Teil der Mana-Energie im Wasser »hängenbleibt«. Das gleiche können Sie natürlich auch mit einer Vase tun, in der sich schon Blumen befinden, und dann können Sie Tests machen: Die eine Vase behandelt, die andere unbehandelt. Welche Blumen halten länger? Aber es sollten mehrere Blumen in jeder Vase sein, damit die Zufallsquote statistisch verschwindet.

Damit Sie nun selbst mit Mana arbeiten können, kommen wir zur nächsten Übung, einer Atemübung. Machen Sie bitte wieder diese Lockerungsübung, die Ihnen schon bekannt ist und die Ihnen, wenn Sie sie zwei- oder dreimal gemacht haben, leichtfallen wird; sie wird Ihnen zur Gewohnheit. Wir wissen, daß verstärktes Atmen verstärkte Sauerstoffzufuhr bedeutet, also verstärkte Oxydation. Wenn wir den Atem bewußt »in die Verdauungsorgane« lenken, also vor allen Dingen in

Magen und Darm; dann wird der Atem dort wirksam. Das richtige Atmen geht am besten im Sitzen oder sogar im Stehen. Es ist wichtig, wie wir schon gesehen haben, daß die Chakras bei aufrechter Wirbelsäule übereinanderliegen, wodurch das Aufsteigen des Mana in das Kronenchakra erleichtert wird.

Für das intensivierte Atmen (energized breathing) soll Ihnen möglichst das gesamte Lungenvolumen zur Verfügung stehen. Sie öffnen deshalb zunächst am Bauch beengende Kleidung, Gürtel usw. und atmen normal aus. Nun atmen Sie bewußt ein, indem Sie zunächst nur den Bauch *herausstrecken* und die Luft einströmen lassen. Dadurch wird das Zwerchfell gesenkt, der untere Teil der Lunge bekommt mehr Platz und dehnt sich aus, die Luft kann einströmen. Danach atmen Sie bewußt weiter ein, in die Mitte der Lunge und schließlich immer wieder bewußt in den oberen Teil der Lunge, ohne dabei die Schultern oder den Brustkorb mit Muskelkraft zu heben. Diese heben sich automatisch durch das Einströmen der Luft. – Beim Ausatmen beginnen Sie *wieder mit dem Bauch,* nicht mit der oberen Lunge, indem Sie den Bauch kräftig einziehen, die Luft bewußt ausatmen, wodurch mittlere und obere Lunge sich deutlich senken und entleeren. Vielleicht neigt sich Ihr Oberkörper dabei ein wenig nach vorn. Unterbrechen Sie bitte die Lektüre, und üben Sie dieses bewußte Ein- und Ausatmen. Es wird Ihnen bald zur Gewohnheit werden! Eine komplette Mana-Aufladung besteht etwa aus acht solchen Vorgängen des Ein- und Ausatmens, die im übernächsten Schritt erläutert werden.

Nun gilt es noch festzulegen, mit welcher Geschwindigkeit, oder besser, mit welcher Langsamkeit jeder einzelne Vorgang des Ein- und Ausatmens vonstatten gehen soll: Dazu fühlen Sie mit dem Zeige- oder Mittelfinger an der Schlagader (auf der linken Halsseite etwa auf der Höhe der Mandeln) den Takt Ihres Herzschlages. Man kann ihn auch am Puls (am verlängerten Daumen) abfühlen, und Sie werden leicht feststellen können, wie Ihr Herz schlägt, 1..2..3..4. Dieser Takt ist die künftige Grundlage für Ihren Atemfluß. Sie können ohne weiteres langsamer atmen, aber bitte nicht schneller.

Während Sie nach diesem Takt zählen, strecken Sie bei 1 den Bauch heraus, bei 2 gehen Sie in die mittlere Lunge und bei 3 und 4 in die obere Lunge bis zu den Lungenspitzen; danach machen Sie, wenn Sie wollen, eine kurze Pause und atmen *aus* auf 5..6..7..8. Bei 5 ziehen Sie den Bauch wieder ein, bei 6 lassen Sie die Luft aus der mittleren Lunge und bei 7 und 8 aus der oberen Lunge heraus.

Danach wieder Pause und neu anfangen:

ein:	1 . . .	2 . . .	3 . . .	4.	Pause
	Bauch	mittlere Lunge	obere Lunge		
aus:	5 . . .	6 . . .	7 . . .	8.	Pause
	Bauch	mittlere Lunge	obere Lunge		

Es ist wichtig, daß Sie möglichst vollständig ausatmen, damit Ihre Lunge nicht teilweise mit verbrauchter Luft gefüllt bleibt. Über die Pausen mache ich absichtlich keine Zeitangaben, machen Sie diese ganz so, wie es Ihnen guttut; sie verstärken den Atmungsvorgang. Wenn Sie Mühe haben, üben Sie am Anfang ohne Pausen. *Es ist ganz besonders wichtig,* daß Sie von jetzt an das bewußte Atmen immer ohne Anstrengung praktizieren. Sie müssen sich wohl fühlen und »lässig« atmen. Übertreiben Sie bitte nicht, Hyperventilation kann zu Kopfschmerzen führen.

Üben Sie diese Atemtechnik. Sie sind jetzt in der Lage, das Atmen von Grund auf zu lernen, die wichtigste Voraussetzung für die Mana-Produktion!

Es ist ganz natürlich, daß Ihnen nach einiger Zeit das monotone Zählen lästig und langweilig wird. Rückblickend stelle ich fest, daß ich ein oder zwei Jahre lang stur gezählt habe, bis ich auf die Idee kam, die Zahlen durch *Mantras* zu ersetzen. Es war eine herrliche Eingebung von meinem Hohen Selbst! Dazu kann man sich acht Mantras ausdenken oder auch weniger, indem man das eine oder andere Mantra wiederholt. Hierzu möchte ich Ihnen gern einige Anregungen geben: Wie

Sie vielleicht wissen, hat Max Freedom Long das untere Selbst als Freund und Helfer bezeichnet; ich habe dazugefügt »Wächter«. Und so könnte schon ein erstes Mantra etwa folgendermaßen entstehen:

1	2	3	4	Pause	5	6	7	8	Pause
Freund	und	Hel-	fer		George	mein	gu-	ter	
1	2	3	4	Pause	5	6	7	8	Pause
Freund	und	Wäch-	ter		George	mein	gu-	ter.	

Long hat das Hohe Selbst als »Führer, Begleiter und Beschützer« bezeichnet. Daraus könnten wieder zwei Mantras entstehen, etwa:

1	2	3	4	Pause	5	6	7	8	Pause
Füh-	rer	und	–		Beglei-	ter	A-	riel	
1	2	3	4	Pause	5	6	7	8	Pause
Füh-	rer	und	–		Beschüt-	zer	A-	riel.	

Ich habe den Namen meines eigenen Hohen Selbstes, »Ariel«, in dieses Mantra natürlich einbezogen. Sie können es ersetzen durch »Lieber« oder »Guter« oder wie Sie sonst wollen.

Zum Üben allein empfehle ich, zunächst noch bei den Zahlen zu bleiben. Auch hier gibt es ein Hilfsmittel, damit Sie genau wissen, bei welchen von den acht Atemvorgängen Sie sind. Zählen Sie deshalb am besten:

1 . . 2 . . 3 . . 4 . . 5 . . 6 . . 7 . . 8.
2 . . 2 . . 3 . . 4 . . 5 . . 6 . . 7 . . 8.
3 . . 2 . . 3 . . 4 . . 5 . . 6 . . 7 . . 8.
4 . . 2 . . 3 . . 4 . . 5 . . 6 . . 7 . . 8.
und so weiter.

Üben Sie bitte jetzt diese bewußte Tiefatmung, bis sie Ihnen geläufig wird. Sie werden sehen, es geht sehr leicht!

Später, wenn Sie an die Tiefenatmung gewöhnt sind, werden Sie vielleicht die Mantras etwas schneller sprechen und ein ganzes Mantra zum Ein- und ein ganzes zum Ausatmen brauchen. Dadurch wird der ganze Atmungsvorgang länger und tiefer. Sie werden das als sehr angenehm und wirkungsvoll empfinden.

Jedes praktische Buch teilt Anwendungen in konzentrierter Form mit. Das gilt auch hier für die eben erklärte Atemübung und die nun folgende Übung der Mana-Aufladung. Ich wünschte, ich könnte von jedem einzelnen von Ihnen, die Sie dieses Buch lesen, die Garantie haben, daß Sie die Atemübung so lange praktizieren lernen, bis Sie sie beherrschen! Das wäre die beste Voraussetzung für die nun folgende Mana-Übung. Bitte machen Sie deshalb von jetzt an die Atemübung täglich. Sie können sie auch mehrmals am Tag machen. Falls Sie das Gefühl haben, die Tiefenatmung falle Ihnen nun leicht, dann sprechen Sie während einer der Atemübungen in Gedanken zu Ihrem unteren Selbst, nennen wir es George, etwa wie folgt: »George, mein Lieber, wir wollen uns jetzt schon vorstellen, daß der Atem, den wir in unsere Verdauungsorgane lenken, durch unser gemeinsames Wollen Mana produziert!« Es war schon die Rede von der HUNA-Vorstellung, daß ein Gedanke, mit Mana aufgeladen, zur Realität wird. Sie sind jetzt dabei, die Idee, Mana zu produzieren, Realität werden zu lassen. Ihr unteres Selbst wird Sie dabei mit aller Sicherheit voll unterstützen! Gehen Sie deshalb folgendermaßen vor.

Wenn Sie die achte Phase des Ein- und Ausatmens beendet haben, sprechen Sie bitte wieder mit Ihrem unteren Selbst und sagen etwa: »George, wir *haben* jetzt Mana aufgeladen. Du hast es in dir, behalte es in deinem Speicher! Wir können es von dort jederzeit für verschiedene Zwecke abrufen.«

So einfach ist es, Mana aufzuladen! Sie haben George schlicht eine *Weisung* gegeben (bitte geben Sie ihm *nie einen Befehl!*). Seien Sie der Hilfe Ihres George vollkommen sicher! Wenn Sie diese Mana-Aufladung – vorausgesetzt, Sie beherrschen die Atemtechnik – beispielsweise dann ausführen, wenn Sie sich erschöpft fühlen, werden Sie sofort nach der Aufladung viel Energie spüren. Ihre seelische Verfassung wird sich augenblicklich bessern und aufhellen, und Sie werden wieder voller Zuversicht sein. Das ist keine billige Psychobeeinflussung, sondern eine reale physische Verbesserung, die sich zwangsläufig auch psychisch auswirkt.

Wir können noch einen Schritt weitergehen. Nehmen wir an, Sie haben eine anstrengende Tätigkeit vor sich. Das kann eine sportliche Leistung sein, die Sie von sich selbst erwarten, oder eine wichtige geschäftliche Besprechung oder eine Arbeit, mit der Sie gerade befaßt sind und die Sie nicht unterbrechen möchten. Dann geben Sie Ihrem George die Weisung: »George, gib mir Mana!« – »Mir« heißt: Ihnen, Ihrem mittleren Selbst, das so heißt wie Sie mit Vornamen. Geben Sie diese Weisung an George mit einem tiefen Atemzug, denn das soll immer das *Signal* für ihn sein, aufmerksam zu sein und etwas auszuführen. Gewöhnen Sie sich bitte für alle Zukunft an die Verwendung dieses Signals. Da Sie bewußt in die automatische Atmung von George eingreifen, ist es für ihn ein unüberfühlbares Signal, denn es ist ihm vertraut, und er akzeptiert es gern. Irgendwann werden Sie vielleicht das Gefühl haben, Georges Reservoir sei ziemlich erschöpft. Praktizieren Sie dann eine neue Mana-Aufladung mit Hilfe der Ihnen inzwischen geläufigen Atemübung. Ich habe früher, als ich noch das Pendel benutzte, die mir in einem bestimmten Augenblick verbleibende Mana-Menge mit dem Pendel bestimmt. Später habe ich das nicht mehr gebraucht, ich habe es *gefühlt*. Das ist viel besser, und Sie selbst werden bald in der Lage sein, durch Ihr Gefühl festzustellen, ob Sie eine neue Mana-Aufladung brauchen oder nicht. Noch ein Hinweis: Wenn Sie sagen: »George, mein Guter, gib mir Mana!«, dann fügen Sie, wie schon kurz angedeutet, noch Ihren Vornamen dazu; das spricht George noch intensiver an. Sagen Sie etwa: »George, mein Lieber, bitte gib mir, Bernhard (Hans oder wie immer Sie heißen mögen), eine kräftige Mana-Ladung!«

Ausgehend von dieser Übung, kann man noch einen großen

Schritt weitergehen, einen Schritt, der schon in den Bereich des Heilungsgebetes führt: Sie geben Mana an andere Personen! Dabei ist der Übungsablauf derselbe: die Mana-Aufladung durch Atmen und das Speichern von Mana in Georges Reservoir. Darüber hinaus benutzen Sie jedoch im Kontakt mit anderen automatisch die Aka-Schnur, von der ausführlicher im nächsten Kapitel (Seite 55) die Rede ist, und sagen einfach: »George, mein Guter, bitte, wir senden jetzt Mana an Onkel Fritz!« Und Sie bekräftigen diese Weisung an George mit dem bekannten tiefen Atemzug. Onkel Fritz ist vielleicht in einer Situation, in der für ihn eine kräftige Energiespritze wünschenswert, ja notwendig ist. Wir können jedem Menschen, das heißt den mittleren Selbsten dieser Menschen, jederzeit Mana senden! Wenn Sie durch konsequentes Ausüben der HUNA-Praxis Ihr eigenes Hohes Selbst erreicht haben, können Sie den Hohen Selbsten anderer Menschen jederzeit Mana senden. Damit können Sie im Rahmen des Heilungsgebetes Wesentliches für die Genesung eines Menschen leisten, wenn sein eigenes Hohes Selbst diese Genesung wünscht. Die Übermittlung von Mana ist in diesem Fall für das andere Hohe Selbst zum Zwecke der Heilung seines mittleren und unteren Selbstes wertvoll.

Sie haben oben gelesen, daß die Energie *Mana-Loa,* die zum Hohen Selbst gehört, doppelt wirksam oder umkehrbar ist; ich möchte sie analog »amphibisch« nennen. Ein Geistwesen, zum Beispiel das Hohe Selbst, nimmt unser Mana an, kann es aber und wird es durch einen uns völlig unbekannten Mechanismus in eine rein geistige Kraft von höchster Konzentration, Mana-Loa, umwandeln (»100 000 Volt«). Mana ist also, im Gegensatz zu allen anderen mir bekannten parapsychologischen Energien, zwar irdischen Ursprungs – denn es kommt ausschließlich aus der Erde –, wird aber auf der geistigen Ebene umgewandelt. Deshalb ist Mana (im Zusammenwirken mit der Aka-Schnur) ein besonders wichtiges Verbindungselement zwischen dem Menschen und all den vielen Geistwesen, die gerne Mana annehmen. Ja mehr noch: Wir können die Mana-Gabe, die wir in einer meditativen Betrachtung unserem Hohen Selbst darbringen, als *symbolisches Opfer* empfinden und darreichen, zusammen mit unserer *Liebe, Dankbarkeit, Ehrerbietung und tiefster Demut.*

Die Idee, daß Verstorbene Mana gebrauchen könnten, das heißt also Nahrung, ist nicht neu. Max Freedom Long hat das nicht nur in der HUNA-Praxis gefunden. Er berichtet, daß die Chinesen Nahrung auf ihre Gräber gestellt haben. Im alten Ägypten war Honig das Symbol der Nahrung. Deshalb finden wir heute noch auf vielen Grabzeichnungen die heilige Biene. Daß in Europa in katholischen Gegenden Weihwasser auf die Gräber gestellt wird, ist bekannt. Wasser aber ist das gebräuchliche HUNA-Symbol für Mana.

Die HUNA-Lehre räumt folgender Visualisierung einen wichtigen Platz ein: Man stellt sich vor, daß das Mana aus dem Bauch über Brustkorb und Hals in den Kopf aufsteigt und dort am höchsten Punkt, dem violetten Scheitel-Chakra, »überfließt«. Dazu noch ein paar Gedanken.

Wenn wir davon ausgehen, daß ein Kind seinen Schutzengel (sein Hohes Selbst) ohne sein Wissen oder Zutun sozusagen »gratis« zur Verfügung hat und von ihm betreut wird, dann wollen wir auch daran denken, daß die Schädelknochen beim Kind noch nicht zusammengewachsen sind. Man kann diese Öffnung mit dem Finger deutlich fühlen. Das Erstaunliche ist, daß diese Öffnung *Fontanelle* genannt wird. Warum erstaunlich? Weil Fons, Fontis, (lateinisch) Quelle heißt, davon abgeleitet Fontana, (italienisch) ebenfalls Quelle, und die Fontanelle ist die kleine Quelle. Das heißt also, daß der Mana-Fluß des Kindes, der seinem Hohen Selbst zur Verfügung steht, ungehindert aus der Fontanelle austreten kann, dort, wo die Schädelknochen noch nicht zusammengewachsen sind. Natürlich ist das eine spekulative, aber, wie ich finde, eine sehr schöne Erklärung! Wie steht es in diesem Zusammenhang mit der Tonsur? Warum haben früher die katholischen Priester genau an der Stelle des Scheitel-Chakras das Haar zu einer kreisförmigen Öffnung geschoren, etwas größer als ein Fünfmarkstück? Die zugrunde liegende Vorschrift besteht seit dem sechsten Jahrhundert. Noch nie habe ich dafür eine schriftliche oder mündliche Erklärung gefunden. Haben vielleicht die Essener das schon praktiziert? Ist die Tonsur, diese »Öffnung nach oben«, etwa ein Symbol für die Verbindung mit dem Heiligen Hohen Selbst, mit anderen Worten: mit Gott?

Kapitel 2

Drei praktische HUNA-Werkzeuge

Die Aka-Schnur, die geistige Verbindung

Als Aka-Schnur bezeichnet man das »Verbindungswerkzeug« zwischen zwei Menschen oder auch zwischen einem Menschen und einem geistigen Wesen. In der HUNA-Praxis ist die Verbindung mit dem eigenen Hohen Selbst besonders wichtig. Die Aka-Schnur wird als »feinstofflich« gesehen. Um ehrlich zu sein, ich weiß selbst nicht, was das genau ist. Der Ausdruck hat sich eingebürgert. Es ist nach meinem Empfinden eine hypothetische Bezeichnung, vielleicht ein Verlegenheitsausdruck, der aber seine Berechtigung hat: Bei manchen Erscheinungen, wie auch bei der Aka-Schnur, ist der Aggregatzustand unbestimmt.

Wir wissen, daß diese Aka-Schnur eine »handfeste« Verbindung zum Beispiel bei der Telepathie ist, aber wir können sie nicht als im physischen Sinne materiell bezeichnen. Eine rein geistige Verbindung könnte es sein, aber dafür ist sie wieder zu handfest. Deswegen, so scheint mir, hat man den Begriff des »Feinstofflichen« für Aka im allgemeinen und für viele ähnliche Phänomene eingeführt. Er bezeichnet, korrekt ausgedrückt, die *Vorstellung* eines Aggregatzustandes. Die Aka-Schnur ist eine Verbindung, die unter ganz bestimmten Bedingungen entsteht. Für den HUNA-Praktizierenden ist sie selbstverständliche Wirklichkeit, die bei Energieübertragungen mitspielt, aber nicht bewußt hergestellt werden kann.

Herr A und Frau B sind räumlich weit voneinander entfernt, kennen sich aber schon lange gut. Das bedeutet, daß zwischen ihnen schon längst eine Aka-Schnur besteht. Wenn Herr A mit Frau B telepathisch in Verbindung treten möchte, dann streckt er, wie Max Freedom Long es nannte, seinen »Aka-Finger« in Richtung von Frau B aus. Damit ist kein konkreter Finger gemeint, sondern der Vorgang des Verbindung-Aufnehmens durch geistige Ausrichtung. »In Richtung« bedeutet also nicht die genaue geographische Richtung, sondern die geistige: Er will mit Frau B in Verbindung treten. Die telepathische Übermittlung findet über die bestehende Aka-Schnur statt. Wie ist die Verbindung zwischen A und B seinerzeit zustande gekommen? Ganz einfach: Herr A und Frau B haben sich irgendwann einmal kennengelernt. Sie haben sich die Hand gegeben, und allein damit war schon die Aka-Schnur zwischen ihnen etabliert. Frau B benutzt für ihre telepathische Antwort die gleiche Aka-Schnur.

Ein dünner Aka-Faden entsteht schon dann, wenn zwei Menschen sich irgendwo sehen, einander in die Augen schauen und dabei Interesse aneinander zeigen. Der gegenseitige Fall kann so aussehen: Ein scheues junges Mädchen mag den aggressiven Blick eines jungen Mannes nicht erwidern, schlägt die Augen nieder und unterbindet damit das Entstehen eines Aka-Fadens unbewußt. Dagegen entwickelt sich zwischen zwei Menschen, die sich innig lieben (geistig oder geistig und körperlich), oder bei nahen Blutsverwandten oder bei Menschen, die bedeutende gemeinsame Erlebnisse haben, zum Beispiel beim Klettern im Gebirge, eine Aka-Schnur oder gar ein dickes Aka-Seil. Es gibt also verschiedene »Aka-Ausdrucksformen« der Intensität einer Verbindung.

An einer Unterschrift »klebt« ebenfalls der Aka-Faden, vielleicht auch an einer Fotografie (»aka«, polynesisch = »klebrig«). Deshalb bedienen sich manche Heiler bei Fernheilung gerne der Unterstützung durch eine vorliegende Unterschrift oder Fotografie des ihnen unbekannten Patienten, um so leichter eine Verbindung herzustellen. Auch bei einem Telefongespräch kann sich ein Aka-Faden entwickeln. Dafür braucht es aber, so scheint mir, seitens des Mediums oder Heilers eine gewisse Übung.

Wer sein Hohes Selbst erreicht hat, kann auch Kontakt mit dem des Patienten aufnehmen, das die Heilung einleitet. In diesem Fall ist der Heiler auf Hilfsmittel wie Unterschrift oder Fotografie nicht mehr angewiesen.

Besonders interessant sind Aka-Fäden oder -Schnüre auf geistigem Gebiet. Wer Kontakt zu seinem Hohen Selbst hat, ist mit ihm durch ein unzerstörbares Aka-Seil fest verbunden, das heißt, nicht er allein, sondern er zusammen mit seinem Unterbewußtsein, mit seinem unteren Selbst. Es ist nämlich das untere Selbst, das auf Ersuchen des mittleren Selbstes die Aka-Schnur zum Hohen Selbst ausspannt und, nachdem das Hohe Selbst sie angenommen hat, weiterhin unterhält. Das untere Selbst kann die Verbindung mit dem Hohen Selbst über die Aka-Schnur unterbrechen, sozusagen mit einem Schalter ausschalten, wenn sich sein schlechtes Gewissen meldet, wenn es durch Blockaden gestört wird (die »Steine am Wege« der Bergpredigt), das heißt also, wenn es sich ethisch unwürdig fühlt, die Verbindung mit dem Hohen Selbst zu benutzen. Das ist ein sehr wichtiger Faktor, der später, bei der Betrachtung des unteren Selbstes, noch ausführlicher zur Sprache kommen wird.

Aka-Schnüre, gleichgültig ob zwischen Menschen oder zwischen Menschen und Geistwesen, sind unzerstörbar. Das mag manchem unbequem erscheinen, der sich von einem anderen Menschen gern definitiv trennen möchte, der ihn vielleicht sogar haßt und nicht einmal durch eine Aka-Schnur an ihn erinnert werden möchte. Diese Einstellung und dieser Wunsch sind falsch und dazu noch unpraktisch, denn es könnte sein, daß später einmal eine geistige Versöhnung stattfindet, bei der die Aka-Schnur sehr nützliche Dienste zu leisten vermag! Wir können sie nicht zerstören, sondern nur stillegen.

Hier noch einige historische Hinweise, die auf das Vorhandensein der Aka-Schnur deuten. In Prediger 12.6 (Kohelet) ist von der Silberschnur die Rede, die mit großer Wahrscheinlichkeit der Aka-Schnur entspricht. In ägyptischen Hieroglyphen und auf Grabzeichnungen sehen wir den geöffneten Schirm, das Symbol für den Schattenkörper, den Aka-Körper: Die Schirmstange wird als Verbindung angesehen, der Aka-Schnur entsprechend. »Aka« heißt im Altägyptischen »Schatten«, auf polynesisch, wie schon erwähnt, »klebrig«. Diese Parallelen betrachte ich als interessante Hinweise, die man annehmen oder ablehnen kann.

Das mittlere und das untere Selbst gehören zusammen, so daß sich zwischen beiden eine Aka-Schnur erübrigt. Tritt das untere Selbst jedoch aus dem Körper aus, dann besteht zwischen beiden Selbsten ein solides Aka-Seil. Das untere Selbst kann vom mittleren nie getrennt werden! Das untere Selbst kann das mittlere unter verschiedenen Bedingungen verlassen. Die bekannteste ist der Wahrtraum, bei dem das untere Selbst aus dem Körper austritt und an einem anderen Ort Wahrnehmungen macht, die es dem schlafenden mittleren Selbst durch einen Traum unmittelbar mitteilt.

Das Licht und die Lichtpyramide

Das Licht ist ein weiteres geistiges Werkzeug der HUNA-Praxis. Stellen Sie sich doch einmal etwas ganz Einfaches, ich möchte fast sagen Banales vor: Ein einsames Haus auf dem Lande, in nächster Nähe Bäume und Sträucher; das Parterregeschoß liegt auf ebener Erde. Es ist vollständig dunkel, kein Stern, geschweige denn der Mond erhellt das, was außerhalb des Hauses ist. Kein Baum, kein Strauch sind sichtbar. Es ist so dunkel, daß nicht einmal der Schnee, der die Rasenfläche vor dem Haus bedeckt, zu sehen ist. In der Parterrewohnung sind fröhliche Menschen versammelt, der Raum ist hell erleuchtet. Der Hausherr öffnet das Fenster und macht die Fensterläden auf. Der Schnee strahlt weiß im Licht, die Baumstämme und Sträucher sind hell erleuchtet, die Umgebung vor dem Haus sieht friedlich und freundlich aus, voller Licht!

Es ist in diesem Zusammenhang bemerkenswert, wie selbstverständlich es uns erscheint, daß das Licht die Gegenstände in der Finsternis beleuchtet und die Dunkelheit überwindet. Stellen wir uns aber vor, die Dunkelheit wäre stärker als das Licht, sie würde durch das geöffnete Fenster in den Raum eindringen und würde das Licht, an dem die Menschen sich dort erfreuen, töten, abwürgen und zum Erlöschen bringen! Ist das widersinnige, gedankliche Akrobatik? Nein: Die Schöpfung ist so eingerichtet, daß das physische Licht, das aus dem Haus herausströmt, die Dunkelheit, in die Bäume und Sträucher getaucht sind, überwindet und diese ins Licht stellt.

Das physische Licht ist eine Form physischer Energie. Im ersten Absatz der ganzen Bibel, 1. Buch Mose 1.3–5, lesen wir, wie Gott das physische Licht geschaffen hat. Gott verwandte einen ganzen Tag, den sechsten Teil der gesamten Schöpfungszeit, nur, um das Licht zu erschaffen, das Wichtigste in seiner Schöpfung neben dem Menschen!

Das ist nicht sehr erstaunlich, wenn ich mir klarmache, welche Bedeutung das Licht in der Schöpfung des materiellen Weltalls hat: »Gott sprach: Es werde Licht. Und es wurde Licht.«

Wir wissen längst, daß das menschliche Hirn beim Denken Schwingungen hervorruft, die mit Hilfe des Elektro-Enzephalogramms (EEG) klinisch nachgewiesen werden können. Wir wissen auch, daß das früher als unteilbar angesehene Atom aus vielen Teilen besteht und diese Teile wiederum aus »kondensierten Schwingungen«, daß es Materie als solche, wie wir sie uns allgemein vorstellen, nicht gibt. Setzen wir nun getrost voraus, daß die göttlichen schöpferischen Gedanken ebenfalls Schwingungen sind! Seine Sprache »Es werde Licht« ist ja Ausdruck seiner Gedanken, und diese sind Schwingungen, sind Bestandteile des Atoms! Daß der Schöpfer zuerst das Licht geschaffen hat und danach erst die verfestigte Materie, erscheint mir logisch. Licht besteht aus Wellen, aus Lichtquanten, aber noch nicht aus Atomen! Die Bibel schildert uns die Entstehung der Schöpfung in physikalisch (und übrigens auch geologisch und biologisch) einwandfreiem Aufbau! Mich stört die Aussage von Vers 1 und 2 nicht im geringsten. Dies betrachte ich als Einleitung, denn die Einzelheiten dazu gibt die Genesis in den folgenden Versen 6 bis 10. Lesen Sie nach! Es ist sehr spannend!

Mit dem geistigen Licht, das schon lange vor der Schöpfung bestanden hat, verhält es sich ebenso wie mit dem physischen

Wer erleuchtet wurde, hat durch die Gnade das Licht bekommen, er steht auf einer höheren Ebene der Erkenntnis. Er ist ein Geweihter. Im Alten Testament finden wir an verschiedenen Stellen die Bedeutung des Lichtes erwähnt. So im 4. Buch Mose 6.25, dem Priestersegen, wo Gott den israelitischen Priestern durch Moses die Weisung gibt, wie sie Israel zu segnen haben: »Der Herr lasse dir sein Angesicht leuchten.« Daraus geht hervor, daß das göttliche Antlitz geistig leuchtet! Auch in den Psalmen wird das Licht erwähnt. Im Psalm 119.105 wird das Wort Gottes mit dem Licht verglichen, und »In deinem Lichte schauen wir das Licht!«, heißt es im Psalm 36.10. Das Neue Testament ist voll von bedeutenden Erklärungen über das Licht, die bedeutendste in Johannes 8.12: »Ich bin das Licht der Welt.« Das geistige Licht ist eine Form geistiger Energie.

Aber auch in einem großen deutschen Klassiker findet das Licht Erwähnung: im ersten Teil des Faust. Faust kommt gerade vom Osterspaziergang zurück. Ein Pudel ist ihm gefolgt, den er in sein Studierzimmer mitnimmt, wo sich das Tier als gefährliches Wesen, »verworfenes Wesen«, entpuppt. Faust versucht verschiedene Beschwörungen und sagt schließlich:

> »Erwarte nicht *das dreimal glühende Licht!*
> Erwarte nicht die stärkste von meinen Künsten!«

Faust droht hier mit seiner machtvollsten Beschwörungsformel, die Mephisto, der nun aus dem Pudel hervortritt, nicht über sich ergehen lassen will. »Erwarte nicht das dreimal glühende Licht!« Das ist eine gewaltige Aussage von niemand geringerem als Goethe, der mit hervorragendem esoterischem, parapsychologischem und mystischem Wissen und Empfinden ausgestattet war. Es ist kein Zufall, daß das dreifache Licht in einer der wichtigsten Übungen unserer HUNA-Seminare immer wieder vorkommt: in der *Lichtpyramide.*

Ich habe die Lichtpyramide als Schutz schon lange angewendet, bevor mir die Bedeutung der Aussage Fausts bewußt war. Als HUNA-Lehrer war ich heftigen geistigen Angriffen

60

ausgesetzt. Und ich habe durch schmerzliche Erfahrungen, die mir, im nachhinein betrachtet, sehr nützlich waren, festgestellt, daß die einfache Lichtpyramide in manchen Fällen nicht genügt, denn wir bestehen laut HUNA ja aus dem unteren Selbst, dann dem Körper, der zum mittleren Selbst gehört, und dem eigentlichen Geistwesen des mittleren Selbstes. Dieses macht sich allerdings nur sehr selten selbständig. Ich hatte mich deshalb entschlossen, die Lichtpyramide zu verdreifachen, so daß weder für den Körper noch für das untere Selbst noch für das Geistwesen des mittleren Selbstes bei eventueller vorübergehender Trennung jemals eine Gefahr bestehen konnte, denn alle drei hatten nun ihre eigene Pyramide. (Das Hohe Selbst braucht keinen Licht-Schutz). *Deshalb betrachte ich die dreifache Lichtpyramide als den absoluten, völlig zuverlässigen Schutz gegen geistige Angriffe irgendwelcher Art von außen.* Wir sind indes auch in unserem geistigen Inneren, vielleicht durch Veranlagung, mit dunklen Eigenschaften ausgestattet; das ist nur menschlich. Ich bin überzeugt, daß die tägliche Aufladung der drei Lichtpyramiden auch die inneren Schwächen und Bedrängnisse erleuchtet und durch ihre Kraft sublimiert.

Bevor wir zu konkreten Übungen mit dem Licht kommen, hier noch eine kleine Anekdote aus eigener Erfahrung. Ich pflege vor jedem Vortrag oder Seminar, bevor die ersten Teilnehmer kommen, *Licht in den Raum* zu bringen. Das ist eine Art geistiges »Ausräuchern« und hat den Zweck, in diesem Raum negative Schwingungen aller Art in positive umzupolen. Zu diesem Zweck gehe ich in den Raum, schaue in alle vier Richtungen, führe für mich eine kräftige Mana-Aufladung durch und *verwandle dieses Mana in Licht,* das den ganzen Raum vollkommen erfüllt. Wie das genau funktioniert, erklärt die unten beschriebene Übung. Das tue ich regelmäßig; es ist mir sozusagen zur Routine geworden. Im Laufe des Seminars kommt dann diese »Lichtübung«, bei der ich ebendieses »Licht-in-den-Raum-Geben« praktisch mit meinen HUNA-Studenten übe. In einem Seminar hatte ich gerade meine Erklärungen über die Einzelheiten der Übung beendet und wollte damit beginnen, als links einer der Teilnehmer aufstand und sagte: »Das ist doch gar nicht nötig. Der Raum ist doch schon voll Licht!«

Diese Aussage, die den Tatsachen entsprach, denn ich hatte ja vorher schon Licht in den Raum gegeben, war gar nicht so verblüffend. Es stellte sich nämlich bald heraus, daß dieser Mann eine große mediale Begabung besaß und das vorher von mir in den Raum gegebene Licht wahrgenommen hatte!

Nun zu der Übung, bei der es darum geht, *Licht in den Raum zu geben*. Es handelt sich um das geistige Licht, aber wir nehmen, um uns die Arbeit zu erleichtern, das physische Licht zu Hilfe, denn es bedarf für diese Übung einer Imagination, einer Visualisierung, und für viele ist das geistige Licht zu abstrakt. Löschen Sie allzu helle Lichter, ziehen Sie eventuell die Vorhänge zu.

Führen Sie bitte zunächst eine kräftige *Mana-Aufladung* durch! Dann schauen Sie sich bitte ganz zwanglos in dem Raum um, in dem Sie gerade sitzen. Schauen Sie von dem Platz, wo Sie jetzt sitzen und lesen, nach vorn links in die Ecke des Raumes und dann nach vorn rechts. Drehen Sie sich herum, schauen Sie nach hinten links und nach hinten rechts. Schauen Sie auch nach oben an die Decke. Merken Sie sich Fixpunkte, zum Beispiel eine Tür oder einen Schrank, der den Raum beherrscht, oder ein Fenster, Gegenstände und Formen also, die für den Raum wesentlich sind. Achten Sie nicht auf Einzelheiten.

Schließen Sie die Augen und schauen Sie in Gedanken wieder nach vorn links in die Ecke, nach vorn rechts, nach hinten links und hinten rechts. Sehen Sie in Gedanken die Türe an, vielleicht den großen Schrank oder das Fenster oder andere markante Punkte des Raumes. Daraufhin öffnen Sie die Augen, schauen noch einmal alles an, was Sie sich merken wollen, schließen die Augen wieder und schauen sich im Geiste noch einmal in Ihrem Raum um. Sehen Sie sich vor Ihrem geistigen Auge die wenigen Fixpunkte noch einmal an, die Sie gefunden haben. Vielleicht wollen Sie diesen Teil der Übung ein drittes Mal wiederholen. Sie schauen sich wieder mit offenen Augen um und probieren es noch einmal mit geschlosse-nen. Vielen wird diese echte Visualisierung ihres Raumes ge-lingen, anderen vielleicht gar nicht. Diesen anderen sage ich: Lassen Sie sich nicht entmutigen. Sie sind in diesem Raum, Sie wissen, daß Sie in diesem Raum sind, das genügt.

Für den nächsten Teil der Übung schließen Sie bitte wieder die Augen und stellen sich vor, der Raum sei von einem feinen aber ganz dichten hellen Lichtnebel erfüllt, einem Nebel, wie man ihn manchmal im Gebirge, besonders im Schnee erlebt, wenn die Sonne darauf scheint, kurz bevor sie den Nebel auf-löst. Diesen Nebel stellen Sie sich mit Ihrem geistigen Auge vor.

Dann sprechen Sie zu Ihrem unteren Selbst etwa folgendes: »George, lieber Freund, wir haben Mana aufgeladen, du hast es in deinem Reservoir. Wir geben jetzt geistiges Licht in die-sen Raum, zum Schutz und Segen dieses Raumes. Wir ver-wandeln alles Dunkle und Negative in positives, geistiges Licht. Du gibst jetzt die nötige Mana-Menge, und wir verwan-deln sie in das geistige Licht dieses Raumes mit einem tiefen Atemzug – jetzt!« In diesem Moment machen Sie bitte tatsäch-lich einen tiefen physischen Atemzug. Die Mana-Kraft wirkt, und der Raum, in dem Sie sich befinden, ist mit aller Gewiß-heit mit dem geistigen Licht gefüllt. Seien Sie sicher: Das ist Realität, es ist keine Phantasie oder Illusion. Wir und unser Einflußgebiet gehorchen geistigen Gesetzen, von denen Sie ei-nes, ein einfaches, jetzt realisiert haben. Dieses Licht-in-den-Raum-Geben ist eine Aktion, die Sie bei sich, in einem Zim-mer oder in einem ganzen Hause durchführen können (ohne daß Sie deswegen in jedes einzelne Zimmer gehen müssen). Sie können das auch im Büro machen oder bei Verwandten, denen Sie helfen wollen, oder wo immer sonst Sie es für wün-schenswert halten.

Es scheint mir nützlich, wenn Sie, liebe Leserinnen und Le-ser, die ganze Lichtübung noch einmal durchlesen und sie dann ausführen, sinngemäß, ohne nochmaliges Lesen des Tex-tes, und zwar im Stehen. Gestalten Sie diese Übung frei, denn mein Text soll nur eine Anleitung sein. Die Ausführung ist Ihnen überlassen, sobald Ihnen Sinn, Zweck und »Technik« dieser Übung bekannt sind.

Da Sie sich nun intensiv und produktiv mit dem geistigen Licht beschäftigt haben, möchte ich Sie gern mit einer weiteren Übung vertraut machen. Dabei geht es darum, die *Lichtpyramide* zu errichten. Sind Sie müde? Ich glaube es nicht. Sie haben vorhin für eine kräftige Mana-Aufladung gesorgt und haben für das Licht im Raum nur einen Teil aus Ihrem Mana-Reservoir verbraucht. Wenn Sie wollen, machen Sie eine Pause, legen Sie das Buch auf die Seite, aber bleiben Sie bitte sitzen, und denken Sie in Ruhe über die Lichtübung nach; ich möchte, daß Sie in der geistigen Schwingung bleiben, in die Sie die Lichtübung gebracht hat.

Sie haben Mana aufgeladen oder laden es neu auf. Stehen Sie nun auf, und stellen Sie sich *ungefähr* so hin, daß Sie nach Süden schauen. Die genaue Ausrichtung überlassen Sie Ihrem Hohen Selbst, ebenso den genauen Winkel Ihrer Pyramide. Ihr Hohes Selbst hilft Ihnen bei der Errichtung der Pyramide, ganz gleichgültig ob Sie es »offiziell« schon erreicht haben oder nicht. Alles, was Sie tun, geschieht jetzt dreifach, das heißt, *die eine Pyramide, die Sie in dieser Übung errichten, besteht tatsächlich aus drei ineinander verschachtelten Pyramiden;* weiter oben wurde erläutert, warum das so ist.

Strecken Sie Ihren rechten Arm mit ausgestrecktem Zeigefinger nach vorn rechts aus. Ihr Zeigefinger zeigt jetzt auf einen Punkt rechts vorn unten in einer gedachten Entfernung von zwanzig oder dreißig Metern (Zahlen sind nur Richtwerte). Dabei ist es gleichgültig, ob Sie auf dem Erdboden stehen oder in der ersten oder fünften Etage eines Hauses. Strecken Sie nun den linken Arm und Zeigefinger aus, zeigen Sie mit dem *linken* Zeigefinger auf die gleiche Stelle, auf die Ihr *rechter* Zeigefinger zeigt, und ziehen Sie dort unten vor sich mit dem linken Zeigefinger eine Linie nach vorn links. Sie stehen danach so, daß Ihre beiden ausgestreckten Arme und Zeigefinger eine gerade Linie von rechts nach links begrenzen.

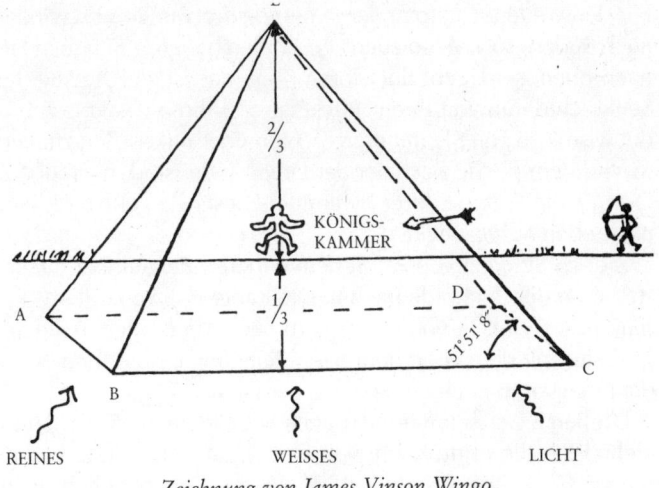

Zeichnung von James Vinson Wingo

Nennen Sie den ersten Punkt rechts vorn A und den zweiten links vorn B. Drehen Sie sich jetzt um neunzig Grad. Sie schauen dann nach Osten. Ihr rechter Zeigefinger zeigt auf den Punkt B, auf den vorher Ihr linker gezeigt hat; dieser zeigt nun nach links. Führen Sie den linken Zeigefinger auf Punkt B zurück, und ziehen Sie die Linie von B nach C. So sehen Sie rechts von sich die Linie A-B und vor sich die Linie B-C.

Drehen Sie sich nun wieder um neunzig Grad. Sie schauen nach Norden. Der rechte Zeigefinger zeigt auf C, der linke zeigt links von C nach D. Sie führen ihn zurück nach C und ziehen die Linie von C nach D.

Drehen Sie sich ein letztes Mal um neunzig Grad. Sie schauen jetzt nach Westen; rechter Zeigefinger auf D. Sie ziehen mit dem linken Zeigefinger die Linie von D nach A, dem Ausgangspunkt Ihrer Übung. Bei A, B, C und D sind *rechte Winkel,* die Linien zwischen A und B, B und C, C und D und D und A sind *genau gleich lang.* Das wissen Sie, ohne es zu überprüfen. Ihr Hohes Selbst hat dafür gesorgt.

65

Für den weiteren Aufbau der Pyramide drehen Sie sich wieder nach Süden, so wie Sie zuerst gestanden haben. – Schauen Sie nach oben, senkrecht über Ihren Kopf (das ist gleichzeitig die Senkrechte, die von Ihrem Rückgrat und Ihren Chakras gebildet wird). Zeigen Sie mit dem rechten oder linken Zeigefinger, je nachdem ob Sie Rechts- oder Linkshänder sind, nach oben. Dort ist die Spitze E Ihrer Pyramide. Dieser Zeigefinger bleibt nach oben ausgestreckt.

Ziehen Sie jetzt von A mit dem anderen Zeigefinger die erste Kante der Pyramide nach E. Die Kante A–E verläuft aus Ihrem »Blickwinkel« von rechts vorn nach oben. Ziehen Sie als nächstes mit dem eben benutzten Zeigefinger über Ihren Kopf die Linie von B nach der Spitze E der Pyramide.

Drehen Sie sich um hundertachtzig Grad nach Norden, und ziehen Sie die dritte Kante von C und dann die vierte von D hinauf zur Spitze Ihrer Pyramide. Wie Sie auch stehen, jetzt verlaufen die Kanten über Ihnen, von rechts vorn sowie links vorn nach oben und von rechts hinten und links hinten nach oben. Sie stehen tatsächlich in einer Pyramide.

Machen Sie eine Pause, und lockern Sie sich. Sie stehen noch immer und haben nun die Arme heruntergenommen. Sie schauen sich diese Pyramide im Geiste an. Sie sind jetzt ganz gelöst, aber aufmerksam. Sie sind sich der Pyramide bewußt, die über Ihnen errichtet ist. Die Pyramide ist eine Realität.

Im nächsten Schritt füllen Sie die Pyramide mit dem ganz feinen intensiven Lichtnebel, mit dem Sie bei der vorherigen Übung den Raum gefüllt haben. Sie schauen nach rechts vorn und sehen diesen Nebel, diesen feinen Lichtnebel, sehen ihn links vorn und auch oben. *Sie stehen in diesem Lichtnebel eingehüllt* und sagen zu Ihrem unteren Selbst: »George, mein Freund, mein lieber Helfer, wir sind jetzt in diesen Pyramiden. Es ist nicht eine, es sind drei Pyramiden, die ineinander verschachtelt sind. Wir wandeln jetzt eine große Menge Mana, die wir in uns haben, in *das heilige, weiße, schützende, reinigende und heilende HUNA-Licht*. Die drei Pyramiden füllen sich ganz mit diesem Licht. Wir tun das gemeinsam mit einem tiefen Atemzug – jetzt!«

Und wieder machen Sie diesen tiefen Atemzug zusammen mit Ihrem unteren Selbst!

Die drei Pyramiden *sind* jetzt über Ihnen errichtet. Sie bleiben über Ihnen Ihr Leben lang, wenn Sie es wollen. Sie gehen mit Ihnen, wo immer Sie hingehen: Sie gehen mit Ihrem unteren Selbst, wenn es aus Ihrem Körper austritt, und auch mit dem Geistwesen Ihres mittleren Selbstes, wenn es jemals austreten sollte, etwa in dem seltenen Fall einer Astralwanderung. Im allgemeinen bleiben Sie mit Ihrem Geistwesen zusammen mit Ihren drei Pyramiden.

Sie können, ausgehend von dieser Übung, über jedem anderen Menschen, der Ihnen nahesteht, oder auch mit viel Liebe über Ihrem größten Feind die dreifache Pyramide errichten, falls Sie einen solchen – hoffentlich nicht – haben sollten. Dazu ist es nicht nötig, daß Sie die ganze Prozedur mit den Ecken A–B–C usw. wiederholen. Sie können sich einfach diesen Menschen in den Lichtpyramiden vorstellen und diese Pyramiden mit einem tiefen Atemzug zusammen mit Ihrem George errichten. Sie können das über jedem Haus, über jedem Auto tun, und vor allen Dingen über der Erde und der Menschheit.

Benutzen Sie hierzu folgendes Bild: Sie sehen im schwarzen Weltraum die leuchtende Pyramide schweben, in der sich unsere Erde befindet. Sie sehen zwar nicht die Erde, weil das Licht ihrer Pyramide strahlend hell ist, aber Sie *wissen,* daß die Erde in dieser Pyramide ist. Diese Lichtpyramide vor dem schwarzen Hintergrund ist das Bild des großen HUNA-Gebetes, das wir in unseren Seminaren für die Erde und die Menschheit beten.

Tun Sie das bitte auch, liebe Leserinnen und Leser, schaffen Sie sich selbst dieses Gebet. Denken Sie an unsere Wälder, an die Tiere und an die vielen leidenden Menschen. Wir alle können dieses Gebet aufbauen und beten und uns als Symbol gemeinsam die Erde mit ihrer Lichtpyramide vor dem dunklen Weltall vorstellen.

Zum Schluß noch einige wichtige Informationen. Die drei Pyramiden von Gizeh (bei Kairo), darunter die wichtigste, die

Cheops-Pyramide, waren nie Begräbnis-, sondern Einweihungsstätten. Daß manche Pharaonen später Pyramiden als Grabstätten haben errichten lassen, liegt ausschließlich daran, daß man unter vielen merkwürdigen Eigenschaften der Pyramide einen bestimmten Einfluß festgestellt hat: organische Stoffe, Fleisch, Blumen, Milch und natürlich auch ein Leichnam verwesen nicht in der Pyramide, sondern das alles hält sich zunächst sehr lange frisch, und später vertrocknet es, ohne sich zu zersetzen. Das wurde in der berühmten Königskammer der Cheops-Pyramide festgestellt. Voraussetzung dafür ist 1. die genaue Ausrichtung nach N-S zweier Linien des Grund-Quadrates, 2. der Neigungswinkel von 51° 51' 8" und 3. die genaue Höhe ist gleich ein Drittel der Gesamthöhe (siehe Zeichnung).

Sie selbst können derartige Versuche mit Lebensmitteln in einer Modellpyramide nachvollziehen, unter lediglich zwei zwingenden Voraussetzungen: Die Modellpyramide muß einen ganz bestimmten Neigungswinkel aufweisen, und zwei ihrer parallelen Grundkanten müssen genau in Nord-Süd-Richtung ausgerichtet sein.

Eines meiner bedeutendsten Erlebnisse, vielleicht sogar das bedeutendste, war die Zeit, die ich allein in der Cheops-Pyramide verbringen durfte, allein im Sarkophag in der Königskammer liegend. Und wenn ich immer wieder darauf dringe, daß jeder, der HUNA praktiziert, die Pyramide über sich errichten sollte, dann ganz besonders deshalb, weil ich durch meine Erlebnisse in der Königskammer zu der vollkommenen Überzeugung gekommen bin, daß eine Pyramide ein göttliches Bauwerk ist. Mehr kann ich darüber im Rahmen dieses Buches nicht sagen, möchte jedoch auf die Bibliographie ab Seite 193 verweisen.

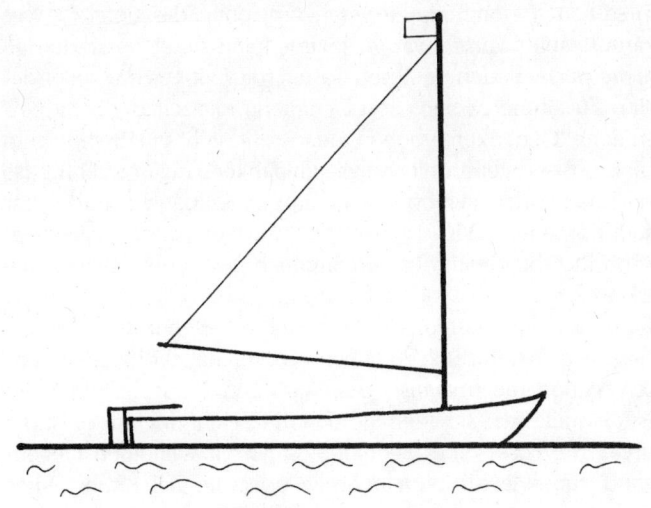

Die Visualisierung

Die Visualisierung ist das vierte Werkzeug der HUNA-Praxis. Das erste war die Energie Mana, das zweite die Aka-Schnur, das dritte das Licht. Dem fünften geistigen Werkzeug, der Kala-Reinigung, ist später ein besonderes Kapitel gewidmet. Visualisierung kommt vom lateinischen Stammwort videre, sehen. Der Augenarzt bezeichnet mit visus die Sehschärfe. Alle diese Ausdrücke haben mit Visualisierung nichts zu tun, denn darunter verstehen wir gerade die vom physischen Auge, von der Optik, losgelöste Vorstellung einer bildhaften Erscheinung vor dem *geistigen Auge.* Deshalb kann auch ein Blinder, der früher einmal sehend gewesen ist, sehr gut visualisieren, oftmals besser als ein Mensch mit gesunder Sehkraft.

Wozu ist die Visualisierung nützlich? Sie dient dazu, dem unteren Selbst Gedankengänge, die wir ihm in Worten erklären, durch ein Bild oder ein Symbol zu veranschaulichen und in seinem Gedächtnis zu verankern, denn das untere Selbst kann unsere Worte zwar verstehen, kann sie aber sinngemäß nicht nachvollziehen. Ersetzen wir deshalb Gedanken oder eine Zusammenfassung von Gedanken, die wir in der HUNA-Sprache Gedanken-Trauben nennen, durch ein Symbol, so kann unser unteres Selbst diese Gedankengänge mit Hilfe des entsprechenden Symbols jederzeit nachvollziehen und sogar daran arbeiten. Wir machen ihm mit dem Symbol oder dem Bild die Arbeit leicht. Lassen Sie mich das mit einem Beispiel erklären.

Zu den Übungen, die wir aufgrund einer gedruckten Anleitung, wie Sie ein Buch zu geben vermag, nachvollziehen können, gehört die *Visualisierung*. Ich habe dazu ein Segelboot gezeichnet. Bitte schauen Sie sich die Zeichnung an. Es ist die einfachste Form eines Segelbootes. Wenn wir einen Gegenstand zum Visualisieren nehmen oder die Zeichnung eines Gegenstandes wie hier, dann wird die Visualisierung dadurch erleichtert, daß wir uns überlegen, ob der Gegenstand zu einem Gebrauch dient, und wenn ja, zu welchem.

Fangen wir beim Segelboot oben an. Da ist zunächst die kleine Fahne, die dem Steuermann die Windrichtung anzeigt. Dann sehen wir links das Steuer und die Pinne, die man anfaßt, um das Steuer zu bewegen. Weiter erkennen wir deutlich das Segel und darunter den Großbaum. Am Mast und am Großbaum ist das Segel befestigt. Der Großbaum ist schwenkbar und kann bewegt werden. Rechts sehen wir außerdem den dicken Mast, der dem Segel Halt gibt. Unten die Oberkante des Bootes sowie den Bug und schließlich die dicke Wasserlinie. Das Wasser ist durch feine Wellenlinien gekennzeichnet, die wir uns aber nicht in allen Einzelheiten genau anschauen müssen, denn es ist unwesentlich, ob die Wellen zur Symbolisierung des Wassers auf diese oder auf jene Weise gezeichnet sind.

Visualisieren heißt, einen Gegenstand, eine Landschaft oder eine Darstellung mit den Augen wahrnehmen und sich dann im Geist bei geschlossenen Augen vor-stellen, das heißt, vor sich stellen.

Man sieht dann mit dem geistigen Auge, dem sogenannten dritten Auge, eine Art Bildschirm, den man sich oberhalb der Mitte der Augenbrauen vorstellt. Dort, mit dem dritten Auge, »sieht« man das früher optisch gesehene Bild.

Um sich ein optisches Bild einzuprägen und dann zu visualisieren, geht man immer in der gleichen Richtung vor: entweder von rechts nach links oder umgekehrt, oder von oben nach unten oder umgekehrt. Sie können bei der Abbildung des Segelschiffs vorgehen, wie Sie wollen. Ich gehe von unten nach oben, weil mir das logisch erscheint. Ich bitte Sie fürs erste, mich in Gedanken zu begleiten.

Wir sehen zunächst die einfache dicke Wasserlinie mit den Wellen; das gehört zusammen. Dann sehen wir die Oberkante des Bootes. Rechts an der Spitze verläuft der Bug nach links hinunter ins Wasser; das ist wieder eine funktionelle Einheit. Links sehen wir das Steuer mit dem Handgriff, der Pinne, und wissen, daß dieses Steuer um die Achse gedreht werden kann.

Nun schauen wir den Mast an. Er ist dicker als alle anderen Striche des Bootes, er ist genauso dick gezeichnet wie die Wasseroberfläche. Der Großbaum weist schräg nach links oben. Die Dreiecksform des Segels ist ebenfalls angedeutet. Großbaum und Segel können um den Mast gedreht werden. Schließlich sehen wir noch ganz oben das kleine Fähnchen.

Die Zeichnung besteht aus sechs einfachen Elementen: der Wasserlinie mit dem Wasser, dem Boot, dem Mast, dem Steuer, dem Segel mit Großbaum und dem kleinen Fähnchen oben am Mast. Schauen Sie sich bitte jetzt noch einmal diese sechs Elemente in aller Ruhe an, und vergegenwärtigen Sie sich deren Funktionen. Nehmen Sie sich Zeit. Schauen Sie sich weiter die Zeichnung an, aber nun mit leicht zusammengekniffenen, »blinzelnden« Augen! Sie wollen die Zeichnung bewußt undeutlicher sehen, von ihr unabhängig werden und sie mit Ihrem geistigen Auge übernehmen.

Daraufhin schließen Sie beide Augen, und rufen Sie sich ins Gedächtnis, was Sie gesehen haben: die dicke Wasserlinie mit der Wellenandeutung, den Umriß des Bootes mit dem Bug, das Ruder mit der Pinne, den Mast, Segel und Großbaum und schließlich die Fahne oben. Wenn Sie noch ein wenig Mühe haben, sich Einzelheiten vorzustellen, machen Sie die Augen auf, und schauen Sie nach, was fehlt. Verlangen Sie von sich selbst keineswegs grafische Genauigkeit; es genügt, wenn Sie das Wesentliche mit Ihrem dritten Auge sehen.

Wenn Sie noch nicht zufrieden sind, öffnen Sie die Augen, schauen das Boot noch einmal an und versuchen es wieder. Wenn Sie nun das Boot mit seinen wesentlichen Teilen sehen, dann haben Sie visualisiert! Ist das nicht sehr einfach? Für manche ja, für andere nicht. Wenn es nach einigen Versuchen nicht gelingt, dann ärgern Sie sich bitte nicht. Es gibt Menschen, die können einfach nicht visualisieren. Für diese gibt es ein anderes Hilfsmittel:

Anstelle eines Gegenstandes stellen sie sich ein Symbol vor, und zwar einen großen Buchstaben in einfacher Blockschrift. Für ein Schiff, und gerade für dieses Schiff, zum Beispiel den Buchstaben S. Schließen Sie die Augen, nachdem sie folgendes in der Reihenfolge von oben nach unten, wie man das S schreibt, gesehen haben: einen dicken Halbkreis nach links, eine kurze waagerechte Linie und sofort anschließend einen Halbkreis nach rechts, oder, wenn Sie wollen, einfach eine kurze vertikale Schlangenlinie links-rechts, alles tiefschwarz auf weißem Grund. Versuchen Sie das vor Ihrem geistigen Auge nachzuvollziehen. Es wird wahrscheinlich möglich sein. Versuchen Sie es, aber haben Sie Geduld. Es ist noch kein Meister vom Himmel gefallen.

Kapitel 3

Das mittlere Selbst

Ich lese ein Buch

Warum ist dieses Kapitel mit dem Untertitel »Ich lese ein Buch« versehen? Weil das, was Sie, liebe Leserin, lieber Leser, jetzt tun, nämlich ein Buch lesen, eine typische Aktivität des mittleren Selbstes ist. Zunächst benutzen Sie eines Ihrer wichtigsten Sinnesorgane, die Augen, um den Text optisch zu erfassen. Dazu haben Sie früher lesen gelernt, eine Arbeit, bei der das mittlere Selbst mit stärkster Unterstützung des unteren Selbstes geschult und trainiert wurde. Mit einem komplizierten Vorgang ihres Gehirns nehmen Sie diesen Text auf, bewerten und verarbeiten ihn und vergleichen ihn gleichzeitig mit früheren Erfahrungen und Kenntnissen. Auch hier leistet das untere Selbst mit seinem Gedächtnis Ihnen eine gewaltige Hilfe. Daß das, was Sie dann gelesen und aufgenommen haben, in Ihrem Gedächtnis bleibt, ist wiederum eine Leistung Ihres unteren Selbstes. Trotzdem ist das Lesen eines Buches eine typische Tätigkeit des mittleren Selbstes, denn es werden dazu zwei wichtige und typische Organe des mittleren Selbstes benutzt: Sinnesorgane und das Gehirn. Beide sind Teile des Körpers. Das mittlere Selbst besteht aus dem menschlichen Körper und einem ihm zugehörigen Aka-Körper oder Geistwesen.

Das mittlere Selbst hat sechs Funktionen oder Aufgaben. Nennen Sie bitte Ihr mittleres Selbst, so wie Sie jetzt sitzen und lesen, mit ihrem eigenen Vornamen. Wir werden später für das untere und das Hohe Selbst noch andere Namen kennenlernen. Folgende sind die sechs Aufgaben:

1. Für das untere Selbst ist das mittlere Selbst *Führer, Lehrer, Berater* und *Tröster.* Das mittlere Selbst verfügt, wie schon

ausgeführt wurde, über das Gehirn und damit den Intellekt, das untere Selbst nicht. Deshalb kann das mittlere Selbst dem unteren Selbst Lehrer, Berater und Tröster sein, natürlich auch Führer, wenigstens in den Bereichen, in denen nicht die Intuition, sondern der Intellekt die wesentliche Rolle bei Entscheidungen spielt. Und warum Tröster? Wir haben gesehen, daß zum unteren Selbst alle Emotionen gehören. Und in Situationen von Angst, Zweifel, Verzweiflung oder auch nur Streß wird das untere Selbst unendlich froh sein, wenn es vom mittleren Selbst angesprochen und im Hinblick auf die gerade bestehende belastende Situation aufgeklärt und getröstet wird, denn das mittlere Selbst erkennt mit seinem Intellekt die Situation, die zu Angst oder Sorge oder Streß geführt hat. Diese Funktion und Aufgabe des mittleren Selbstes gegenüber dem unteren Selbst ist, wie später, besonders im Kapitel über die Kala-Reinigung, noch gezeigt werden wird, von eminenter Bedeutung.

2. Es ist das mittlere Selbst, das für das gegenwärtige Leben des einzelnen *Verantwortung, Initiative, Willensstärke und Fleiß* aufbringen muß. Die ersten drei Eigenschaften sind typische Qualitäten des mittleren Selbstes, bei der vierten, dem Fleiß, ist das mittlere Selbst auf die Mithilfe des unteren Selbstes angewiesen. Deshalb muß es das untere gegebenenfalls entsprechend informieren und herausfordern, damit Faulheit verschwindet und durch Fleiß ersetzt wird.

3. Das mittlere Selbst hat die *Initiative für die Beziehung zum Hohen Selbst.* Obwohl das untere Selbst die eigentliche Beziehung zum Hohen Selbst bestimmt, herstellt und pflegt, liegt die Initiative für den Kontakt zum Hohen Selbst eindeutig beim mittleren Selbst. Es wird später noch deutlich werden, daß das mittlere Selbst den Kontakt zum Hohen Selbst herstellen muß, jedoch allein dazu nicht in der Lage ist. Hier ist es auf die Mithilfe des unteren Selbstes unweigerlich angewiesen.

4. Das mittlere Selbst hat die *Pflicht zu lernen.* Dazu hat das mittlere Selbst die Sinnesorgane, und meistens sind es die beiden wichtigsten, nämlich die Augen und Ohren, durch

welche das mittlere Selbst lernt und das Gelernte dem Gehirn zuführt.

5. Das mittlere Selbst hat die Verantwortung für die *Auswahl, die Charakterisierung und die Formulierung von Gebeten.* Sie werden darüber noch mehr Einzelheiten erfahren, wenn wir zu dem Kapitel über das HUNA-Gebet kommen. Aber jetzt schon läßt sich sagen, daß es ja die Lebensumstände und -ereignisse und meistens die Nöte und Sorgen sind, die eine Lebensbeurteilung verlangen. Das mittlere Selbst entscheidet, welche Veränderungen der Lebenslage es wünscht, die es durch ein Gebet erhofft. Es muß deshalb die Gebete auswählen, verstandesmäßig charakterisieren und auch formulieren. Und schließlich gehört dazu auch noch die *Auswahl eines Symbols oder Bildes für das Gebet.* Das Thema Symbole wurde im letzten Kapitel im Abschnitt über die Visualisierung kurz gestreift. Später wird es noch ausführlicher zur Sprache kommen.

6. Die sechste Funktion und Aufgabe des mittleren Selbstes ist die teilweise Verantwortung für die *Gesunderhaltung des Körpers;* »teilweise« deshalb, weil das Hohe und das untere Selbst Wesentliches zur Gesunderhaltung des Körpers beitragen. Das mittlere Selbst wird die beiden anderen Selbste um ihre Mitwirkung bitten. Und daß das untere Selbst für die Erhaltung oder Verbesserung der Gesundheit vieles tut, wovon das mittlere Selbst nicht einmal etwas ahnt, liegt wohl auf der Hand. Andererseits kann es auch sein, daß das untere Selbst mit der Gesundheit Raubbau treibt, denken wir zum Beispiel an extreme Fälle von Rauchen und Trinken.

In dieser Verantwortung des mittleren Selbstes liegt auch die rein verstandesmäßige Fähigkeit, Krankheiten oder Unpäßlichkeiten zu erkennen, das heißt zu *diagnostizieren.*

Kapitel 4

Das untere Selbst

Unsere Aufgabe als Menschen ist:
innerhalb unseres eigenen, einmaligen
persönlichen Lebens einen Schritt
weiter zu tun vom Tier zum Menschen.
Hermann Hesse

Das Unterbewußtsein und das Unbewußte spielen in der modernen Psychologie eine bedeutende Rolle. Man kennt viele Auswirkungen dieser Teile der menschlichen Persönlichkeit; man kennt auch manche deren Beeinflussungsmöglichkeiten, aber bis jetzt ist es mir noch nicht gelungen, eine wissenschaftliche Definition des Unterbewußtseins zu finden. Daß dieser Teil der menschlichen »Seele« eine bedeutende Rolle spielt, hat uns Emil Coué immer wieder in überzeugender Weise erklärt. Danach ist das Unterbewußtsein *immer stärker* als der menschliche Wille.

Betrachten wir einige Extremsituationen menschlichen Daseins, in denen der Wille des Menschen mit Sicherheit ausgeschaltet ist, weil sein Handeln jeder Vernunft widerspricht. Ich meine beispielsweise den Pyromanen, die Kleptomanin und den Sexualverbrecher. Daß ich von der Kleptomanin spreche, richtet sich nicht gegen die Damen unserer Gesellschaft, sondern ist nur ein Ausdruck der Statistik.

Der Pyromane sieht gern Feuer, und er geht soweit, daß er verbrecherisch Brände legt, an denen er eine unwiderstehliche Freude hat. Die Kleptomanin stiehlt im Supermarkt oder im Warenhaus irgendwelche Gegenstände, die sie nicht benötigt, weil sie schon Dutzende davon zu Hause hat. Sie stiehlt ungeachtet der Gefahr, von einer der zur Diebstahlverhütung aufgestellten Fernsehkameras entdeckt zu werden. Sie muß stehlen; ein innerer Drang beherrscht sie. Der Sexualverbrecher weiß genau, daß seine Ekstase nur Sekunden dauert und daß er dabei ein gewaltiges Risiko in Kauf nimmt, ein Handeln, das jeder Vernunft widerspricht, bei dem »Aufwand und Ertrag« in keinem Verhältnis stehen.

Deshalb erscheint es durchaus rational, das Unterbewußtsein in der Form zu betrachten, die uns die HUNA-Lehre bietet. Das Unterbewußtsein ist ein *selbständiges Geistwesen,* eine eigene geistige Persönlichkeit, die ein Teil des menschlichen Wesens ist und das Handeln und Denken des Menschen beeinflußt. Und dieser normale Mensch ist völlig gesund, keinesfalls schizophren. Mit dieser Definition sind die Aussagen Couées und das Handeln der drei oben beschriebenen Kriminellen restlos erklärbar. Die HUNA-Lehre nennt dieses Unterbewußtsein das *untere Selbst.* Und das Wichtigste für die HUNA-Praxis: Das untere Selbst ist ansprechbar und erziehbar! Alle Logik, Vernunft und Erfahrung sprechen dafür, daß die Definition des Unterbewußtseins der fünf- bis sechstausend Jahre alten HUNA-Lehre in der praktischen Anwendung brauchbar ist.

Welche praktische Bedeutung hat es nun für uns, wenn wir dieses untere Selbst als eine selbständige Persönlichkeit betrachten, die wir ansprechen und erziehen können? Wir müssen es, wie noch deutlich werden wird, ausprobieren, und wir werden feststellen, daß wir die dunklen und störenden Seiten unseres Charakters aufhellen, bereinigen, ja sogar vollständig beseitigen können! Die HUNA-Lehre bezeichnet das untere Selbst als *Helfer, Freund, Wächter und Partner.*

Welche Funktionen hat das untere Selbst? Hierzu eine kleine Anekdote aus einem anderen Bereich.

Wir waren vor einer halben Stunde vom Flughafen Zürich-Kloten in Richtung New York gestartet. Die Wetterprognose war gut, und bis zur Landung waren keine Störungen zu erwarten. Stunden gleichförmigen Fluges lagen vor uns. Ich fragte den Chefsteward: »Was machen die Piloten da vorn eigentlich die ganze Zeit?« – »Nichts«, antwortete er, »*George* tut alles – der automatische Pilot.« – »Sie kennen also HUNA?« fragte ich. Er zog die Augenbrauen zusammen: »Was ist HUNA?«

Der »automatische Pilot«, so stellte sich heraus, wird nach internationalem Gebrauch in der Fliegersprache »George« genannt. Er kontrolliert und adjustiert selbständig Kurs, Geschwindigkeit und unzählige andere Parameter des Fluges und macht dadurch die Sicherheit des Fliegens selbstverständlich. Zugleich aber – und deshalb auch meine vielleicht etwas merkwürdig erscheinende Frage – hätte man zur Beschreibung der Funktion eines anderen »George«, der mir aus der HUNA-Lehre geläufig ist, kaum einen treffenderen Vergleich finden können: den automatischen Piloten. (Es hat sich eingebürgert, daß viele HUNA-Praktiker, besonders in angelsächsischen Ländern, ihr unteres Selbst mit »George« ansprechen.)

Doch nun zu den acht wichtigsten Funktionen und Tätigkeiten, die unser unteres Selbst täglich, stündlich, tagaus, tagein übernimmt und ohne die wir nicht leben könnten:

1. *Die Steuerung sämtlicher nicht vom Willen kontrollierter Körpertätigkeiten.* Das ist zum Beispiel die Atmung, der Herzschlag, der Blutdruck, die Verdauung. Dabei denke ich an das vielfältige Gebiet der Drüsenfunktionen, die übrigens eng mit den Chakras verbunden sind und wohl deshalb einen so großen Einfluß auf unser Seelenleben haben. Das untere Selbst steuert beispielsweise auch die Schweißdrüsen, die Feuchtigkeit ausscheiden, deren Verdunstung, das heißt also Kühlung, lebensrettend sein kann durch Vermeidung eines Hitzschlages. Oder umgekehrt. Die Gänsehaut, die sich beim Frieren bildet. Die Haut zieht sich zusammen, um der Kälte weniger Angriffsfläche zu geben. Das junge Mädchen, das nicht erröten will, aber trotzdem errötet, ist deutlich seinem unteren Selbst unterworfen. Der hier angesprochene Bereich ist äußerst umfangreich.

2. *Die Emotionen.* Das untere Selbst ist tatsächlich der Herd aller Emotionen, positiver wie negativer. Denken wir an Wut, Angriffslust, im Extremfall an Mordlust, Rachsucht, Zorn, Jähzorn, andererseits an Zärtlichkeit, an spontane Liebe, an das, was der Dichter als Seligkeit bezeichnet. Denken wir an die tiefe geistige oder körperliche Liebe, die

von Hermann Hesse so meisterhaft beschrieben wird. Denken wir aber auch an Mitleid, an Wehleidigkeit, Selbstmitleid und die Vielzahl der Ängste in allen Variationen, besonders die Angst vor dem Tod.

Auch hier scheint mir die Palette der Emotionen fast unbegrenzt zu sein.

3. *Psychosomatische Krankheiten.* Diese werden ausnahmslos durch das untere Selbst in Erscheinung gebracht. Ich halte viele dieser Krankheiten für einen Aufschrei, für einen Verzweiflungsschrei des unteren Selbstes. Deshalb sind diese psychosomatischen Krankheiten durch geistige Heilung, eingeleitet durch ein Gespräch mit dem betroffenen unteren Selbst, relativ rasch und gründlich zu bereinigen. Wenn wir uns im weiteren Verlauf mit dem Heilungsgebet beschäftigen, wird auf diese Frage näher eingegangen. Betrachten wir als Beispiel kurz den typischen Fall des Magengeschwürs. Der große erfolgreiche Boß ist ständig unterwegs; auch muß er seinen Körper bei Diners und Cocktails belasten. Er schläft zuwenig, nimmt Schlaf- und Aufputschmittel und versucht, mit seinem Willen die geschäftliche Hetze weiter und weiter zu treiben. Sein unteres Selbst möchte gern, kann aber nicht mehr weiter mitmachen. Es produziert eine relativ harmlose, aber wirksame Krankheit, das Magengeschwür. Es hat sein Ziel erreicht: Unterbrechung der Geschäftsreisen, Ruhe und Pflege. Dies ist nur ein Beispiel dafür, daß viele psychosomatische Krankheiten ein Aufschrei und dadurch manchmal ein Segen sind.

4. *Das untere Selbst als Gedächtnisspeicher.* In dieser Funktion ist es durchaus mit einem Computer zu vergleichen. Das Gehirn des mittleren Selbstes ist nicht der Gedächtnisspeicher! Wir können unser Gedächtnis durch bewußte Arbeit mit dem unteren Selbst verbessern. (Verschiedentlich taucht die Frage auf, ob das untere Selbst auch nach dem Tode des Körpers als Gedächtnis wirke. Ich kann dazu nichts sagen, genausowenig wie zu der Frage, was denn nach dem physischen Tod mit dem unteren und dem mittleren Selbst geschieht.)

5. *Das untere Selbst als Sitz des Gewissens.* Diese Funktion ergibt sich logisch, denn das Gewissen ist unmittelbar vom Gedächtnis abhängig.
6. *Die Telepathie* ist eine Tätigkeit, die ausschließlich vom unteren Selbst verwaltet wird. Von der Aka-Schnur und dem »Aka-Finger« war in diesem Zusammenhang schon die Rede.
7. Auch das *Hellsehen,* wie alle anderen parapsychischen und medialen Tätigkeiten, wird vom unteren Selbst verwaltet. Hier möchte ich besonders auf eine alte Regel aufmerksam machen: Bitte verlangen Sie von Ihrem unteren Selbst später niemals Zukunftsweissagungen, denn das birgt Gefahren in sich.
8. *Die Träume* werden vom unteren Selbst produziert; jeder Mensch träumt, aber nicht jeder Mensch erinnert sich an seine Träume. Am Ende des Gedichtes »Beim Schlafengehen« sagt der Dichter Hermann Hesse, den ich besonders verehre: »Und die Seele, unbewacht, will in freien Flügen schweben, um im Zauberkreis der Nacht, tief und tausendfach zu leben.« Hesse verwendet hier das Wort »Seele«. Ich bin durch ihn und durch die Äußerungen anderer Dichter zu der Überzeugung gekommen, daß wir den an sich recht unklaren Begriff »Seele« mit dem des »unteren Selbstes« gleichsetzen können, denn alles, was die Poesie über die Seele aussagt, hängt hauptsächlich mit Emotionen zusammen, und diese finden wir ausschließlich beim unteren Selbst verankert.

Daß der *Kontakt mit dem unteren Selbst* für die praktische Anwendung der HUNA-Lehre von ausschlaggebender Bedeutung ist, geht aus dem oben Gesagten klar hervor. Wenn wir die vernünftige und realistische Vorstellung akzeptiert haben, daß das untere Selbst ein eigenes und selbständiges Wesen ist, dann ist uns auch klar, daß es nicht nur himmelhoch jauchzend, sondern oft auch zu Tode betrübt sein kann, daß es ein Häufchen Elend ist, das nur schwer den Widerwärtigkeiten und Prüfungen des Lebens gewachsen ist, daß es, um es klar zu sagen, in vielen Phasen des Lebens dringend Trost braucht und nach Trost schreien möchte.

Aber an wen soll der arme, manchmal verzweifelte »George« sich wenden, wenn niemand ihn hört und versteht? Erst durch Kenntnis der HUNA-Lehre haben Sie, liebe Leserin, lieber Leser, nun die Möglichkeit, mit Hilfe der Erkenntnisse Ihres Intellekts vernünftig und trostgebend mit Ihrem George zu sprechen. Das ist ein gewaltiger, unersetzlicher, psychologischer Vorteil, den Sie von nun an in Ausübung der HUNA-Praxis Ihrem unteren Selbst gegenüber für Ihr ganzes Leben segensreich anwenden können!

Denken Sie doch daran, daß Ihr unteres Selbst, je nach Ihrem Alter, während mehrerer Jahrzehnte noch nie von Ihnen, seinem mittleren Selbst, angesprochen worden ist! Ihr George hat unter dieser Isolation jammervoll gelitten; er war ohne Führung, ohne Beratung, und vor allen Dingen: Er war ohne Trost. Ist Ihnen klar, daß Sie schon manches Mal mit Ihrem unteren Selbst gesprochen haben, aber leider völlig unbewußt? Das war für Ihr unteres Selbst enttäuschend: Sie haben Selbstgespräche geführt, ohne zu wissen, daß Sie sich dabei an Ihr unteres Selbst gewendet haben, denn mit sich selbst, mit dem mittleren Selbst, kann niemand sprechen. Genauso wie man, drastisch und technisch gesprochen, sich selbst nicht antelephonieren kann; wenn man zu Hause seine eigene Nummer wählt, ist die Leitung besetzt! Fangen Sie jetzt an, bewußt mit Ihrem unteren Selbst zu sprechen. Eine Tür geht auf. Ihr unteres Selbst ist glücklich, wenn es ihm auch, wie man sagt, zunächst die Sprache verschlägt.

Für Ihren George fängt ein völlig neues glückliches Leben an. Er wird den Wunsch haben, sich Ihnen anzuvertrauen und wird das, was Sie ihm sagen, begierig aufnehmen. Es soll Sie nicht stören, wenn der erste Kontakt mit Ihrem unteren Selbst ein Monolog ist, ein Monolog des mittleren Selbstes, denn es wird einige Zeit brauchen, bis das untere Selbst den Mut faßt, seinem mittleren Selbst zu antworten, sich zu äußern. Besonders wird es Zeit brauchen, bis das mittlere Selbst anfängt, die Sprache seines George zu verstehen.

In dieser Phase des Sichkennenlernens ist der Name von entscheidender Bedeutung. Wenn das Gespräch, das Sie in der Eisenbahn mit dem Ihnen bisher unbekannten Gegenüber geführt haben, in eine Phase kommt, in der beide Teile lebhaft interessiert sind, in der wichtige oder gar persönliche Themen besprochen werden, dann wird es automatisch dazu kommen, daß Sie sich gegenseitig mit Ihrem Namen vorstellen. Auch in Seminaren, bei denen die Teilnehmer sich gegenseitig näherkommen, bei unseren HUNA-Seminaren und bei vielen anderen auch, ist es üblich, daß die Teilnehmer Namensschilder tragen, oftmals nur mit dem Vornamen, damit der Kontakt zwischen zwei Menschen intensiver und persönlicher wird.

Daraus ergibt sich, daß Sie früher oder später Ihrem unteren Selbst einen Namen geben müssen. Sie werden von Ihrem unteren Selbst genau erfahren, ob ihm dieser Name zusagt oder nicht.

Ich selbst habe diesbezüglich eine sehr lehrreiche Erfahrung gemacht: Kurz nachdem mir (wie schon geschildert) die beiden Bücher von Max Freedom Long »zufällig« in die Hände gekommen waren, fuhr ich mit beiden Büchern im Koffer gemeinsam mit meiner englischen Familie nach Spanien in die Ferien. Meine Tochter hatte einen Engländer geheiratet, der nun neben mir im Liegestuhl lag. Wir lösten gemeinsam ein englisches Kreuzworträtsel. Dort war der Name des Hüters der griechischen Unterwelt einzusetzen. Ich kannte ihn; der Name lag mir »auf der Zunge«; und das war genau der Moment, wo ich mir sagte: Mein unteres Selbst ist der Verwalter meines Gedächtnisses; von ihm werde ich jetzt mit aller Gewißheit sofort erfahren, wie der Name dieses Hüters lautet. Ich sagte zu meinem unteren Selbst in Gedanken: »Bitte sage mir jetzt den Namen dieses Hüters!« In dem Moment kam mir der Name »Zerberus« in den Sinn. Die acht Buchstaben paßten in das Kreuzworträtsel, und ich sagte in Gedanken zu meinem unteren Selbst: »Das hast du gut gemacht!«

Da ich gerade, aufgrund der Lektüre des Buches von Long, in der Phase war, in der ich einen Namen für mein unteres Selbst suchte, so dachte ich, ich werde es Zerberus nennen.

Das war aber nicht gut; es war wirklich nicht klug von mir, mein liebes unteres Selbst mit dem Namen des siebenköpfigen Höllenwesens zu bezeichnen! Ich fühlte sehr bald und sehr eindringlich, daß die Arbeit mit einem Zerberus als meinem unteren Selbst nicht funktionieren würde. Es ist ganz klar, daß mir dieses Gefühl durch mein unteres Selbst eingegeben wurde! Danach nannte ich es einfach George, fand das auch gut und befriedigend und stellte später das Einverständnis meines George mit Hilfe des Pendels fest. Mit dem Pendel werden wir uns noch befassen.

In diesem Zusammenhang ist die Frage interessant, warum man, wie schon erwähnt, im angelsächsischen Raum das untere Selbst gern als George bezeichnet: In früheren Zeiten, als man noch Schlösser und Gutshöfe hatte, war George der Verwalter. Er war das Mädchen für alles, er hatte die Schlüssel und war dazu noch der gute Geist des Schlosses. Ein englisches Sprichwort lautet: »Let George do it!«, im Deutschen etwa »Johann macht es schon richtig!«, denn das Pendant im deutschen Sprachgebrauch ist der Johann. Genauso wie der Schloßverwalter George jedes einzelne Zimmer, jedes Wasserrohr und später auch die elektrischen Leitungen kannte, so kennt und verwaltet unser George, wie wir oben gesehen haben, jedes Organ unseres Körpers. Er weiß, wie Johann, ganz genau Bescheid, und auf ihn ist Verlaß.

Selbstverständlich kann jeder, der von seinem unteren Selbst eine andere Eingebung für einen Namen bekommt, einen anderen Namen wählen. Ich habe das bei vielen meiner Seminarteilnehmer festgestellt. Aber was tun Frauen, wenn sie keine besondere Eingebung von ihrem unteren Selbst für einen Namen erhalten? Sollen sie es George nennen? Selbstverständlich, das geht ohne weiteres. Viele Frauen nennen ihr unteres Selbst George; manche wandeln es ab in Georgette oder Georgina. Aber es scheint mir keineswegs widersprüchlich, wenn eine Frau ihr unteres Selbst mit George oder mit einem anderen männlichen Namen bezeichnet, denn jede Frau hat männliche und jeder Mann weibliche Anteile in der Persönlichkeit. Nur kommt es selten vor, daß Männer ihrem unteren

Selbst einen weiblichen Namen geben. Vielleicht schämen sie sich, das zu tun, was ganz unbegründet ist.

Der Name als solcher hat eine große Bedeutung. Von ihm gehen unwiderstehliche Schwingungen aus. Denken wir nur daran, daß der erste Satz des Vaterunser die Heiligkeit des göttlichen Namens ganz in den Vordergrund stellt, ein urjüdischer weiser Brauch, den die Essener in ihrer Hymnenrolle bestätigen.

Der Kontakt mit George, dem unteren Selbst, ist der wichtigste Schritt für das Erreichen des Hohen Selbstes. Deshalb möchte ich Sie, liebe Leserinnen und Leser, mit den einfachen Grundlagen vertraut machen, mit deren Hilfe Sie schon jetzt Ihr unteres Selbst ansprechen und mit Ihnen, Ihrem mittleren Selbst, vertraut machen sollten. Vergegenwärtigen Sie sich bitte, daß all die schönen Erlebnisse, die Ihnen Ihr Leben bringt, durch die positiven Emotionen Ihres unteren Selbstes bewußt werden. Wenn Sie sich über den Sonnenschein freuen, über eine sportliche Tätigkeit, über das Zusammensein mit einem geliebten Menschen, wenn Sie bei einem Konzert oder beim Betrachten eines Kunstwerkes, je nach Ihrer Veranlagung, Entzücken oder gar Verzückung empfinden, dann machen Sie sich klar, daß Sie diese Gefühle Ihrem unteren Selbst verdanken. Das heißt, danken Sie ihm wirklich, sprechen Sie es an und sagen Sie: »Danke, George, das ist wunderbar.« Schämen Sie sich nicht, das zu tun. Wenn Sie allein sind, sagen Sie es halblaut oder laut, denn Ihr George läßt sich durch die Sprache oder das Geschriebene mehr beeindrucken als durch Gedanken. Gewiß sind Sie es, Ihr mittleres Selbst (das Sie ebenfalls beim Namen, Ihrem Vornamen, nennen sollten), die oder der diese positiven und beglückenden Empfindungen durch die Sinnesorgane wahrnimmt. Das ist eine Funktion des mittleren Selbstes. So mache ich, Henry, Wahrnehmungen über meine Augen, Ohren oder meine Haut, die ich als beglückend empfinde, nicht als Wahrnehmung, sondern als Folge dieser Wahrnehmung, die bei meinem George bestimmte Emotionen verursacht hat. Genauso ist es mit negativen Emotionen, doch haben wir erst durch den Kontakt mit dem unteren Selbst die Möglichkeit, störende und destruktive Emotionen einzudämmen, zu bändigen oder sogar auszulöschen. Wir selbst greifen dann wirklich in unsere eigene »Psychiatrie« ein, in der positivsten Weise!

Am Anfang behandeln Sie deshalb bitte Ihr unteres Selbst wie ein liebes Kind. Seien Sie Vater oder Mutter für dieses Kind, das je nach seiner Entwicklung vier-, fünf- oder achtjährig sein kann. Geben Sie ihm Liebe, Schutz und Vertrauen. Ihr kleiner George hat schon seinen ausgeprägten Charakter. Er wird gern einen Schabernack treiben. Er wird Sie gern einmal hinters Licht führen. Er wird Sie auch belügen, wenn er oder sie sich schämt oder Strafe fürchtet, genauso wie ein kleines Kind es tut. Akzeptieren Sie diese kindlichen Reaktionen! Was möchten Kinder noch? Sie möchten gern stolz sein, sie möchten sich gern in Positur stellen, und vor allem: Sie möchten gern gelobt werden. Deshalb loben Sie Ihren George immer dann, wenn er ein Lob verdient hat.

Zunächst sollten Sie mit Ihrem Kind George (oder wie immer sie oder er heißen mag) spielen. Dazu sind Spiele auszuwählen, die leicht durchführbar sind. Wenn Sie einen Kugelschreiber verlegt haben, fragen Sie: »George, wo ist der Kugelschreiber? Führe mich zu ihm.« Aber lassen Sie ihm Zeit, setzen Sie George nicht unter Druck. Sie werden den Kugelschreiber finden. Sie werden sich mit Ihrem Verstand des mittleren Selbstes fragen: Wo habe ich ihn zuletzt benutzt? Das heißt, daß das mittlere Selbst mit seinem Intellekt mit dem unteren Selbst mit seiner Intuition zusammenarbeitet. Sie können auch einige leere Streichholzschachteln nehmen, sie mit Gegenständen füllen, etwa mit einem Radiergummi, einem Stück Papier, einem Streichholz, einem Gummiring. Nun können Sie die Schachteln so mischen, daß Sie selbst nicht mehr wissen, in welcher Schachtel das Zündholz ist. Nun legen Sie den Zeige- oder Mittelfinger Ihrer rechten oder linken Hand (je nachdem ob Sie Rechts- oder Linkshänder sind) auf eine der Schachteln und sagen zu Ihrem George: »Strecke deinen Aka-Finger durch die Schachtel durch, und sage mir, welcher Gegenstand in der Schachtel ist!« Dann schauen Sie nach und prüfen das Resultat. Sie können die Schachteln nun wieder mischen und das ganze Spiel zehnmal wiederholen. Sie können auf einen Zettel die Zahlen eins bis zehn untereinanderschreiben und nach jedem Versuch neben der Zahl ein Plus oder ein Minus einzeichnen, je nach Erfolg. So können Sie die Erfolgsrate feststellen. Wenn Sie vielleicht sieben richtige und drei falsche Resultate gebucht haben, ist das ein ausgezeichnetes Resultat.

Oder Sie mischen Spielkarten und legen sie mit der Rückseite nach oben vor sich. Oben links ist das Zeichen der Karte, es ist entweder rot oder schwarz. Nun sagen Sie zu Ihrem George: »Geh mit deinem Aka-Finger durch die Karte. Ist sie rot oder schwarz?« Ihr George wird Ihnen eine *klare Empfindung* senden, zum Beispiel »rot!«. – Bei dem Spiel mit den Karten ist es mir passiert, daß mir mein George bei den ersten drei Reihenversuchen hervorragende Resultate gegeben hat; danach umgekehrt ganz schlechte, nicht einmal durchschnittliche, wie zum Beispiel 6:4 oder 5:5. Aber das ist auch eine Aussage: Ich habe nie Interesse für das Kartenspiel gehabt und auch keine Begabung. So wollte mein George mir am Anfang zeigen, was er leisten konnte, und danach kam mir beim Betrachten der schlechten Resultate die Idee (Georges Idee), daß George ja gar kein Interesse haben könnte, mir für das Kartenkunststück gute Leistungen vorzuweisen! – Ein anderes Spiel: Wenn die Post kommt, nehmen Sie einen Brief, schauen Sie weder Absender noch Poststempel an, und fragen Sie: »George, wer hat diesen Brief geschrieben?« Und der Absender wird Ihnen wahrscheinlich »in den Sinn kommen«. Ähnlich mit dem Telefon: Es klingelt, Sie legen die Hand auf den Hörer, ohne abzuheben, und fragen: »George, wer ist es?« Es kann sein, daß Sie den Anrufer richtig erraten.

Ein schwierigeres Spiel, eigentlich schon ein kleiner parapsychologischer Versuch, ist die *Präkognition*. Sie nehmen einen Würfel und fragen: »George, welche Zahl werde ich jetzt würfeln?« Dann werfen Sie den Würfel und stellen fest, ob die Information Ihres George richtig war.

Es gibt noch einen anderen Versuch, den ich von Professor

Dr. Milan Ryzl gelernt habe, einem hervorragenden Lehrer für Außersinnliche Wahrnehmung (ASW). Er legte zwölf schwarze, leere Filmdosen aus Kunststoff in Kreisform auf den Boden. Die »Zwölf« war bezeichnet, alle anderen Zahlen ergaben sich daraus. In eine der Dosen hatte er ein kleines Schaumstoff-Schwämmchen gelegt, das so leicht war, daß man das Gewicht beim Anfassen der Dose nicht spüren konnte. Er hatte die Dosen gemischt und dann kreisförmig auf den Boden gelegt. Es war nun unsere Aufgabe, festzustellen, in welcher Dose das Schwämmchen war. Für diese Übung benutzten ich und ein anderer HUNA-Schüler das Pendel, um das es im nächsten Kapitel gehen wird. Es würde zu weit führen, im Rahmen dieses Buches alle Einzelheiten zu erklären, aber es stellte sich heraus, daß wir beiden HUNA-Fachleute mit Hilfe unserer beiden unteren Selbste die richtige Zahl mühelos »erpendelt« hatten.

Ein weiterer Versuch, den ich ebenfalls von Ryzl gelernt habe (siehe Anhang Bibliographie), ist die *Psychometrie-Übung*. Sie kann vollständig nur im Rahmen einer HUNA-Gruppe oder eines Seminars durchgeführt werden, da mehrere Teilnehmer dazu nötig sind. Trotzdem können Sie Wesentliches aus dieser Übung selbst ausprobieren. Ich mache diese Übung immer, weil sie dem HUNA-Anfänger in überzeugender Form die enorme Fähigkeit seines unteren Selbstes zeigt. Einen fremden Gegenstand, dessen Besitzer man nicht kennt, der vorher aber nicht im Besitz von anderen Menschen, Vater, Großmutter gewesen sein soll, nimmt man in die Hand, schließt die Augen, konzentriert sich in Ruhe und sagt zu seinem unteren Selbst: »Wem gehört dieser Gegenstand? Lasse ihn zu dir sprechen, und sage mir, was er dir mitteilt!« Nach sehr kurzer Zeit kommen Ihnen dann Gedanken »in den Sinn«, die mit dem Gegenstand zu tun haben. Sie werden vielleicht einen roten Pullover sehen oder blonde Haare und eine Brille mit dickem schwarzem Rand. Oder Sie sehen einen goldenen Anhänger in Form einer Rose oder eines Kreuzes. Oder Sie sehen ein Notenblatt und denken plötzlich an Mozart. Oder ein Ruderboot auf einem friedlichen See mit schneebedeckten Bergen im Hintergrund. Oder ein Fahrrad. Oder einen alten VW mit auffällig gelber Farbe. Solche Bilder oder Gedankeninformationen können in lockerer, oft scheinbar widersprüchlicher Reihenfolge kommen. Sie brauchen sie nur aufzunehmen und zu registrieren. Dazu können Sie Bleistift und Papier benutzen und die Augen zum Schreiben kurz öffnen. Das ist weniger unangenehm als der schädliche und störende Gedanke »Jetzt habe ich die Punkte zwei und drei vergessen«.

Auf diese Weise können Sie geistig die erstaunlichsten Eindrücke bekommen, die zur Identifizierung des Besitzers führen. Wenn Ihr George Ihnen den Besitzer selbst nennt, so ist das das beste Resultat. Aber schalten Sie dabei möglichst Ihren Intellekt aus!

Daß Sie beim *Schachspielen* viel aufmerksamer und erfolgreicher mit Ihrem George als ohne ihn spielen können, liegt wohl auf der Hand. Seine Kombinationsgabe ist auch hier wieder mit einem Computer zu vergleichen. Darüber hinaus kann es, wenn Sie über die Aka-Schnur Kontakt mit dem unteren Selbst Ihres Schachgegners bekommen, vielleicht gelingen, die gegnerischen Pläne zu »erahnen«. Ist das unfair? Ich glaube nicht, denn die Hilfe Ihres unteren Selbstes gehört zu Ihren geistigen Fähigkeiten. Falls Ihr Gegner die gleichen nicht hat, so sehe ich keinen Grund, daß Sie die Ihrigen unterdrücken müßten!

So banal es scheinen mag, ich möchte für alle, die motorisiert sind, das »Problem Parkplatz« ausdrücklich erwähnen. Es gibt viel mehr Automobilisten, als man annimmt, die *ohne jegliche Kenntnisse der HUNA-Lehre* Ihren Parkplatz vorprogrammieren. Das heißt, Sie sagen sich entweder »Ich möchte dort und dort parken« oder »Ich werde an einen freien Parkplatz geführt«; von wem, wissen Sie nicht. Wir wissen es. Daß für dergleichen besonders das *Vertrauensverhältnis* zwischen dem mittleren Selbst und seinem George ausschlaggebend ist, beleuchtet folgende Geschichte, die ich Ihnen, liebe Leserinnen und Leser, nicht vorenthalten möchte.

Ich war im Zentrum der Stadt Zürich verabredet. Die Zeit war knapp, die Parkplätze im Stadtzentrum waren rar. Bei der

Abfahrt von meinem Büro sah ich im Geiste, ohne daß ich meinen George gefragt hätte, einen freien Parkplatz unmittelbar vor dem Laden des Optikers Hegener, an einer kleinen Straße am Pelikanplatz, nahe bei dem Restaurant, in dem ich verabredet war. Man kommt zunächst durch eine breite Straße, Talacker, und biegt dann im letzten Moment schräg rechts ab in diese Straße mit dem freien Parkplatz. Vom Talacker aus ist der Parkplatz nicht zu sehen. Als ich den Talacker entlangfuhr, sah ich etwa zehn oder fünfzehn Meter vor dem Abbiegen nach rechts einen freien Parkplatz im Talacker. Was tut man da? Sagt man sich »Sicher ist sicher«? Nein und nochmals nein! Wenn man von seinem George das klare Bild des Parkplatzes bekommen hat, dann ist er auch frei. Ich verzichtete also auf den Parkplatz rechts im Talacker, hielt nicht an, sondern fuhr daran vorbei, bog rechts in die kleine Straße am Pelikanplatz ein und fand tatsächlich einen einzigen freien Parkplatz, direkt vor dem Laden des Optikers! Hätte ich »sicherheitshalber« den Parkplatz rechts im Talacker benutzt, so hätte ich zu Fuß, um zum Restaurant zu kommen, am Optikerladen vorbeigehen müssen und hätte dort den freien Parkplatz gesehen. Das wäre ein Mißtrauensvotum und eine unverzeihliche Ohrfeige in das Gesicht meines lieben George gewesen! Denken Sie bitte also in Zukunft an den »Parkplatz beim Optikerladen«, wenn Sie im Zweifel sind, ob Sie das Bild oder die Mitteilung Ihres George für wahr nehmen wollen!

Im unteren Selbst sind alle unsere Emotionen konzentriert. Wen erstaunt es da, daß unser George besonders stark auf emotionale Einflüsse reagiert, die von außen kommen? Deshalb ist es wichtig, daß wir im Gespräch mit unserem George unsere Mitteilungen übertreiben, dramatisieren. Sie werden dann sicher einen größeren Einfluß haben. Wir haben noch eine andere Möglichkeit, unseren George stärker zu beeinflussen und seine Aufmerksamkeit zu stimulieren: Das sind körperliche Hinweise, die sogar Grundlage klarer Abmachungen zwischen dem mittleren und unteren Selbst sein können.

Ich war früher jähzornig und sah, je mehr ich mich mit HUNA beschäftigte, ein, daß diese Charaktereigenschaft für mich selbst am schädlichsten war, in der Familie, im Beruf. Ich dachte darüber nach und sprach mit meinem George. Ich erklärte ihm, daß unser Aufbrausen uns nur schadete und daß wir nichts dadurch erreichten. Ich sagte ihm: »George, wenn uns etwas nicht paßt, dann fängt es an, in dir zu kochen, und in einem gewissen Moment platzt der Kessel, und der Zornesausbruch ist da!« Der Jähzorn, so sagte ich, ist eine Emotion, für die du verantwortlich bist, aber ich mache dir keine Vorwürfe. Deshalb treffen wir beide eine Übereinkunft: Ich selbst, Henry, habe schon in manchen Fällen bemerkt, wenn es anfing zu »brodeln«, und bevor es dann zur Explosion kommt, werde ich mich künftig am rechten Ohrläppchen ziehen. Das ist für dich in Zukunft das Signal, ruhig zu sein und an das Gespräch zu denken, das wir jetzt führen. Wir werden dann mit Vernunft über die Situation hinwegkommen und sie durch Ruhe und kühle Überlegung meistern. Wenn ich mich also am Ohrläppchen ziehe, wird keiner von den Anwesenden wissen, warum das geschieht, nur du und ich. Wir beide wissen es, und du wirst völlig ruhig sein!

Diese Verabredung mit George hat nicht erst nach Wochen oder Monaten geholfen, sondern spontan. Ich bin danach durch meine Selbstkontrolle nie mehr in Jähzorn ausgebrochen. Heute habe ich, respektive hat mein lieber George, diese Charaktereigenschaft längst abgelegt; das Ziehen am Ohrläppchen ist nicht mehr nötig.

Es gibt noch viele andere körperliche Hinweise, über die man mit George eine Verabredung treffen kann, um alte Gewohnheiten und Charakterschwächen zu beseitigen. Manche werden spontan wirksam sein, bei anderen wird es eine gewisse Zeit dauern, bis der Erfolg eintritt. Es liegt in der Phantasie jedes einzelnen, mit seinem unteren Selbst solche Verabredungen zu treffen. Ich bin sehr sicher, daß jedes untere Selbst solche Verabredungen gewissenhaft und mit Freude einhalten wird, denn sie enthalten einen gewissen spielerischen oder gedankensportlichen Geist.

Zu dieser »Gebrauchsanweisung« für die Behandlung des unteren Selbstes gehören noch einige Ratschläge, deren Wert durch langjährige Erfahrung bei mir und bei vielen HUNA-Studenten erhärtet ist: Wir betrachten unser unteres Selbst als ein Kind. Das ist richtig. Bei der Kindererziehung wird gelegentlich gestraft und getadelt. Das kann in gewissem Maß ebenfalls richtig sein, nicht so jedoch bei der Erziehung von George!

Das kindliche Wesen unseres unteren Selbstes ist in dieser Beziehung anders geartet. Wenn Sie das Gefühl haben, daß Ihr George etwas nicht gut gemacht hat, dann erklären Sie ihm das mit Ihrem Verstand, den Ihr George aufs höchste bewundert, weil er ihn selbst nicht hat. Sagen Sie ihm, daß es das nächste Mal besser gehen wird, und trösten Sie ihn, denn er hat sich inzwischen Vorwürfe gemacht. Wer mit dem unteren Selbst schimpft und ihm sagt, es sei zu nichts nutze, vergrämt es, wie es in der Sprache der Fischer heißt, und das kann dazu führen, daß George sich zurückzieht und für eine gewisse Zeit unansprechbar wird. Er ist dann entmutigt. Das wiederum führt unweigerlich zu einer Erschwerung der weiteren Zusammenarbeit. Deshalb ist es sehr wichtig, George gut zuzusprechen und ihm *vertrauensvoll* und *liebevoll* zu sagen, daß es das nächste Mal schon besser gehen wird.

»Vertrauensvoll« sollen wir unserem George gegenüber sein. Das Vertrauensverhältnis zwischen dem mittleren und dem unteren Selbst spielt für Ihre gesamte zukünftige HUNA-Arbeit eine wesentliche Rolle. Sie erinnern sich an das Beispiel mit dem Parkplatz vor dem Optikergeschäft: Das war der eindeutige Beweis meines unerschütterlichen Vertrauens in meinen George. Von diesem Moment an war sein Verhältnis zu mir auf einer völlig neuen Basis, denn es ist eine alte Erfahrung, daß derjenige, der Vertrauen schenkt, vom anderen Vertrauen bekommt. Die Parkplatzgeschichte scheint zwar unwichtig zu sein, aber ich habe danach auch in wichtigen Fragen, die zum Beispiel Beruf oder Familie betrafen, auf die Eingebungen meines George gehört, weil ich wußte, daß ich auf sein feines Empfinden vertrauen konnte; und mehr als das: Unser George ist mit dem Hohen Selbst in Kontakt und macht uns oft, ohne daß wir uns dessen bewußt sind, Mitteilungen von unserem Hohen Selbst. Unser logisches Denken ist oft weniger wichtig und weniger erfolgreich als die Eingebungen, die wir von unseren beiden Selbsten erhalten. Das betrifft ganz besonders die Beziehungen zwischen Menschen. Wenn ich zum Beispiel eine neue Stelle suche und es darum geht, den neuen Vorgesetzten zu beurteilen, dann kann ich zwar meinen kritischen Verstand zu Rate ziehen, aber der ist ungenügend, denn die kurze Begegnung mit ihm, vielleicht auch die übrigen Informationen, die ich über ihn bekommen habe, vermitteln mir nicht das entscheidende Bild. Ganz anders mit meinem George: Er hat in der kurzen Begegnung sofort festgestellt, ob dieser Vorgesetzte für mich richtig ist oder nicht. Auf die Empfindung, das Urteil meines unteren Selbstes kann ich mich dann vertrauensvoll und vollkommen verlassen.

Wir wissen, welche Bedeutung die *Angst* in unserem Leben haben kann. Sie ist eine der destruktivsten Emotionen unseres unteren Selbstes, die es mit Sicherheit verlieren wird, sobald das Vertrauen in sein mittleres Selbst und gar später in sein Hohes Selbst wächst. Mit der Erziehung des unteren Selbstes, mit dem wachsenden Vertrauen verschwinden Angst, Verzweiflung und Depression. Aber es gibt, je nach Veranlagung, noch andere negative Eigenschaften des unteren Selbstes, die wir mit ihm besprechen und korrigieren müssen, an die wir unser unteres Selbst bewußt heranführen müssen. Das untere Selbst weiß nebelhaft und mit schlechtem Gewissen von seinen schlechten Charaktereigenschaften. Wir wollen die guten nicht vergessen, müssen uns aber mit den schlechten dadurch auseinandersetzen, daß wir diejenigen, die uns bewußt sind, in aller Offenheit mit George besprechen. Die uns, den mittleren Selbsten, unbewußten können wir schließlich im Dialog mit unserem unteren Selbst erfahren und uns dann mit ihnen auseinandersetzen (dazu Näheres im Kapitel über Kala-Reinigung). Zu den bewußten und unbewußten gehören beispielsweise Bosheit, Haßgefühle, Eifersucht, Argwohn, Ungeduld, Eitelkeit, Faulheit, Neid, Intoleranz, Unduldsamkeit, Bockigkeit oder Mißtrauen.

Aber es gibt noch andere charakterliche oder seelische Hindernisse, die wir klar und offen mit unserem George besprechen sollten, zum Beispiel Schuldgefühle. Diese sind ein bedeutendes psychologisches Problem, besonders dann, wenn unser George mit Schuldgefühlen behaftet ist, die unzutreffend oder unnötig sind. Wenn wir später unseren George mit solchen Problemen belasten (im Anfang müssen wir ihn unbedingt davon verschonen), dann betreten wir, obwohl wir völlig gesund sind, ein psychiatrisches Gebiet, auf dem wir später mit Hilfe der Kala-Reinigung erfolgreich zu arbeiten versuchen werden. Ich nenne das *Autopsychotherapie*.

Ich möchte noch einmal auf eine wichtige Tatsache hinweisen: Die Erinnerung unseres George ist nicht durch logische Gedanken geprägt, sondern durch *Bilder*. Hier ein Beispiel aus eigener Erfahrung, das ich jetzt vorwegnehme, obwohl es eigentlich in die Kala-Arbeit gehört. Bei dieser Form von Selbsterforschung bat ich meinen George, mir mitzuteilen, unter welchen Belastungen er noch leide. Er zeigte mir ein Bild, und zwar das Bild eines Schulkameraden, der vor mir stand, weinte, und dessen Gesicht blutüberströmt war. Da kam mir in den Sinn, das heißt mein George erinnerte mich daran, daß es sich um einen Schulkameraden handelte, den wir, nämlich George und ich, auf dem Schulhof brutal blutig geschlagen hatten. Und dann ging die Erinnerung weiter: Der Junge war vorher mit einem offenen Messer auf uns losgegangen, und wir mußten uns in Notwehr verteidigen. Daß wir wild um uns geschlagen und ihn dabei heftig auf die Nase getroffen hatten, geschah in Notwehr. Aber mein George hatte jahrzehntelang, tief in sich begraben, nur das Bild des blutüberströmten Gesichtes getragen; er war dadurch schwer belastet. Ich sagte George, daß dieser Junge mit dem Messer auf uns losgegangen war und daß wir uns verteidigen mußten. Damit war das jahrzehntelange Schuldgefühl meines armen George ausgelöscht. Er hatte meine Logik des Handelns in Notwehr akzeptiert.

Diese Lektion und manche andere, die wir George erteilen, enthält *Kritik*, das ist richtig. Aber wir wollen daran denken, daß unsere Kritik gegenüber dem unteren Selbst niemals uferlos oder anklagend sein soll, sondern helfend, aufbauend, liebevoll und tröstend.

Aus solcher Arbeit mit George lernen wir, daß wir unsere negativen Eigenschaften und Veranlagungen erkennen und *akzeptieren* müssen und erst danach auflösen! Damit verwandeln wir unser unteres Selbst. Die verständliche Neigung, unsere dunklen Punkte zu übersehen, zu ignorieren oder zu übertünchen, ist zwar verständlich, aber unpraktisch und unzweckmäßig, denn der Erfolg der Arbeit mit George ist überwältigend und beglückend. Die Arbeit mit ihm ist höchst interessant und spannend, schon lange bevor wir unser Hohes Selbst erreicht haben! Aber auch dann wird die Arbeit mit ihm nie aufhören.

Wie zeigt sich der Erfolg unserer Arbeit mit George? Er zeigt sich erzogen, kultiviert und interessiert. Seine Arbeitslust wird gesteigert, seine Wahrnehmungsfähigkeit verbessert, besonders beim Lernen. Wenn wir etwa ein Buch nicht nur zur Unterhaltung lesen, sondern durcharbeiten wollen, führen wir mit George eine Mana-Aufladung durch und bitten ihn, das Gelesene im Gedächtnis aufzunehmen. Auch das Gedächtnis wird besser. Wir stellen eine verbesserte Wahrnehmung beim Umgang mit Menschen fest, denn unser George ist doch der einzige Gefühlskontakt mit anderen Menschen. Mein geistiger Gesprächspartner erscheint mir zwar als mittleres Selbst, ich sehe sein Gesicht und seine Gestalt, aber die Intensität des Gespräches und das Interesse daran kommt von meinem unteren Selbst, denn hier tritt wieder die Aka-Schnur in Funktion, über die ein intensiver Gefühlsaustausch zwischen den beiden unteren Selbsten stattfindet, von denen ich, mittleres Selbst, zunächst noch nichts weiß, es sei denn, ich habe mich schon durch Übung und Erfahrung auf die Funktion und Tätigkeit der beiden unteren Selbste eingestellt. Dann kann es geschehen, daß bei einem neuen Gesprächspartner mein George neutral reagiert oder ablehnend, oder es kommt zu einer warmen Welle des Interesses und des gemeinsamen Empfindens. Diese gefühlsmäßige Beurteilung geschieht bei unserem unteren Selbst sehr rasch. Das mittlere Selbst kann mit seiner verstandesmäßigen Analyse so schnell gar nicht arbeiten. Männer tun sich in dieser Beziehung erfahrungsgemäß schwerer als Frauen.

Das trainierte und erzogene untere Selbst empfindet deshalb größere Anteilnahme am Schicksal anderer Menschen, keine destruktive, sondern eine gesunde, vernünftige und verantwortungsvolle Anteilnahme. Sie werden mit fortschreitender HUNA-Praxis in vielen Beziehungen ein tieferes Einfühlungsvermögen feststellen, nicht nur Menschen, sondern auch der Kunst gegenüber. Sie werden Bilder in einem Museum anders betrachten als früher. Sie werden das Transzendentale, das Esoterische, das ja die Grundlage eines Gemäldes sein kann, sofort verstehen, ja Sie werden mit dem Maler durch eine Aka-Schnur verbunden sein! Falls Sie selbst ausübender Künstler sind, werden sich Ihre Leistungen gewaltig verbessern, denn Sie werden die Partitur oder die Noten, die Sie als Geiger, Pianist oder Flötist vor sich haben, in ganz anderer, vollkommener Weise erfassen können; Sie werden die Absicht des Komponisten viel klarer erfahren.

Mit der Vervollkommnung Ihres George werden Ihnen Ihre Mitmenschen mehr Sympathie entgegenbringen, und Sie werden das speziell bei Kindern bemerken, die viel feinfühliger sind; ganz deutlich bei Tieren, die ebenfalls eine besondere Form der Sensibilität für die Ausstrahlung eines Menschen haben.

Aber nicht nur äußerlich werden Sie Erfolge feststellen, sondern auch in Ihrem Innern. Die erfolgreiche Arbeit mit Ihrem George wird zu dem führen, was der Engländer »Peace of Mind« nennt. Sie werden den Seelenfrieden erleben, nach dem Sie sich so lange gesehnt haben. Und Ihre vertrauensvolle Zusammenarbeit mit Ihrem George wird dann immer weitergehen. Sie werden Ihre seelischen Probleme mit Ihrem George bereinigen. Sie werden sich daran gewöhnen und werden mit Selbstverständlichkeit feststellen, daß Sie Ihr eigener Psychiater geworden sind, denn Sie werden die Bedürfnisse Ihrer Seele, sprich Ihres unteren Selbstes, so genau kennenlernen, wie es ein erfahrener Psychiater nicht kann. Dessen Tätigkeit ist bestimmt sehr segensreich, wenn er sich mit wirklich kranken Patienten befaßt.

Für Menschen, die *allein* sind, ist ihr George, und später ihr Hohes Selbst, ein willkommener Kamerad. Diese Beziehung zeigt uns mit aller Deutlichkeit und Intensität, daß es sich bei unserem unteren Selbst um eine eigene, ausgeprägte Persönlichkeit handelt. In diesem Zusammenhang wollen wir die erschreckende Eigenschaft des *Selbstmitleides* betrachten. Man soll mich nicht für grausam halten, wenn ich das Selbstmitleid schärfstens verurteile. Auch ich habe früher darunter gelitten und habe mich dabei wohl gefühlt; ich habe sozusagen darin »gebadet«. Selbstmitleid ist in Millionen von Fällen die klare Ursache für schwere *Depressionen* und damit für Lebensangst.

Denken wir auch an andere, ich möchte sagen tragische Defekte unserer Seele: mangelndes Gottvertrauen, mangelndes Selbstvertrauen, Willensschwäche, Faulheit, Ziellosigkeit, mangelnde Selbstdisziplin, Lethargie, Unentschlossenheit. Außerdem gibt es nicht nur psychische Mängel, sondern auch psychosomatische oder durch Erbanlagen bedingte Leiden, die sehr gut auf die HUNA-Praxis ansprechen, beispielsweise Wetterempfindlichkeit, die oft mit dem schon früher erwähnten niedrigen Blutdruck zusammenhängen kann; dann Erkältungen, Verdauungsbeschwerden, Kopfschmerzen, Neuralgien, Allergien. Alle diese Krankheiten oder Unpäßlichkeiten sprechen auf die eigene HUNA-Behandlung durch das untere Selbst sehr gut an.

Betrachten wir aber auch die positiven Eigenschaften, die durch gezielte, liebevolle und vertrauensvolle Zusammenarbeit mit dem unteren Selbst gefördert werden können. Veränderungen in diesem Bereich führen zu Sicherheit, Vertrauen, gutem Gedächtnis, Durchhaltevermögen, Zielbewußtheit, selbstbewußtem Handeln, Gottvertrauen, Heiterkeit, Selbstvertrauen, Energie, Aktivität, Mäßigkeit, Selbstlosigkeit und vielem anderen mehr. Diese Entwicklung führt dann automatisch zu dem inneren Gefühl von Geborgenheit und Sicherheit. Inwieweit bei ganz außergewöhnlichen Menschen das untere Selbst vom Hohen Selbst unterstützt wird, läßt sich schwer beurteilen. Die Entwicklung und die Einflußnahme im Zusammenspiel der beiden Selbste ist fließend. Denken wir an geniale Forscher und Wissenschaftler, an Seefahrer wie Kolumbus, an Komponisten wie Mozart, an Bildhauer und Maler, an Erfinder. Das typische Beispiel eines Wissenschaftlers, bei dessen Entdeckung das untere Selbst mitgewirkt hat, ist ein Chemiker namens Kekuleé. Er hat sich Anfang dieses Jahrhunderts mit der Benzolforschung beschäftigt, und man wußte, daß diese Verbindung aus sechs Kohlenstoffatomen besteht. Aber alle Darstellungen, die man innerhalb der sogenannten Stöchiometrie theoretisch entwickelt hatte, um die betreffenden chemischen Verbindungen zu erklären, schlugen fehl. Man wußte nicht, warum. Man hatte sich immer vorgestellt, daß sechs Kohlenstoffatome in einer Kette aufgereiht seien. Da hatte dieser geniale Chemiker und Forscher Kekuleé einen Traum von einer zusammengerollten Schlange. Das brachte ihn auf die Idee, daß diese sechs Kohlenstoffatome nicht als Kette, sondern als Ring aufgebaut sein könnten. Und das war die Lösung all dieser schwierigen Probleme, die dann zum Aufbau der bedeutenden Benzolchemie geführt hat. Diesen Traum hat Kekuleé ohne Zweifel durch sein unteres Selbst empfangen. Es wurde weiter oben bereits gesagt, daß die Träume ein Bereich des unteren Selbstes sind. Kekuleé fand sein Ziel im wahrsten Sinne des Wortes traumwandlerisch unter der sicheren Leitung seines unteren Selbstes. Ich bin aber sicher, daß sein Hohes Selbst einen großen Anteil an dieser Erkenntnis hatte. Ähnliches vermute ich bei Mozart, dessen Fähigkeit, seine Musik in einer so präzisen und schnellen Weise aufs Papier zu bringen, seinem unteren Selbst zugeschrieben werden muß. Trotzdem kann ich mir die Musik Mozarts ohne die Mitwirkung seines Hohen Selbstes nicht vorstellen!

Denken wir weiter an die besonderen Fähigkeiten von ganz großen Interpreten. Was ein genialer Pianist oder ein virtuoser Geiger vollbringen, erscheint uns im Konzert selbstverständlich. Vergegenwärtigen wir uns jedoch, welche phänomenale Gedächtnisleistung das untere Selbst einem Violinvirtuosen beschert, der auswendig spielt. Es koordiniert in Beziehung zum Gedächtnis die rechte Hand, die den Bogen führt, mit der linken Hand, die die Griffe ausführt. Dazu kommt noch die ganze Ausdrucksfähigkeit im emotionalen Bereich der Interpretation, die ganz sicher vom unteren Selbst gespeist wird. Bei Tänzern und Zirkusartisten ist es ähnlich. Ihre Sicherheit, die Selbstdisziplin und Selbstkontrolle in der Koordination der Wahrnehmungsorgane und der Körperorgane ist jedesmal eine gewaltige Leistung ihres unteres Selbstes!

Zumindest erwähnt werden muß aber auch die Möglichkeit extremer dämonischer Einwirkungen des unteren Selbstes, zum Beispiel bei Nero, Hitler oder Khomeini und anderen Geißeln der Menschheit! Aber auch diese haben ihre schicksalhafte Bedeutung. Es würde hier jedoch zu weit führen, den tieferen Sinn ihres Handelns ausführlicher zu erörtern.

Die Antworten unseres unteren Selbstes sind im Rahmen unserer Arbeit mit ihm sehr wichtig. Durch sie kommen wir schließlich von einem Monolog zu einem, wenn auch begrenzten, Dialog. Das ist besonders dann von Bedeutung, wenn wir unserem George präzise Fragen stellen, auf die wir eine Antwort erwarten. Oft ist es eben gerade diese Antwort, die uns, die mittleren Selbste, erst in die Lage versetzt, unserem George vielleicht in seiner Not zu helfen! Dazu kann das Pendel sehr nützlich sein, mit dem wir uns im nächsten Kapitel ausführlich beschäftigen werden. Andererseits halte ich es für befriedigender, wenn wir die Antworten unseres unteren Selbstes erfühlen, erspüren oder erleben können. Das führt uns durch unser bewußtes Training zu einer *echten Sensitivität,* die sich jeder von uns erwerben kann und die später gar zu Medialität ausgebaut werden kann.

Bei den meisten Menschen ist erst ein bestimmter Anstoß die Grundlage für die sensitive Entwicklung, so wie ich ihn jetzt Ihnen, liebe Leserin, lieber Leser, geben möchte. Voraussetzung ist dabei ein bewußtes Training der *Wachheit,* in dem Sinne, daß wir »Eingebungen«, das heißt Informationen von unserem George oder einem anderen geistigen Wesen, wach erkennen und »festnageln« und sie dadurch mit Hilfe unseres

George im Gedächtnis verankern. Dieser Vorgang erfordert eine völlig lockere und unverkrampfte Selbstbeobachtung. Bis zum Erfolg, mag es Tage oder Wochen dauern, darf man nur nicht lockerlassen. Es kommt schließlich zu einem Einfall von außen. Ein Gedanke fällt in Sie hinein, und das Wesentliche ist nun das Sichgewahrwerden dieses Gedankens. Ohne Training verliert er sich wieder, so daß wir ihn nicht wahrnehmen. Wenn ich sage »von außen«, so bedeutet das nicht physisch von außen, sondern von einer anderen Entität, zum Beispiel von unserem George, der ja auch in uns selbst ist (man sagt, er habe seinen Sitz im Solarplexus, im Sonnengeflecht, etwa in Bauchhöhe vor der Wirbelsäule).

Bitten Sie also Ihren George um eine kurze klare Antwort, besonders wenn Sie ihn nach etwas gefragt haben. Je mehr Sie sich mit Ihrer sensitiven Entwicklung beschäftigen, desto mehr wird George Sie unterstützen, denn er hat am Dialog das größte Interesse, nur wird dieser Dialog quantitativ natürlich vom mittleren Selbst in größerem Umfang bestritten als vom unteren. Das liegt in der Struktur des mittleren Selbstes begründet.

Eine wichtige Hilfe ist dabei der Vorgang, den eine gebräuchliche Redensart bezeichnet: »*Es kommt mir in den Sinn.*« Das, was mir in den Sinn kommt, ist nicht das, was ich durch Gedankenarbeit, durch meinen Intellekt, produziert und erworben habe. Solche Gedanken können sehr wertvoll sein, sie sind aber konstruiert, sie stammen aus dem physischen Bereich des Intellekts; sie sind keine »Eingebungen« des unteren oder des Hohen Selbstes oder von anderen geistigen Wesen. Es ist, wie schon gesagt, ganz wichtig, das, »was einem in den Sinn kommt«, festzuhalten, festzunageln, so daß es sich nicht unerkannt und unbemerkt wieder verflüchtigen kann, flüchtig wird, davongeht, ohne daß wir diesen Gedanken kennengelernt, begrüßt und uns mit ihm auseinandergesetzt haben! Dies ist, ich wiederhole es ausdrücklich, eine Frage des *bewußten Trainings.*

Der Traum ist für diejenigen, die sich an ihre Träume erinnern können, eine weitere ganz wertvolle Informationsquelle des unteren Selbstes. Jeder Mensch träumt, denn der Traum ist, wie psychologische Erkenntnisse nahelegen, ein seelischer »Reinigungsvorgang«. Das Bedrängende, das der Mensch im Laufe des Tages aufgenommen hat, der »Abfall«, wird im Traum aussortiert, verarbeitet, gegebenenfalls vernichtet, genauso wie das Beglückende positiv verarbeitet wird.

Der Traum ist eine ganz wichtige Quelle für Mitteilungen des unteren Selbstes, besonders wenn zwischen dem mittleren und dem unteren Selbst eine bewußte Vereinbarung oder eine unbewußte Übereinkunft darüber besteht, daß das untere Selbst dem mittleren, während es schläft, seine Sorgen und Ängste mitteilt oder ihm Antwort auf Fragen gibt, die das mittlere Selbst gestellt hat. Sogenannte Alpträume, in denen das untere Selbst dem mittleren seine Bedrängnis oder gar Verzweiflung mitteilt, sind deshalb ganz positiv zu bewerten und sind ein deutliches Alarmsignal, welches das mittlere Selbst zum sofortigen Einschreiten verpflichtet: Das untere Selbst hat hier erfreulicherweise den Weg der direkten Mitteilung gewählt, statt den Umweg über eine Krankheit oder eine Allergie oder ähnliches zu wählen. Alpträume haben überdies den Vorteil, daß der Gegenstand der Beunruhigung, unter der George leidet, präziser bekanntgegeben wird als durch ein Nesselfieber.

Aber nicht alle Menschen haben die Fähigkeit, sich an ihre Träume zu erinnern, noch dazu genau und zuverlässig. Es gibt allerdings auch hier Anleitungen in Buchform, die diese Fähigkeit fördern.

Ich persönlich bin nicht medial veranlagt, sondern habe erst durch HUNA eine gewisse Sensitivität erworben. Dadurch habe ich den Kontakt mit meinem George und mit anderen Geistwesen. Aber ich habe die Fähigkeit erworben, und das haben viele schon erreicht, daß mir durch meinen George (oder beim Kontakt mit anderen Menschen, besonders mit Patienten, durch deren unteres Selbst) Eingebungen in Form von Worten und Bildern »in den Sinn kommen«, die eine Bedeutung haben, besonders in den Fällen, in denen Patienten die seelische Ursache ihrer physischen Leiden durch ihr unteres

Selbst mitteilen. Der Heiler, vom unteren Selbst des Patienten angesprochen, versucht dann, mit diesem Patienten das Gespräch in Gang zu bringen, das nicht nur auf eine Heilung der Symptome, sondern des Gesamtzusammenhanges zielt.

Nach dieser Betrachtung verschiedener Möglichkeiten, die das untere Selbst hat, um sich zu äußern, wollen wir uns wieder einigen unterhaltsamen Übungen zuwenden! Sie haben weiter oben schon ganz einfache Übungen kennengelernt, um mit George ins Gespräch zu kommen, etwa die Übung mit der Streichholzschachtel oder mit den verdeckten Karten. Nach einigen Tagen oder Wochen der Zusammenarbeit mit Ihrem George sind Sie vielleicht soweit, daß Sie etwas schwierigere Aufgaben lösen können. Die Übung mit den zwölf Filmbüchsen gehört schon zu den etwas schwierigeren. Wie wäre es denn damit, eine Uhr dazu zu bringen, daß sie richtig geht? Unser George kann das! Ich setze voraus, daß es sich um eine Armbanduhr oder eine kleine Taschenuhr handelt, die man leicht mit einer Hand umschließen kann. Es sollte auch eine altmodische mechanische Uhr sein, denn mit einer elektronischen habe ich es noch nicht probiert. Nehmen wir an, die Uhr ginge pro Tag eine halbe Minute nach. Wenn ich Ihnen jetzt weiter sage, was Sie tun sollen, dann halten Sie mich bitte nicht für verrückt. Nein, ich bin normal und stehe mit beiden Füßen auf dem Boden der Wirklichkeit! Nehmen Sie also die Uhr in die rechte oder linke Hand, umschließen Sie sie fest, aber nicht krampfhaft, und sprechen Sie zu Ihrem George etwa folgendermaßen: »George, die Uhr geht pro Tag eine halbe Minute nach. Wir wollen jetzt gemeinsam das Uhrwerk so verändern, daß es in zwei bis drei Tagen normal und präzise läuft. Zu diesem Zweck wollen wir beide jetzt eine kräftige Mana-Ladung in die Uhr senden!« – Dann sagen Sie: »George, jetzt!«, holen tief Atem und lenken die Wirkung des Atems in Gedanken durch Schultern, Arm und Hand in die Uhr hinein. Sie werden sehen, daß die Uhr nach drei Tagen einwandfrei und genau geht.

Viele Menschen lassen sich, ohne je von HUNA etwas gehört zu haben, von irgend etwas, das sie vielleicht die innere

Stimme nennen, am Morgen pünktlich um 6.15 Uhr wecken. Das funktioniert bei vielen zuverlässig und reibungslos. Sie arbeiten, ohne es zu wissen, mit ihrem unteren Selbst. Natürlich können Sie das als HUNA-Kenner zielbewußt tun, indem Sie am Abend vor dem Einschlafen Ihrem George sagen: »Bitte, wecke mich morgen pünktlich um 6.15 Uhr; hier ist die Uhr, schau sie dir an. Die Zeiger stehen dann folgendermaßen: der kleine kurz nach der 6 und der große rechts auf der 3! Ich werde den Wecker sicherheitshalber auf 6.20 Uhr stellen. Das ist kein Mißtrauen gegen dich, lieber George. Übermorgen werde ich den Wecker nicht mehr stellen; ich brauche ihn dann nicht mehr, denn du *hast* mich bis dann pünktlich um 6.15 Uhr geweckt.«

Was machen wir mit dem Marmelade- oder Honigglas, dessen Deckel sich nicht öffnen läßt, weil er vollständig verklebt ist? (Wenn es sich um eine Vakuumkonserve handelt, kann unser George nichts machen!) Wir sagen: »George, der Deckel ist verklebt, und ich konnte ihn mit größter Anstrengung nicht öffnen. Wir senden jetzt gemeinsam Mana zwischen Deckel und Glas und lösen und lockern mit dieser Energie den Zusammenhalt der Moleküle. Danach werden wir die Dose ohne große Anstrengung öffnen!« Während Sie so sprechen, halten Sie die Dose in beiden Händen; eine bedeckt den Deckel und dient als gebende Hand, bei Rechtshändern die rechte, bei Linkshändern die linke. Nachdem Sie mit George gesprochen haben, lassen Sie die Kraft noch drei, vier Sekunden einwirken, danach stellen Sie die Dose auf den Tisch, nehmen sie erneut auf und öffnen sie ohne große Kraftanstrengung.

Ganz ähnlich ist es beim Löffelbiegen. Der Vorgang ist hier der gleiche – das Lockern von Molekülen –, nur ist die Anordnung der Metallmoleküle satter und strenger als die von Marmelade-Molekülen. Es ist also eine größere Energiezufuhr nötig. Aber auch das können Sie erreichen, wenn Sie einmal erlernt haben, wie man eine gründliche Mana-Aufladung macht.

Als nächstes möchte ich Sie, liebe Leserinnen und Leser, bitten, sich mit einer *Eß- und Mana-Übung* vertraut zu machen.

Sie hat den Zweck, Ihren George für alle Zukunft dahingehend zu programmieren, daß er die Nährstoffe aller künftigen Mahlzeiten, die Sie einnehmen, gründlich verwertet und das Maximum an Mana daraus herstellt! Zu diesem Zweck gehen Sie bitte in die Küche und nehmen ein Graham-Biscuit oder ein halbes Knäckebrot. Es sollte in jedem Fall etwas sein, das richtig »knackig« ist und beim Kauen Geräusche macht. Warum? Ihr George wird das lustig finden und fühlt sich durch die Geräusche angesprochen! Mit einem weichen Stück Brot wäre die Übung für George langweilig. Setzen Sie sich gemütlich hin, nehmen Sie ein großes Stück davon in den Mund und kauen Sie genießerisch. Dabei sagen Sie Ihrem George in Gedanken etwa folgendes: »George, mein Lieber, wir haben am Essen die größte Freude, und ich bitte dich, hole in Zukunft das Maximum aus unserer Nahrung heraus. Das Kauen ist, wie du weißt, der erste Schritt des Verdauungsvorganges. Hole dann weiter, im Magen und Darm, alles Positive aus unserer Nahrung heraus, mache es zu Mana und speichere es. Alles Negative, was wir eventuell mit anderer Nahrung aufnehmen könnten, das scheide bitte ohne Schaden aus!« Sie können natürlich während des Essens nach Ihrem eigenen Gutdünken noch andere Gespräche mit Ihrem George führen. Ihrer Phantasie sind keine Grenzen gesetzt.

Doch zurück zum rein Geistigen, zu einer Telepathie-Übung, die ich tatsächlich vor wenigen Jahren mit meiner Tochter gemacht habe. Sie selbst können ganz ähnlich telepathisch wirksam sein, denn Sie sind bestimmt nicht weniger medial veranlagt als ich – ich bin es gar nicht. – Sie war mit dem Auto unterwegs auf der Autobahn zwischen Mailand und Rom, ich war in Zürich. Aus einem ganz wichtigen Grunde wollte ich dringend mit ihr telefonisch Verbindung aufnehmen. Ich wußte nicht, in welchem Hotel in Rom sie übernachten würde. Ich dachte: Wozu arbeiten wir mit HUNA? Mit »wir« waren natürlich George und Ich gemeint.

Ich war zu Hause und setzte mich aufrecht auf einen Stuhl und konzentrierte mich zunächst auf George. »Ganz ruhig«, sagte ich, »wir schaffen es.« Ich fühlte mit George zusammen eine gründliche Mana-Aufladung durch, atmete danach weiter ruhig und sagte zu ihm: »Strecke deinen Aka-Finger aus zu ihr.« Dann wartete ich einige Sekunden. Danach sagte ich halblaut: »Ich brauche dringend deinen Telefonanruf!« Das wiederholte ich, konzentriert und mit geschlossenen Augen, mehrfach. Dann sagte ich, sie solle mich anrufen. Auch das wiederholte ich vier- bis fünfmal und hatte dann das sichere Gefühl, daß die telepathische Botschaft angekommen war. Dann wartete ich ruhig und zuversichtlich. Es dauerte genau vierzehn Minuten; ich hatte auf die Uhr geschaut. Das Telefon klingelte; meine Tochter meldete sich. Ich fragte sie, warum sie anrufe. Sie antwortete, sie wisse nicht warum, sie wolle wissen, wie es mir ginge. Daraufhin erklärte ich ihr meinen telepathischen Anruf und den dringenden Gegenstand des Gesprächs.

Das ist keine Hexerei. Ich versichere Ihnen, liebe Leserin, lieber Leser, daß Sie das auch können, wenn Sie das *vollkommene Vertrauen* in Ihren George, in sich selbst und in den Erfolg des Geschehens haben. Versuchen Sie es zunächst mit jemandem, der Ihnen sehr nahesteht, weil dann zwischen Ihnen beiden eine ganz dicke Aka-Schnur, ein Aka-Tau, besteht. Viel Glück!

Sie ersehen aus der obigen Schilderung, daß ich meinem unteren Selbst George und der Abwicklung des ganzen Geschehens vollkommenes *Vertrauen* geschenkt habe. Das ist, ich kann es nicht oft genug wiederholen, eine der wichtigsten Voraussetzungen für die erfolgreiche Zusammenarbeit mit George und für das spätere Erreichen des Hohen Selbstes! Wir mittleren Selbste, ich, Henry und Sie, wir müssen damit anfangen, nicht George! Ich sage also, laut und deutlich, wenn ich allein bin: »Ich, Henry, gebe dir, mein guter George, mein volles Vertrauen in deine Arbeit und in unsere erfolgreiche Zusammenarbeit. Genauso kannst und wirst du mir vertrauen!«

Sprechen Sie nun den gleichen Satz zu Ihrem George und setzen Ihren Vornamen anstelle von Henry ein! Das ist der Beginn eines guten Kontaktes mit Ihrem unteren Selbst, ganz unabhängig davon, ob Sie sich nach der Lektüre dieses Buches weiter mit HUNA beschäftigen wollen oder nicht. Indem wir George vollkommen vertrauen, verpflichten wir ihn, uns gegenüber das gleiche zu tun.

Doch dann kommt ein neuer Schritt, eine neue Überlegung. Sie wollen den Charakter Ihres unteren Selbstes erforschen und wollen wissen, was es eigentlich für Eigenschaften hat. Ist es ängstlich, ist es mutig, hat es Kombinationsfähigkeiten, was sind seine Schwächen, was sind seine Stärken? Das ist schon eine Art fruchtbarer Selbstanalyse oder Charakteranalyse, denn vieles von dem, was wir als den Charakter des Menschen bezeichnen, gehört zum unteren Selbst. Unser mittleres Selbst umfaßt dagegen sehr wenig von dem, was wir Charakter nennen. Halten Sie also einen Moment mit dem Lesen inne und denken Sie kurz über Ihr unteres Selbst nach. Sprechen Sie überdies mit ihm: »Welche guten und positiven Eigenschaften hast du, mein guter George? Nenne mir einige, ich warte auf deine Mitteilung!« Daraufhin werden Ihnen diese positiven Eigenschaften »in den Sinn kommen«. Wenn dies geschieht, bedanken Sie sich bei Ihrem George und loben Sie ihn! – Warum sollten Sie laut oder halblaut mit Ihrem unteren Selbst sprechen? Es wurde bereits festgestellt, daß George sich von gesprochenen Worten im wahren Sinne des Wortes mehr angesprochen fühlt als von Gedanken. Noch mehr, das wissen Sie bereits, sprechen ihn ein körperlicher Hinweis oder Geschriebenes an.

Mit den negativen Eigenschaften unseres Charakters, das heißt unseres George, wollen wir uns später befassen; sie gehören in das Gebiet der Kala-Reinigung und kommen im gleichnamigen Kapitel zur Sprache. In der ersten Phase des Kontaktes mit Ihrem George ist es wichtig, daß Sie ihm Mut machen dadurch, daß Sie über seine positiven Eigenschaften sprechen und ihn loben.

Wenn Sie sich mehr und mehr mit den Empfindungen Ihres unteren Selbstes beschäftigen, wenn Sie George immer besser verstehen, dann werden Sie zu neuen Erkenntnissen über ihn, das heißt Ihre eigene Seele, kommen und damit zu neuen Möglichkeiten des täglichen Handelns. Der geistige Kontakt mit all unseren Mitmenschen erfolgt hauptsächlich durch unser unteres Selbst. Sie werden bald in der Lage sein, das Verhältnis zu Ihren Mitmenschen auf breitester Basis zu verbessern. George wird Ihnen dabei intensiv helfen, denn er selbst hat an einer Verbesserung das größte Interesse. Denken Sie deshalb an Ihr Berufs- und Familienleben. Die Arbeitswelt beispielsweise ist nun einmal eingeteilt in sogenannte Vorgesetzte und Untergebene; Vorgesetzte, die leitend sind, und andere Menschen, die ausführend sind nach der Direktive von Vorgesetzten. Daß da Reibungen entstehen, Abhängigkeitsverhältnisse vor allen Dingen, das ist sehr bedauerlich, oft sogar tragisch.

Ich habe in meinen Seminaren schon vielfach Menschen gehabt, die unter diesen Verhältnissen sehr gelitten haben. Das waren vor allem immer wieder Frauen, die sich manchmal fast verzweifelt über ihre Vorgesetzten und ihre Mitarbeiter beklagt haben. Bei manchem Vorgesetzten, der fast unerträglich schien, stellte es sich heraus, daß er tief unglücklich war, im einen Fall, weil sein Familienleben nicht in Ordnung war; im anderen, weil er seiner Aufgabe als Chef nicht gewachsen war. In beiden Fällen überspielten diese bedauernswerten Menschen ihre unglücklichen Gefühle mit Forschheit am Arbeitsplatz und mit der ihnen meistens unbewußten Unterdrückung von »Untergebenen«. Der seelische Druck, unter dem sie lebten, äußerte sich in Minderwertigkeitskomplexen, die dann dort, wo sie herrschen konnten, kompensiert wurden.

Was tut nun die Sekretärin, die das erkannt oder empfunden hat, die HUNA-Kenntnisse besitzt und mit ihrem unteren Selbst, der Aka-Schnur und dem Senden von positiven, heilenden Gedanken vertraut ist? Sie wird nicht im Büro, sondern am Abend zu Hause eine kräftige Mana-Aufladung machen und Ihrem unteren Selbst etwa sagen: »George, mein Guter, wir wollen jetzt dem unteren Selbst unseres Chefs, Herrn Berger, eine kräftige Mana-Sendung schicken, die gleichzeitig alle unsere Sympathien enthält, all unser Verständnis für die Schwierigkeiten, die er in seinem eigenen Privatleben haben mag und die wir gar nicht genau kennen. Wir wollen ihm unsere *ehrliche Vergebung* schicken für all das, was er uns, dir, George, und mir, und allen unseren Kollegen und Kolleginnen immer wieder angetan hat. Wir wollen ihm vollkommen vergeben und konstruktiv über ihn denken. All das sind Gedanken, die wir beide, du und ich, jetzt fest und unwiderruflich beschlossen haben. Wir senden Herrn Berger jetzt diese große mit viel Mana aufgeladene Gedankentraube über die Aka-Schnur, die uns mit ihm verbindet, an sein unteres Selbst. Wir tun das mit einem tiefen Atemzug – jetzt!«

Die Mitarbeiterin, nennen wir sie Charlotte, nimmt tatsächlich einen tiefen Atemzug und weiß, daß ihre nun mit Mana aufgeladenen Gedanken über die Aka-Schnur an Herrn Berger, ihren Chef, gelangt sind. Was Charlotte dann am nächsten Tag im Büro beim Kontakt mit ihrem Chef erlebt hat, kann sie nur als »Wunder« bezeichnen. Oder besser gesagt, ihre Kolleginnen werden das tun, denn sie wissen ja nicht, wie Charlotte dieses sogenannte Wunder am Abend vorher auf den Weg gebracht hat!

Solche Aktionen habe ich mit manchen Seminarteilnehmern und -teilnehmerinnen besprochen und vorbereitet und habe dann wenige Tage später, wenn diese Seminarteilnehmer zurückgekehrt und ihre vorbereitete Aktion durchgeführt haben, begeisterte Berichte erhalten. Aber nicht nur in Beziehungen zwischen Mitarbeitern und Chef können solche Erfolge erreicht werden, nein, auch zwischen den Angestellten, die vielleicht in einem Großraumbüro arbeiten und sich gegenseitig »auf die Nerven gehen«, können durchschlagende und dauerhafte Erfolge erzielt werden. Manchmal ist es eine einzige HUNA-Kennerin, die unter einem Dutzend Mitarbeitern und Mitarbeiterinnen durch gezielte Anpeilung von einem oder mehreren unteren Selbsten ihrer Kollegen solche Erfolge erreicht, und zwar dauerhaft, denn wenn das neue Vertrauen über die unteren Selbste einmal hergestellt ist, sind die Beteiligten ebenso überrascht wie erfreut und haben das größte Interesse, diese neue positive Entwicklung zu fördern.

Ganz ähnliche Erfolge lassen sich im Familienleben erzielen. Für so manche Ehe konnte auf diese Weise eine neue positive Basis geschaffen werden, die zu einer ganz neuen positiven Entwicklung des psychischen und physischen Ehelebens geführt hat. Ganz wesentlich ist dabei der feste und unwiderrufliche Entschluß des einen Ehepartners, der diesen mit seinem unteren Selbst bespricht, seinem unteren Selbst die logische Notwendigkeit dieses Entschlusses erklärt und ihn als unwiderruflich festhält.

Manches untere Selbst hat im Eheleben, manchmal jahrelang, schwere Enttäuschungen erlebt, durch die das betreffende untere Selbst hoffnungslos, apathisch und resigniert geworden ist. George braucht dann *logische und überzeugende Gedanken* seines mittleren Selbstes, durch die er aus seiner negativen Lethargie herausgeführt wird. Vielleicht genügt dann auch nicht eine einmalige Sendung von mit Mana aufgeladenen positiven Gedankentrauben über die Aka-Schnur an das untere Selbst des Ehepartners, sondern es ist möglicherweise notwendig, diese segensreiche psychische Beeinflussung mehrmals durchzuführen, und das, wenn immer möglich, an aufeinanderfolgenden Tagen. Es ist dabei vorteilhaft, wenn der Ehepartner, der diese Aktion durchführt, nicht im gleichen Raum mit dem anderen ist, um völlig ungestört und konzentrationsfähig zu sein, denn Animositäten, die durch körperliche Nähe begünstigt werden können, müssen vermieden werden. Das untere Selbst ist durch seinen Mangel an Logik im Bereich seiner oft schädlichen Emotionen von solchen Unwägbarkeiten beeinflußt.

Das Verstehen des Partners in Beruf oder Ehe und das Vergeben sind ganz wesentliche Voraussetzungen für das Gelingen solcher Aktionen. Sie setzen eine gewisse Reife im Umgang mit HUNA-Ideen voraus und vor allen Dingen ein restloses *Vertrauen* in das Gelingen der Aktion, das wiederum, wie schon so oft erklärt, im Vertrauen zwischen dem betreffenden mittleren und unteren Selbst begründet ist!

Eine interessante und sehr instruktive symbolische Darstellung der drei Selbste der HUNA-Lehre finden wir im *Totempfahl* der Indianer Amerikas. Mit dem Totem wird das Charakteristikum einer Sippe bezeichnet. Der Totempfahl ist ein fast heiliges Stammes- oder Sippensymbol. Der Pfahl ist meistens aus einem Holzstamm geschnitzt. Die meisten sind zwei bis drei Meter hoch und dreißig bis fünfzig Zentimeter dick. Der untere Teil besteht vielfach aus der Darstellung eines sitzenden Tieres, seltener der Gestalt eines zusammengekauerten Menschen. Der mittlere Teil zeigt einen Menschen in normaler Gestalt, der auf dem Kopf oder den Schultern der unteren Gestalt aufrecht steht. Im oberen Drittel findet sich immer ein Wesen mit Flügeln, meistens ein Vogel, manchmal auch eine menschenähnliche Gestalt mit Flügeln. Wir sehen hier deutlich die Parallelen zum unteren, mittleren und Hohen Selbst. Nach der HUNA-Lehre ist anzunehmen, daß die unteren Selbste aus dem Tierreich kommen können. Diese Idee finde ich sympathisch und vertretbar, denn wer hat nicht schon mit warmen und liebevollen Gefühlen empfunden, daß ein Hund oder ein Pferd tatsächlich menschliche Charaktereigenschaften hat! Auf der anderen Seite wird leider das Brutale in einem Menschen oft als »tierisch« bezeichnet, nach meiner Empfindung meistens zu Unrecht.

Eine wesentliche Aufgabe in der HUNA-Arbeit besteht darin, daß wir unser unteres Selbst zu einem wahrhaft menschlichen, das heißt ethisch hochstehenden Wesen erziehen wollen. Deshalb sollten wir uns davor hüten, unserem unteren Selbst den Namen eines Tieres zu geben oder es gar mit einem Tier zu identifizieren. Solche Ideen, vom »Krafttier« der Hopi-Indianer abgeleitet, können zu schweren Störungen des unteren Selbstes führen, die für seine Weiterentwicklung zu höheren ethischen Ebenen hinderlich sind. Auf diese Weise kann der Kontakt mit dem Hohen Selbst gestört werden. Auch in dieser Hinsicht scheint mir die Symbolik des Totem-Pfahls vielsagend, denn wir mittleren Selbste haben die Pflicht, unser unteres Selbst durch unsere Tätigkeit als Lehrer und Tröster aus seiner zusammengedrückten, oftmals wahrhaftig »bedrückten« Situation zu ent-falten, das heißt, unser unteres Selbst seelisch aufzurichten und ihm bei seiner geistigen Höherentwicklung zu helfen.

Der Totempfahl ist freilich nicht eine symbolische Darstellung des Zustandes, in dem wir uns als HUNA-Anfänger befinden, denn das Hohe Selbst ist im Pfahl physisch mit dem mittleren und damit mit dem unteren Selbst verbunden. Für den Anfänger bildet das mittlere und untere Selbst eine Einheit, die dann nach fortgeschrittener HUNA-Entwicklung über die Aka-Schnur mit dem Hohen Selbst verbunden ist. Erst im weiteren Verlauf kann schließlich eine echte, ich möchte sagen physische Verbindung der drei Selbste entstehen. Dieser Zustand wurde mir als echtes und beglückendes Erlebnis im Verlaufe einer Licht-Meditation klar: Das untere Selbst war inzwischen zu einem kräftigen jungen Mann herangewachsen. Wir drei standen im Kreise und schauten einander an und hatten unsere Arme so auf den Rücken unseres Nachbarn gelegt, daß unsere Arme ineinander verschränkt waren. Das war das Symbol einer »Einheit im Lichte des Herrn«, die lange Zeit ihre hohe Bedeutung hatte und erst viel später von einem weiteren Symbol abgelöst wurde.

Wenn wir uns für die HUNA-Arbeit, das heißt zunächst für die Arbeit mit George, entschlossen haben, kann es passieren, daß wir durch unsere Nachlässigkeit, durch die des mittleren Selbstes, den Kontakt mit George verkommen lassen. Das kann geschehen, wenn wir beruflich überanstrengt sind oder zuwenig Schlaf haben. Dann können wir in eine Art Schlamperei hineingeraten, unter der unser George sehr leidet, denn die Initiative zum Kontakt mit George, ich wiederhole es, geht immer vom mittleren Selbst aus. Die Art, in der sich unser enttäuschter und vielleicht sogar verzweifelter George nun meldet, kann sehr verschieden sein: Wenn er bei der Suche nach einem Parkplatz streikt, dann ist das nicht sehr schlimm. Wenn er aber selbst lethargisch und hoffnungslos wird und das mittlere Selbst mit einem Zustand bleierner Müdigkeit belastet, dann kann es schwierig sein, aus diesem Teufelskreis herauszukommen. Dann erfordert es nämlich erstens die Erkenntnis des mittleren Selbstes, daß diese Müdigkeit eine Reaktion von George ist, und zweitens muß sich das mittlere Selbst nun aus dieser lethargischen Passivität selbst herausreißen, etwa eine kräftige Mana-Aufladung durchführen und seinem unteren Selbst tröstend zusprechen. Mich auf diese Weise selbst aufzufangen, fällt auch mir manchmal schwer, besonders dann, wenn ich die Müdigkeit nicht als Reaktion meines George erkenne, sondern sie irgendwelchen anderen Einflüssen, zum Beispiel dem Wetter, zuschiebe. Das ist mir gelegentlich passiert, und zwar längst nachdem ich mein Hohes Selbst erreicht hatte, denn durch den Kontakt mit dem Hohen Selbst werden wir weder Heilige noch Übermenschen, jedoch bekommt das Leben einen völlig anderen Gehalt.

Noch ein paar Gedanken zum *Alleinsein*. Es gibt Menschen, die sind ihr ganzes Leben lang allein, wofür es zahlreiche Ursachen gibt. Aber auch andere Menschen haben zeitweise schon das Empfinden des völligen Alleinseins erlebt. Auch ich bin durch solche Phasen durchgegangen, habe aber bald festgestellt, daß ich als HUNA-Praktiker nie mehr allein bin! Ich muß mir nur die Verbindung und den innigen Kontakt mit meinem unteren Selbst, George, ganz aktiv bewußtmachen und mit ihm sprechen, dann bin ich nicht mehr allein. Ich habe einen Kumpan, einen Kameraden, von dem ich weiß, daß er mit mir durch dick und dünn geht. Für den, der gar sein Hohes Selbst erreicht hat, mit der Gewißheit und der praktischen Erfahrung, daß er dauernden Kontakt mit ihm hat, daß er es nur anzusprechen braucht, für einen solchen Menschen gibt es kein Alleinsein mehr, sondern das eindeutige und überzeugende Empfinden vollkommener Geborgenheit. In dieser Gewißheit, in der Verbindung mit unserem Hohen Selbst, sind wir tatsächlich mit Gott verbunden, und es gibt für uns nie mehr Verzweiflung.

Heißt das, daß wir zum Einzelgänger werden könnten? Nein, das halte ich für ausgeschlossen. Im Gegenteil, wir haben ja gesehen, daß unser George die tatsächliche Kontaktebene zu anderen Menschen ist und daß durch ihn der Kontakt mit anderen Menschen sehr erleichtert wird. Deshalb sind unser unteres und Hohes Selbst keinesfalls Hindernisse im Kontakt mit anderen Menschen, sondern große Hilfen im Zustand des Alleinseins.

Das Alleinsein ist nicht immer etwas Trauriges oder gar Destruktives. Alleinsein kann eine Gnade sein. Hermann Hesse sagt: »Einsamkeit ist der Weg, auf dem das Schicksal den Menschen zu sich selber führen will.«

Zum Schluß dieses Kapitels darf ich Ihnen noch einen wichtigen, guten Rat geben: Besorgen Sie sich ein besonders schönes kleines Notizbuch, ein Ringbuch im Format A5 oder A6, Oktavformat. Setzen Sie sich einmal am Tag, am besten wohl am Abend, an einen Tisch, schließen Sie die Augen und sprechen Sie mit Ihrem George. Sagen Sie ganz einfach: »Wie geht es dir? Was willst du mir sagen? Ich habe dich lieb und höre dir zu.« Warten Sie dann auf die Gedanken, die Ihnen kommen werden. Manchmal kommt gar nichts. Manchmal kommen kurze und wichtige Gedanken, die Ihnen Einblick in das Seelenleben Ihres George, in Ihr eigenes Seelenleben geben. Schreiben Sie diese Gedanken auf, und notieren Sie das Datum. Sie werden sehr viel daraus lernen und Ihrem George und sich selbst damit sehr viel helfen.

Sie haben jetzt vieles über das untere Selbst durchgearbeitet, haben Erkenntnisse über Ihren George erworben und manche Einzelheiten erfahren. Jetzt wäre, so meine ich, der Moment gekommen, daß Sie Ihren George bitten sollten, seinerseits aktiv zu werden und Ihnen durch eine einfache Übung mitzuteilen, daß er mit Ihnen zusammenarbeitet. Setzen Sie sich dazu bitte am Abend, wenn Sie noch nicht allzu müde sind, in einen bequemen Lehnstuhl, ganz locker und »lässig«, und sprechen Sie etwa folgendermaßen zu Ihrem George: »Mein lieber George, wir beide haben jetzt gemeinsam viel über dich gelesen. Manches ist auch dir über dich selbst klarer geworden, und wir haben gelernt, daß zwischen uns beiden eine intensive Zusammenarbeit möglich und nötig ist. Ich stehe dir von Herzen gern zur Verfügung und würde auch von dir gern wissen, daß du mit mir zusammenarbeiten willst. Wenn ich mich an Kindheits- oder Jugenderlebnisse erinnern möchte, muß ich sie mir mühsam durch Gedankenarbeit, durch bewußtes Zurückerinnern ins Gedächtnis rufen. Und dann entsteht bestenfalls eine Schwarzweißfotografie in meinem Inneren. Du, mein George, du hast das vollkommene Gedächtnis, und du kannst viel mehr als ich! Bitte zeige mir jetzt in den nächsten Minuten, während ich die Augen schließe, nicht nur Bilder, sondern sogar einen Farbfilm, vielleicht sogar einen Ton-Farbfilm über Ereignisse aus unserer Jugend oder Kindheit, die ich längst vergessen habe. Du weißt sie noch! Ich schließe jetzt die Augen und warte auf den Film, den du mir zeigst! – Wenn es dir lieber ist oder wenn es dir leichter fällt, mein George, dann kannst du auch warten, bis ich heute nacht schlafe, und mir im Traum solch einen Film zeigen. Aber bitte sorge dafür, daß ich mich an ihn erinnere! Ich schließe jetzt die Augen und warte!«

Erwarten Sie nun in aller Ruhe mit geschlossenen Augen, was kommt. Vielleicht kommt nichts, vielleicht kommt auch nichts im Traum, aber vielleicht kommt es morgen oder übermorgen, denn Ihr George hat mit Ihnen so viele neue Eindrücke beim Lesen aufgenommen, daß er vielleicht im Moment noch gar nicht in der Lage ist, Ihnen diese private Filmvorführung zu geben. Lassen Sie ihm deshalb mit Geduld etwas Zeit!

Ich wünsche Ihnen viel Erfolg!

Kapitel 5

Das Pendel

Das Pendel ist eine wichtige Informationsquelle, denn aus dem Monolog, bei dem zunächst nur das mittlere Selbst zum unteren spricht, kann mit Hilfe des Pendels ein Dialog werden, obgleich das untere Selbst uns über das Pendel nur mit Ja oder Nein antwortet. Trotzdem möchte ich allen Leserinnen und Lesern raten, zuerst ihre Sensitivität zu benutzen oder zu entwickeln und, nur dann, wenn sie zu wünschen übrigläßt, das Pendel zu benutzen. Das Pendel kann eine sehr nützliche, vorübergehende Hilfe sein, die man besonders am Anfang des Zusammenlebens mit George gerne benutzen wird.

Wer jedoch das Gefühl hat, sie oder er könne bereits nach wenigen Tagen oder Wochen des oben beschriebenen Trainings sensitive Informationen von ihrem oder seinem George bekommen, braucht sich mit dem Pendel gar nicht erst zu befassen. Solche Informationen sollten als vollwertig anerkannt werden, auch wenn sie am Anfang noch schwach und undeutlich sind. Hier heißt es, im Optimismus und Vertrauen zu George durchzuhalten.

Trotzdem ist das Pendel für viele Menschen ein wertvolles Hilfsmittel, um das Gespräch mit George in Gang zu bringen. Allerdings sollte derjenige, der sensitive Entwicklungsmöglichkeiten spürt, nicht am Pendel »kleben«bleiben, denn das Pendel ist ein recht gefühlloses mechanisches Hilfsmittel. Es gibt dem unteren Selbst die Möglichkeit, sich über die Knochen, Muskeln, Sehnen und Nerven der Hand und des Armes in einer vorher verabredeten Weise dadurch zu äußern, daß es einen mechanisch fein ausgerichteten Gegenstand in bestimmte Schwingungen versetzt, die dann aufgrund der vorher verabredeten Bedeutung interpretiert werden.

Ich kenne allerdings bis heute nur zwei Menschen, die es in

dieser Hinsicht zur perfekten Meisterschaft gebracht haben. Für sie ist die Betätigung mit dem Pendel eine Gnade.

Ich selbst habe vor Jahren mit Erfolg über das Pendel die Antworten meines George auf meine Fragen erhalten, so lange, bis die Mitteilungen an einem bestimmten Tag plötzlich abbrachen: Das Pendeln war zu Ende, mein Hohes Selbst hatte mir ein Pendelverbot auferlegt!

Danach hatte ich auf einer bitteren Durststrecke zu wandern. Jedoch erfühlte ich bald die Mitteilung meines Hohen Selbstes, es habe mir diese Wüstenwanderung auferlegt, damit ich meine Sensitivität entwickeln möge. Diese war natürlich durch den bequemen und angenehmen Gebrauch des Pendels nicht mehr geübt worden und deshalb in Vergessenheit geraten.

Die wichtigste Voraussetzung für erfolgreiches Pendeln ist das unbedingte, volle Vertrauen in unser unteres Selbst. Damit verpflichten wir unseren George, seinerseits ehrlich und vertrauensvoll mit uns zu arbeiten, und wir können dann ziemlich sicher damit rechnen, daß die Antwort über das Pendel wahrheitsgemäß erfolgt. Am Anfang ist das für die Antworten wichtig, die unser unteres Selbst von sich aus gibt, später, wenn wir das Hohe Selbst erreicht haben, für die Antworten des Hohen Selbstes, die uns unser unteres Selbst übermittelt. In diesem Zusammenhang ist es wichtig, sich zu vergegenwärtigen, daß das mittlere Selbst nicht in der Lage ist, mit dem Hohen Selbst direkten Kontakt aufzunehmen, sondern daß es immer George ist, der diesen Kontakt herstellt. Gerade für die Wahrheitstreue dieser Übermittlungen ist es also sehr wichtig, daß wir unseren George durch die Erziehung nie verängstigen oder mutlos machen.

Zum Pendeln bedarf es einiger *Übereinkünfte* mit unserem unteren Selbst, denn wir müssen ja den von ihm ausgelösten Bewegungen, die wir durch das Pendel empfangen, einen Wort-Sinn beilegen. Alle diejenigen von Ihnen, die schon gependelt haben und mit anderen als den hier vorgeschlagenen Übereinkünften arbeiten, sollen diese anderen unbedingt beibehalten und nicht wechseln. Für diejenigen, die neu mit dem

Pendel anfangen, gelten folgende vier Möglichkeiten der Verknüpfung von Pendelschwung und Bedeutung.

Die wichtigsten Äußerungen unseres George über das Pendel sind *ja und nein.* Wenn wir ja sagen, dann nicken wir mit dem Kopf, wenn wir nein sagen, dann schütteln wir den Kopf; deshalb bedeutet der Pendelschwung nach vorn und zurück »ja«, von rechts nach links »nein«.

Dazu kommen noch zwei weitere, weniger häufig angewandte Formen des Schwunges, nämlich »schräg nach rechts«, das heißt, das Pendel schwingt nach rechts vorn und links hinten zwischen ja und nein. Das entspricht fünfundvierzig Grad. Diese Richtung bedeutet »Frage ist unklar«. Die letzte Übereinkunft legt für den Pendelschwung von »links vorn nach rechts hinten«, das heißt, 135 Grad vom Ausgangspunkt, die Bedeutung »Frage mich später« fest. Mit diesen vier Grundbedeutungen sollten Sie auskommen. Hüten Sie sich davor, jemals mit Ihrem George eine Übereinkunft zu treffen, die das Wort »vielleicht« beinhaltet. Führen Sie dieses Wort erst gar nicht in das Pendel-Vokabular Ihres George ein. Es nützt nichts, es führt nur zu Mißverständnissen.

Eine andere wichtige Regel ist, daß man die gleiche Frage nie zweimal unmittelbar nacheinander stellt. Vielleicht wollte das mittlere Selbst eine andere Antwort hören und versucht nun noch einmal, sozusagen »hintenherum«, von seinem George die gewünschte Antwort zu erhalten. Solches Verhalten des mittleren Selbstes George gegenüber ist wirklich ungehörig und verwerflich, denn damit wertet es die Antwort Georges ab und sagt ihm quasi: »Du hättest mir ja auch eine andere Antwort geben können!« Das ist ein klarer Ausdruck des Mißtrauens. – Wenn sich jedoch die Situation, die Bedingung geändert hat, die zur Antwort des unteren Selbstes geführt hat, dann ist die Wiederholung der Frage nach einem entsprechenden Zeitablauf sinnvoll. Wenn ich zum Beispiel meinen George frage: »Kann ich Herrn Berger vertrauen?« und die Antwort lautet »Nein«, dann ist es sinnlos, nach einer Stunde die gleiche Frage zu stellen. Abgesehen davon treffen Sie ja ausdrücklich mit Ihrem George die Übereinkunft: Wenn das Pendel im Winkel von 135 Grad schwingt, dann bedeutet das »Frage mich später«.

Ferner sollten Sie nie etwas Selbstverständliches fragen. Ich würde deshalb meinen George, auch nicht zum Spaß, wenn es zwei Uhr nachmittags ist, fragen: »Ist es jetzt zwei Uhr?« oder ähnliches. Das sind Neckereien, die wir mittleren Selbste uns nicht erlauben sollten! George ist selbst, wie im vorigen Kapitel deutlich wurde, gern zu allerhand Schabernack aufgelegt, und wir sollten ihn durch unser eigenes Beispiel dazu nicht ermuntern. Natürlich können wir mit unserem George gut gelaunt und humorvoll sprechen, aber ich würde ihn meinerseits nicht zu Neckereien animieren.

Bei Seminaren taucht immer wieder die Frage auf, ob man das Pendel mit dem freien Arm halten oder den Arm am Ellbogen aufstützen sollte. Das ist Geschmacks- und Erfahrungssache. Ich habe das Pendel immer gerne frei gehalten, nicht mit aufgestütztem Ellbogen, weil mir dann für die Äußerung meines George der ganze Arm von der Schulter bis zu den Fingerspitzen zur Verfügung stand. Ich kenne aber zwei meisterhafte Pendler, die den Ellbogen beim Pendeln aufstützen.

Ein ganz wichtiges Hilfsmittel für das Pendeln im Rahmen unserer Huna-Arbeit ist das *Tagebuch*. Richten Sie deshalb bitte ein neues Pendel-Tagebuch ein, oder benutzen Sie einfach die umgekehrte Rückseite des schon früher empfohlenen Oktavheftes, um Ihre Pendelnotizen aufzuschreiben. Diese sollten enthalten: Datum, Ort, genaue Frage und Antwort. Das macht sehr wenig Mühe, zeigt Ihnen aber schon nach wenigen Tagen, geschweige denn nach Monaten, welche Fortschritte Sie in Ihrer Huna-Arbeit mit Ihrem George gemacht haben, denn es wäre sehr viel verlangt, wenn Sie sich an die Fragen und Antworten auch nur eine Woche später noch genau erinnern wollten. Die Lektüre des Pendel-Tagebuchs gibt Ihnen klare Auskünfte über Ihre Entwicklung.

Es gibt aber auch Fragen, die wir unserem George überhaupt nicht stellen sollten. Das sind verstandesmäßige Gedanken, für die wir mittleren Selbste ja unser Gehirn haben. Man wird also ein berufliches, rein technisches Problem mit Hilfe der Vernunft zu lösen suchen, wird aber trotzdem George bitten, dabei zu helfen, denn er ist ja ein Freund, Helfer und Wächter.

Wer erfolgreich pendelt, soll das weiter üben und vervollkommnen und sich durch meine früheren Bemerkungen nicht abschrecken lassen! Er kann trotzdem ein hervorragender Huna-Adept werden und sein Hohes Selbst erreichen. Vielleicht wird er auch mit der Wünschelrute arbeiten oder sein Pendel sogar als Wünschelrute verwenden. Ich kenne einen hervorragenden Rutengänger, der im Freien seine Wünschelrute oder seine Hände ohne Wünschelrute benutzt, sich aber mit dem Pendel über Karten beugt, um mit vollkommener Sicherheit Ölfelder oder Wasseradern festzustellen! Er betreibt das meisterhaft schon seit Jahren, und zwar in vollkommen realistischer Weise. Daß das Pendeln realistische Ergebnisse liefert, beweist nichts besser als die Tatsache, daß die chemische Fabrik Sandoz in Basel zwei Pendler beschäftigt hat, um in heißen Ländern, in denen sie Fabriken errichten wollte, Wasservorräte ausfindig zu machen.

Ich möchte hier noch einige »Standardfragen« an Georges aufführen, die nur als Beispiele dienen. Jeder von Ihnen sollte sich im Verlauf der intensiven Beschäftigung mit George weitere Fragen ausdenken, denn sie dienen der Erforschung Ihres unteren Selbstes, das heißt Ihres Charakters, und sind ein sehr guter Schritt zu der Arbeit mit Ihrem George, die ich früher schon »Autopsychiatrie« genannt habe. Man wird am Anfang der Huna-Arbeit vielleicht die Frage stellen: »Spielst du gern?« Die Antwort wird wohl dann immer »ja« lauten, wenn nicht, dann ist die Frage Ausgangspunkt für weitere interessante Fragen beziehungsweise Nachforschungen.

Hat jemand Übergewicht, so wird er vielleicht die Frage stellen: »Ißt du gern Süßes?« Lautet die Antwort »ja«, dann ist die Frage Ausgangspunkt für logische und überzeugende Erklärungen des mittleren Selbstes hinsichtlich der Nachteiligkeit oder gar der Schädlichkeit des Naschens. »Hast du Angst?« Diese Frage würde ich erst in einem späteren Zeitpunkt stellen, in dem die Zusammenarbeit mit George schon ein wenig etabliert ist. Sie wäre dann Ausgangspunkt für grundsätzliche Betrachtungen über die Angst des unteren Selbstes. Angst vor Krankheit, Angst vor schlechten Leistungen, Angst vor Kritik. Alle diese Fragen und deren Diskussion gehören in das Gebiet der Kala-Reinigung und können durch Fragen des mittleren Selbstes und Pendel-Antworten des unteren Selbstes eingeleitet werden. Die Pendel-Antwort ist dabei ein guter »Aufhänger«, und George wird die Ausführungen des mittleren Selbstes mit um so mehr Interesse verfolgen, wenn er selbst die zugrundeliegende Antwort gegeben hat.

Manchmal ist es klug, sich in psychologisch verständiger Weise an George heranzupirschen. Vielleicht ist seine Abneigung gegen den Chef so stark und »allergisch«, daß man ihm nicht sagen sollte: »Komm, George, wir wollen Herrn Meier jetzt viele liebevolle Gedanken über die Aka-Schnur senden!« – Es könnte sein, daß George empfindet, man falle mit der Tür ins Haus, so daß die starke Abneigung gegen Herrn Meier ihn dazu veranlaßt, sich zurückzuziehen. Wenn Sie dagegen die Pendel-Frage stellen: »Hast du meinen Chef gern?« dann kann er »ja« oder »nein« antworten (vermutlich »nein«). Das bildet den Ausgangspunkt für eine gründliche, logische und rationale Besprechung mit George, die schließlich doch, und viel leichter und überzeugender, zur Sendung von Liebe über die Aka-Schnur an Herrn Meier führt!

Erst viel später, wenn Ihr Vertrauensverhältnis zu Ihrem George schon untermauert ist, ist es sinnvoll, bedeutungsschwere Fragen zu stellen, etwa: Hast du böse Erinnerungen – hast du Schuldgefühle – hast du Selbstmitleid – hast du Depressionen – und vor allen Dingen einmal die Frage: »Glaubst du an Gott?«

Wer sich gut an Träume erinnert, kann George ohne das Pendel Fragen stellen und ihn bitten, ihm im Traum Antwort zu geben. Viele meiner HUNA-Studenten haben dabei besonders gute Erfolge! Man kann vor dem Einschlafen mit George sprechen und ihm etwa sagen: »Gib mir einen schönen Traum, gib mir Antwort auf diese Frage, und sorge dafür, daß ich mich an diesen Traum erinnere.« Man kann dann beispielsweise ein Tonbandgerät neben sich aufs Bett legen und George ganz bewußt sagen, daß man nicht einmal Taschenlampe, Papier und Bleistift herausholen muß, sondern daß man beim Aufwachen einfach auf den Knopf drückt und den Traum auf Band spricht. Das ist eine Bequemlichkeit für das mittlere Selbst und gleichzeitig ein Ansporn für George.

Zum Schluß noch einige Ratschläge zu der Frage: Wie kann man verlegte Gegenstände durch das untere Selbst mit dem Pendel finden? Hierzu möchte ich Ihnen die in eigener Erfahrung bewährte »Technik des Einkreisens« schildern.

Nehmen wir an, ich kann den Amethysten, den ich geschenkt bekam, nicht finden: »George, wir wollen gemeinsam nachdenken. Wo haben wir den Stein zuletzt in der Hand gehabt?« So wird man wohl im allgemeinen anfangen, wenn man etwas sucht, bevor man zum Pendel greift. Wenn man George um die Erinnerung bittet, wird sie viel deutlicher und wirksamer sein als ohne ihn.

Ist der Erinnerungsversuch erfolglos, dann nehme ich das Pendel und frage: »Habe ich den Stein letzte Woche verlegt?« Ist die Antwort »ja«, dann kann ich versuchen, die Vorgänge der letzten Woche zu rekonstruieren; ist sie »nein«, muß ich weiter versuchen, das Datum rückwärts tastend einzukreisen. Ich kann auch direkt nach dem Datum fragen, die Antwort darf aber nie das Datum, sondern immer nur »ja« oder »nein« sein. Weiter kann ich etwa fragen: »Ist der Stein in der Wohnung?« Wenn ja, ist es leicht. Ist er in der Küche, nein, im Wohnzimmer, ja – wenn ich durch die Tür hineingehe, ist der Stein links? Nein (dann ist er natürlich rechts, und ich werde nie fragen: Ist der Stein links *oder* rechts?) Dann kann man nach dem Schrank oder der Truhe fragen, und zum Schluß wird man den Stein finden. War der Stein außerhalb der Wohnung, dann können wir ihn trotzdem lokalisieren, gegebenenfalls mit Hilfe einer Karte.

Ich wünsche Ihnen, daß sie nichts verlegen oder verlieren, und falls doch: viel Glück!

Was die Technik der Pendelpraxis angeht: Nehmen Sie einen Ring oder eine große Schraubenmutter, ziehen Sie einen Faden durch, und *probieren* Sie es einfach!

Die Literatur zum Thema Pendeln ist vielfältig. Im Literaturverzeichnis finden Sie Hinweise unter Nielsen, Mermet, Tressel und Mlaker. Es gibt noch viele andere. Jede esoterische Buchhandlung hat brauchbare Pendelbücher auf Lager.

Zum Schluß wiederhole ich: Kleben Sie nicht am Pendel! Entwickeln Sie besser Ihre Sensitivität oder Ihre Medialität, sie ist wertvoller als das Pendeln!

Kapitel 6

Kala – die geistige Reinigung

> *Gewonnen hat immer der, der lieben und verzeihen kann.*
> Hermann Hesse

Was bedeutet das Wort Kala? Im Abschnitt über die Erforschung der HUNA-Lehre durch Max Freedom Long hatten wir uns mit der Semantik beschäftigt. Das Wort Kala ist geradezu ein Paradebeispiel für Semantik. In einem hawaiisch-englischen Wörterbuch fand ich unter »Ka-la« zehn Bedeutungen; unter der ersten Silbe »Ka« sogar eineinhalb eng gedruckte Spalten und unter der Silbe »la« mehr als eine weitere halbe Spalte. Nach diesem Wörterbuch bedeutet »Ka-la«

reinigen	vergeben	Schuld anerkennen
losbinden	freilassen (zum Beispiel ein Tier)	öffnen
verschonen (von Strafe)	vom Vertrag entbinden	das Licht wiederherstellen
Rüstung ablegen	aggressiv sprechen	schärfen

Die beiden letzten Bedeutungen sind für andere Zwecke, nicht für den unsrigen anwendbar. Die Bedeutung der übrigen Worte vereinigt sich deutlich zu dem Sammelbegriff von Gedanken, den wir unter »Kala« verstehen, so wie wir ihn in der HUNA-Lehre anwenden.

Es wurde schon im Kapitel über das untere Selbst gesagt, daß die Kala-Reinigung eine intensive Arbeit mit dem unteren Selbst voraussetzt und diese wiederum ein vollkommenes Vertrauensverhältnis. Die Kala-Reinigung ist ein sicherer Weg zum Hohen Selbst. Sie ist besonders wichtig, weil die *Zweifel,* die unser unteres Selbst eventuell später einmal haben könnte, durch das gemeinsame Erlebnis der Kala-Reinigung in Zusammenarbeit mit dem mittleren Selbst beseitigt werden können.

Die Kala-Reinigung ist ein *Vorgang,* der sich über mehrere Wochen erstrecken kann. Er bewirkt eine positive Änderung der inneren Bereitschaft des unteren Selbstes und ruft oft positive seelische Veränderungen hervor.

Zweifel sind, wie wir bereits wissen, eine der wichtigen hinderlichen, negativen Reaktionen des unteren Selbstes, die wir für die spätere Arbeit mit ihm gern ausschließen möchten. Deshalb bitte ich Sie, liebe Leserin, lieber Leser, sprechen Sie jetzt schon mit Ihrem unteren Selbst, während Sie lesen; sprechen Sie es an, und sagen Sie ihm etwa: »Nimm das auf, was wir jetzt gemeinsam lesen, speichere es im Gedächtnis, es wird uns später nützlich sein!«

Wenn das untere Selbst auf Veranlassung des mittleren Selbstes während der Kala-Reinigung *Opfer* für seine Vervollkommnung gebracht hat, dann dürfen wir die Kala-Reinigung ohne Scheu und Überheblichkeit als eine *Einweihung* betrachten. Sie ist ein reinigendes Opfer. Es führt uns dazu, von unserem bisher praktizierten Unrecht überzeugt zu sein, es als solches zu akzeptieren und es aus der Welt zu schaffen. Zu diesem Themenkreis gehören für die Zukunft unsere guten Vorsätze, wie zum Beispiel sauberes Geschäftsgebaren, eheliche Treue, gerechtes Verhalten gegenüber von uns abhängigen Menschen oder Verzicht auf schädliche Genüsse.

Das klingt alles sehr salbungsvoll. Ist es unrealistisch? Diese Frage können und müssen Sie selbst entscheiden. Obwohl ich sehr wenig Fleisch esse, bin ich keinesfalls der Meinung, daß man Vegetarier sein muß, um die Kala-Reinigung erfolgreich zu vollziehen. Wir haben gewisse Freiheiten auch auf diesem Gebiet. Wir wollen unserem George, dem Träger des Gewissens, die Entscheidung über derartige Probleme überlassen. Er hat dabei eine große Verantwortung. Haben wir aber die erste große Kala-Reinigung hinter uns, dann wird unser George, beeindruckt durch die frühere Einweihung, die er nie vergessen wird, die Verbindung mit dem Hohen Selbst immer willig und mit Überzeugung herstellen.

Ich habe von der ersten großen Kala-Reinigung gesprochen, denn mit dieser allein ist es meistens nicht getan. Wir sind nur Menschen und werden vielleicht später nach Erreichen des Hohen Selbstes *rückfällig* werden. Es wird immer wieder einmal vorkommen, daß wir Fehler machen, daß wir Menschen verletzen, daß wir gewisse alte Untugenden oder schlechte Gewohnheiten wieder aufkommen lassen. Dann werden wir eine neue, begrenzte Kala-Reinigung machen, die uns viel leichter fallen wird als die erste grundlegende.

Wir wollen die Bedeutung von Kala noch unter einem anderen Aspekt betrachten, der seinen Schwerpunkt sowohl in der Lehre Jesu als auch in der mit ihr so eng verwandten jüdischen Religion hat. Wir finden bei Lukas 15.11–32 das Gleichnis vom verlorenen Sohn. Darin wird die Reue und die Rückkehr im physischen wie auch im geistigen Sinne thematisiert. Dieses Gleichnis ist geradezu ein Symbol der Kala-Reinigung! In der jüdischen Tradition spielt die »Teshuwah« eine entscheidende Rolle. Mit ihr ist ebenfalls die Reue und die Rückkehr zu Gott und zum Gesetz gemeint. Hierzu gehört auch die im Gebet des jüdischen Versöhnungstages so stark zum Ausdruck gebrachte Meinung und Überzeugung, daß das vorbestimmte böse Schicksal eines Menschen durch Reue und Gebet abgewendet werden kann. Ich bin der Meinung, daß der verlorene Sohn, die Teshuwa und das erwähnte Gebet mit die besten Symbole und Ausdrucksformen für Kala sind, die man sich vorstellen kann!

Auch die alte jüdische Gebetshoffnung, eine böse Zukunft könne durch innere Reinigung, durch »Rückkehr« verbessert werden, ist eine Auffassung, die der HUNA-Weisheit deutlich entspricht. Sie unterscheidet nämlich zwischen der kristallisierten und der flexiblen Zukunft. Die kristallisierte *scheint* durch das Schicksal, das heißt, durch Geburtsstunde und -ort, festgelegt zu sein. Die flexible Zukunft, so die HUNA-Lehre, kann beeinflußt werden, und zwar durch die Einwirkung des

Hohen Selbstes, das nichts lieber tut, als die Gebete seines mittleren und unteren Selbstes anzuhören und zu verwirklichen, wenn es, das Hohe Selbst, die Absicht dieser Gebete in seiner Weisheit und Liebe für richtig hält. Wenn wir uns diese Gedankengänge zu eigen machen, kommen wir wohl zu der Überzeugung, daß die uns in die Hand gegebene Möglichkeit der Kala-Reinigung eigentlich die Krönung all dieser religiösen Ideen ist.

In Seminaren kommt man sich oft menschlich näher, und so habe ich (früher mit Erstaunen) immer wieder festgestellt, daß es Teilnehmer gibt, die die Kala-Reinigung gar nicht brauchen, weil sie die Verbindung mit ihrem Hohen Selbst längst haben. Aber sie wußten nichts davon, sie hatten vorher auch nie von HUNA gehört. Das sind Menschen, liebe, gute und begnadete Menschen, die im Lauf der Jahre praktisch keine Schuld auf sich geladen haben oder deren sogenannte Schuld so geringfügig ist, daß sie bei der Verbindung mit ihrem Hohen Selbst nie gestört hat. Gewiß sind das keine vollkommenen Menschen, denn wer ist schon vollkommen? Sie können es auch nicht sein. Auch sie haben ihre Schwierigkeiten, aber sie haben einen inneren Frieden, um den andere manchmal verzweifelt ringen. Sie sind in ihrer inneren Mitte. Sie sind gelassen, freundlich, freudig, und sie strahlen Frieden und Geborgenheit aus. Sicherlich haben sie ihre Charakterfehler, gewiß kommt es da und dort vor, daß sie jemanden verletzen; sie sind keineswegs vollkommen; aber das, was ihnen eigentlich fehlt, um die Verbindung mit ihrem Hohen Selbst zu erhalten, das hat ihnen ihr Hohes Selbst durch die *Gnade* gegeben.

Von solchen Menschen wollen wir mit Gelassenheit lernen, daß auch wir, normale Menschen, die wir die Kala-Reinigung brauchen, niemals in der Lage sein werden, die Kala-Reinigung vollkommen, perfekt und restlos zu vollziehen. Das könnte nur ein Übermensch oder ein Heiliger. Wenn wir aber den ehrlichen guten Willen haben, uns täglich in die Kala-Reinigung zu vertiefen, dann wird uns der Rest, den wir nicht vollenden können, von unserem Hohen Selbst in seiner Gnade geschenkt. Unser ehrlicher guter Wille ist die Voraussetzung für den Empfang dieser Gnade. Dann werden wir im Laufe der Kala-Reinigung unser Hohes Selbst mit aller Sicherheit erreichen, denn von dem Moment an, da wir uns zur Kala-Reinigung entschlossen haben, haben wir die vollkommene Unterstützung unseres Hohen Selbstes. Es gibt für Ihr Hohes Selbst keine größere Freude, als zu wissen, daß Ihr mittleres und unteres Selbst diese Kala-Reinigung durchführen wollen. Dann können Sie sicher sein, daß Sie die vollkommene Hilfe Ihres Hohen Selbstes haben. Was ist die Voraussetzung? Es ist der ehrliche Wille, in enger vertrauensvoller Zusammenarbeit mit dem unteren Selbst das Negative Ihres eigenen Charakters und Handelns zu beseitigen.

Das betrifft nicht nur gute Vorsätze für die Gegenwart und Zukunft, sondern auch die Bewältigung Ihrer *Vergangenheit.* Sie können wiederum Ihre Vergangenheit mit Hilfe Ihres George analysieren und *akzeptieren.* Sie können George um Erinnerung bitten und sich überlegen, wo Sie andere Menschen verletzt haben oder sich selbst, besonders Ihr unteres Selbst mit seinem Gewissen. Es gibt viele Kala-Probleme, mit denen Sie sich vertraut machen können, Blockaden, die in der Bibel etwa als »Steine im Weg« bezeichnet werden. Diese Fragen und Probleme wollen wir nun in praktischer Form mit Hilfe von HUNA in Angriff nehmen.

Auch hier ist es wichtig, daß Sie, das heißt Ihr mittleres Selbst, als auslösende Instanz mit Ihrem unteren Selbst eine Abmachung treffen, einen *Entschluß fassen, der ehrlich, vollkommen, bedingungslos und unwiderruflich* sein muß. Von diesem Augenblick an haben Sie die gewaltige Unterstützung Ihres Hohen Selbstes, das Sie auf eine höhere ethische Ebene hinaufzieht. Was Sie dann tun, geschieht von einer höheren Warte aus. Es sind Dinge, die Sie ein halbes Jahr davor nicht getan hätten. Das mobilisiert auch *Kräfte,* über die Sie staunen, wenn Sie sich deren bewußt werden.

Ich wiederhole, daß die Kala-Reinigung im wesentlichen unser unteres Selbst betrifft und erst dadurch in gewissem Maße auch das mittlere Selbst. Erinnern wir uns daran, daß das Hohe Selbst nie beleidigt werden kann, genausowenig wie Gott, aber eine Unterbrechung der Verbindung zwischen dem unteren und dem mittleren Selbst einerseits und dem Hohen Selbst andererseits entsteht durch das schlechte Gewissen unseres George. Er ist für das Gedächtnis zuständig und damit auch für das Gewissen. Er kann die Verbindung mit dem Hohen Selbst ausschalten, wenn er das Gefühl hat, er sei nicht würdig, mit dem Hohen Selbst Kontakt aufzunehmen. Das ist ein Mechanismus, der automatisch funktioniert und dadurch unerbittlich ist. Er zwingt uns, die Kala-Reinigung konsequent durchzuführen. Die Vergebung, die wir brauchen, kommt nicht vom Hohen Selbst oder von Gott, sondern von dem Menschen oder dem Wesen, das wir verletzt haben. Eine zweite Möglichkeit, von der noch die Rede sein wird, ist eine Form der Kompensation, die man dann anstreben kann, wenn man diese Vergebung aus zwingenden Gründen nicht erlangen kann.

Die Initiative für die Kala-Reinigung liegt immer beim mittleren Selbst, also bei Ihnen. Wie geht es weiter, wenn Sie den Entschluß für die Kala-Reinigung gefaßt haben? Sie sollten zunächst versuchen, sich so ruhig und gelassen wie möglich in Gedanken und Überlegung mit sich selbst zu beschäftigen. »Mit sich selbst« heißt hier: mit Ihrem unteren und mittleren Selbst. Wenn Sie an dem Punkt sind, wo Sie mit Ihrer Kala-Reinigung beginnen wollen, prüfen Sie durch entsprechende Fragen an Ihr unteres Selbst seine Bereitschaft, denn ein vertrauensvoller Kontakt mit Ihrem unteren Selbst ist dazu Voraussetzung. Lassen Sie sich Zeit mit dem Schritt zur Kala-Reinigung. Wenn es aber soweit ist, beginnen Sie mit Ihrem Verstand, lassen Sie die Emotionen des unteren Selbstes erst später aufkommen, wenn sie ihm nützlich sein werden, das heißt, wenn Sie Ihren George befragen und wenn Sie in Einzelheiten gehen wollen. Zunächst mag Ihnen für Ihre verstandesmäßigen Überlegungen der einzige Grundsatz der HUNA-Lehre als Richtlinie dienen: *Nie verletzen, immer helfen.* Eine Erweiterung dieses Grundsatzes sind die Zehn Gebote.

Fragen Sie sich also in aller Ruhe, wann und wo Sie gegen diesen Grundsatz verstoßen haben. Stellen Sie sich Fragen wie: Wer ist mir böse? Warum? Habe ich Feinde? Wenn ja, habe ich selbst die Feindschaft oder die feindlichen Gefühle des anderen verursacht? Welche Haßgefühle habe ich? Bin ich starrköpfig geblieben, wo ich eigentlich in großzügiger Weise hätte verzeihen sollen? Hat mir mein Ego das Verzeihen verboten? Denken Sie daran, daß *wir* in unserer Großzügigkeit es sein müssen, die *zuerst* verzeihen, denn zuerst müssen wir »unseren Schuldnern vergeben«, und erst danach können wir erwarten: »Vergib uns unsere Schuld.« Das ist übrigens ein typisch essenischer Gedankengang. Hat nun derjenige, dem Sie vergeben, irgendeinen Vorteil durch Ihre Vergebung? Ja und nein; ja, wenn Sie mit ihm in Verbindung sind und eine echte Versöhnung herbeiführen können, an der Sie sich beide freuen – nein, wenn der Kontakt nicht möglich oder vom anderen nicht erwünscht ist. Dann wird er von Ihrer Vergebung gar nichts erfahren. Trotzdem sind Sie selbst es, der verzeiht und dadurch den größten Nutzen hat, denn die Vergebung erlöst und befreit Sie.

Sind wir dann, wenn wir vergeben, Egoisten, weil wir durch das Vergeben diese Erlösung bekommen? Nein, keinesfalls, denn das Verzeihen ist unsere Pflicht. Die Befreiung, die wir durch sie erreichen, ist sozusagen eine atomatische Gnade, eine Belohnung, die wir durch den Akt des Verzeihens erhalten. In diesen Zusammenhang paßt auch ein Sprichwort, das heißt, »Diene, um zu verdienen«. Könnte hier das Dienen als egoistisch, als Maßnahme zu einem bestimmten Zweck ausgelegt werden? Nein, höchstens nur bei dem, der das »verdienen« falsch versteht. Vielleicht sollte das Sprichwort unmißverständlich lauten: »Diene, und du wirst verdienen«, so wie das bei der Vergebung ist.

Ich möchte meine Ausführungen über die so wichtige Vergebung im Rahmen der Betrachtung der Kala-Reinigung mit einer wunderschönen Charakterisierung der Vergebung abschließen. Ihrem Verfasser, Robert Mueller, sind wir zu großem Dank verpflichtet. Er war früher stellvertretender Generalsekretär der Vereinten Nationen. Er hat sie für die »Internationale Woche des Verzeihens 1986 bis 1988« unter dem

Motto *Jedes Verzeihen ist ein Geschenk für dich selbst* geschrieben. Robert Muellers Worte sind überschrieben mit dem Titel »Entscheidung zur Vergebung«. In dem Wort Entscheidung ist ein Willensakt enthalten, der vom mittleren Selbst ausgeht; es wurde schon betont, daß man sich auch zur Kala-Reinigung entscheiden muß. Robert Muellers Gedicht lautet:

Entscheidung zur Vergebung

Entscheide dich zu verzeihen,
denn Nachträglichkeit ist negativ,
Nachträglichkeit vergiftet.
Haß und Groll zehren am Selbst
und lassen es schrumpfen.
Als erster mußt du es sein, der vergibt,
der lächelt und der den ersten Schritt tut.
Und du wirst das Glück blühen sehen
auf dem Gesicht deines Mitmenschen,
Bruders oder Schwester.
Sei du immer der erste.
Warte nicht, daß andere vergeben,
denn durch dein Verzeihen
wirst du Herrscher über das Schicksal.
Du gestaltest das Leben, du tust Wunder.
Vergeben ist die höchste und die schönste Form
der Liebe.
Dafür wirst du unermeßlichen Frieden erhalten
und vollkommenes Glücksempfinden.

All das, was über das Vergeben bis hierher gesagt wurde, ist wichtig. Am wichtigsten aber ist es, daß wir uns selbst vergeben. Viele Menschen, auch ich gehörte früher dazu, legen strenge, ja unerbittliche Maßstäbe an sich selbst. Das ist ungesund, für Sie und für mich, für unsere Familie, für unsere Freunde und die Mitarbeiter, mit denen wir zu tun haben. Seien wir also verständnisvoll mit uns selbst, seien wir nachsichtig, verzeihend, und erlauben wir uns, gelegentlich, »lässig« zu sein, denn in diesen Momenten der Lockerung, der inneren Ruhe, können schöpferische Gedanken in uns aufsteigen, die unser Leben positiv verändern.

An dieser Stelle erscheint mir ein kleiner Exkurs über Schuldfaktoren nötig, die jenseits unseres jetzigen Lebens anzusiedeln wären – oder uns nicht bewußt sind. Ich werde von manchen HUNA-Studenten, die sich mit ihrer Kala-Reinigung beschäftigen, auf *Rückführungen* angesprochen, die sie haben durchführen lassen. Rückführungen sind Einflußnahmen eines Spezialisten auf die Psyche (in unserem Fall auf das untere Selbst) des Rückzuführenden, durch die dieser sich an frühere Ereignisse, nicht nur aus seiner Kindheit, sondern aus früheren Leben erinnert. Solche Rückführungen müssen von ganz erstklassigen Spezialisten gemacht werden, andernfalls können Schwierigkeiten auftreten. Ich bin nicht gegen Rückführungen im allgemeinen, obwohl ich noch nie eine für mich selbst habe machen lassen. Ich möchte aber davor warnen, das Resultat von solchen Rückführungen völlig kritiklos anzunehmen.

Manche Menschen, die solch eine Rückführung erlebt haben, sind zutiefst aufgewühlt und dadurch verunsichert worden. Ihr George, der die Mitteilungen des rückführenden Therapeuten kritiklos als bare Münze angenommen hat, ist erschüttert, manchmal verzweifelt, wenn er hört, welche furchtbaren Verbrechen er in einem früheren Leben begangen haben soll. George fühlt sich dann schuldbeladen und ringt verzweifelt nach Möglichkeiten, sich von den drückenden Lasten der Vergangenheit zu befreien.

Welche nachteiligen Einwirkungen dieser Gemütszustand des betreffenden George auf eine gerade in Gang befindliche Kala-Reinigung haben kann, ist leicht zu ermessen. Ich bin durchaus der Meinung, daß wir schon früher ein oder mehrere Erdenleben haben erfahren können, aber ich bin ebenso fest davon überzeugt, daß mein jetziges Leben der Saldo aller früheren Leben ist, der nun sozusagen unter einem Schlußstrich erscheint. Ich bin froh, wenn ich die Belastungen meines jetzigen Lebens durch die Kala-Reinigung erleichtern kann und in diesem Leben gerade das lerne, was Gott von mir verlangt. Ich bin deshalb überzeugt, daß mein jetziges Leben eben als Saldo unter dem Schlußstrich der früheren nicht nur böse Taten und Verbrechen enthält, sondern auch den »Kredit«, den ich dadurch habe, daß ich andere Menschen vielleicht habe glücklich machen können. Deshalb finde ich es logisch und vernünftig, daß ich mich mit dem jetzigen Saldo meines Lebens beschäftige. Ich habe es für mich stets abgelehnt, mich zusätzlich durch Rückführungen zu belasten und mich somit doppelt schuldig zu erklären für Dinge, die in der heutigen Bilanz längst berücksichtigt sind.

Ich lehne Rückführungen als solche nicht ab, rate aber dazu, sie von erfahrenen Fachleuten durchführen zu lassen – und das vielleicht nicht gerade während der Beschäftigung mit der Kala-Reinigung.

Sie haben bereits gelesen, wie Sie sich zur Kala-Reinigung entschließen können und wie Sie vorgehen, um sie auszuführen. Sie werden also versuchen, sich an frühere Ereignisse zu erinnern, die Sie jetzt verurteilen, und Sie werden sie in aller Offenheit mit Ihrem unteren Selbst besprechen. Und dann werden Sie mit George durch intensive Befragung und Dialogführung Ihre eigenen Charakterschwächen und -fehler feststellen. Die müssen nicht schwerwiegend sein, können aber trotzdem sehr stören. Haß, Mißgunst und Neid müssen nicht sehr ausgeprägt sein, sie können aber trotzdem den Charakter bestimmen und damit die Handlungsweise. Wenn Sie ganz konsequent, nicht selbstquälerisch, solche negativen Eigenschaften »festnageln« und Ihrem George erklären, wie gut es ist, wenn Sie sie gemeinsam verbessern oder beseitigen könnten, dann können Sie auf die rückhaltlose, ja sogar begeisterte Mitarbeit Ihres George rechnen. In manchen Fällen wird Ihnen das Pendel sehr gute Dienste dabei leisten.

Seien Sie aber nicht überrascht, wenn Sie in einer gewissen Phase Ihrer Kala-Arbeit unzufrieden werden. Sie werden, je besser Sie Ihren George kennen, seine Widerstände empfinden, die Ihnen zeigen, daß er nicht mehr recht mitmacht.

Seien Sie dann bitte nicht ungehalten, sondern denken Sie daran, daß die Psychologie genau wie die psychologisch so wirksame HUNA-Praxis einen Prozeß kennt, den sie »Verdrängung« nennt. Die HUNA-Lehre hat hierfür den drastisch-deutlichen Begriff vom *Schwarzen Sack*.

Stellen Sie sich dazu wirklich vor, daß Ihr lieber George Charaktereigenschaften hat, deren er sich schämt, die er verbergen, nicht an die Oberfläche kommen lassen will: die hat er einfach in den Schwarzen Sack gesteckt. Das ist sein unangetasteter, streng privater Bereich. Er sorgt sogar dafür, daß sein mittleres Selbst davon keine Kenntnis hat, denn er schämt sich. Wenn das mittlere Selbst aber von diesem dunklen Bereich Kenntnis hat (und Sie selbst haben jetzt davon Kenntnis, weil Sie das gerade lesen), und wenn Ihr George, der mit Ihnen liest, nun weiß, »daß Sie wissen«, dann wird er seinen Widerstand aufgeben und wird ahnen, daß Sie im Zusammenwirken mit ihm bei der Beseitigung des Schwarzen Sacks sogar erlösend behilflich sein können. Vergegenwärtigen Sie sich stets, daß Ihr George dieses Buch mit Ihnen zusammen liest. Er nimmt das auf, was Sie als mittleres Selbst jetzt lernen, und er hat die Hoffnung, daß sein eigener Schwarzer Sack einmal verschwindet. Sprechen Sie also jetzt mit Ihrem George und sagen ihm: »Komm, George, wir sehen den Schwarzen Sack. Er wird immer kleiner und kleiner, und er verschwindet!« Dann nimmt George das zu Ihren Gedanken gehörige Bild wahr, er klammert sich daran, und vielleicht genügt schon diese kleine Übung, damit der Sack verschwindet.

Versuchen Sie es!

Als ich selbst vor Jahren meinen George von seinem Schwarzen Sack befreien wollte, war es schwieriger. Meine eigene Erfahrung soll zugleich illustrieren, wie man mit George zusammen den Schwarzen Sack angehen kann. Ich fragte George, ob wir den Sack in Gedanken (die dann zur Realität werden) der städtischen Müllabfuhr übergeben könnten. Aber das wollte er nicht, bis ich ihn schließlich bat: »Sage du mir selbst, wie du ihn vernichten willst!« Danach dauerte es wohl zwei Tage, bis ich eine Eingebung hatte, eine Idee, die, wie sich später herausstellte, eindeutig von meinem unteren Selbst kam. Die Idee betraf eine visualisierte Reise, die wir in Gedanken ganz realistisch ausgestalteten.

George und ich nahmen als gute Kumpane den ominösen Schwarzen Sack jeder mit einer Hand, ich mit der rechten, George, rechts neben mir, mit seiner linken, traten so aus der Haustür und erhoben uns in die Luft. Natürlich konnten wir fliegen. Wer zweifelt wohl daran? Wir flogen nach Holland, an einen Ort, wo wir einige Jahre vorher mit der Familie sehr schöne Ferien verlebt hatten. Unser Flug, links ich, in der Mitte der Schwarze Sack, rechts George, ging reibungslos und sehr rasch vonstatten. Wir landeten am Strand vor dem grünen Badehäuschen Nummer 131, das wir in jenem Urlaub gemietet hatten, öffneten die Tür mit dem Schlüssel, der im Schloß steckte, und fanden einen Spaten, einen gefüllten Benzinkanister und Streichhölzer. Es war Ebbe, herrlicher Sonnenschein. Das Meer lag etwa vierzig bis fünfzig Meter weit entfernt, der Sandstrand lag goldgelb in der Sonne. So nahm ich den Benzinkanister und den Spaten, während George den Schwarzen Sack und die Streichhölzer trug.

Wir marschierten etwa zwanzig Meter in Richtung des Wassers und stellten unsere Utensilien ab. Ich begann, ein Loch in den Sand zu graben, genügend breit und tief, um den Schwarzen Sack darin aufzunehmen. George warf den Sack in die Grube. Ich öffnete den Benzinkanister, goß reichlich Benzin über den Sack und schloß den Kanister. George reichte mir die Streichhölzer. Ich trug den Benzinkanister weit weg, ging zurück zum Schwarzen Sack, entzündete ein Streichholz, warf es mit einem Schwung in die benzingetränkte Grube und rannte einige Meter weg. George tat das gleiche. Eine riesige Stichflamme stieg auf, und wir freuten uns an dem großen Feuer (irgendwie müssen wir doch ein wenig pyromanisch veranlagt sein). Das Benzin verbrannte, auch der Schwarze Sack, und zurück blieb ein Häuflein weißer Asche. Wir waren befriedigt, nahmen Spaten, Benzinkanne und Streichhölzer und gingen zurück zu unserem Badehäuschen Nummer 131. Es stand etwas erhöht auf Backsteinen, und wir setzten uns in die Tür und baumelten mit den Beinen. – Dann kam in wenigen Minuten, viel schneller als es in Wirklichkeit der Fall wäre, die Flut, überspülte den ganzen Strand bis nahe zum Badehäuschen, und fast hätten unsere nackten Füße das Wasser berührt. Dann ging die Flut natürlich ebenso schnell zurück. Der Strand lag wieder vor uns, vollkommen rein, gelbweiß, so wie er vorher dort gelegen hatte. Von unserem Loch, von der Asche, war nichts mehr zu sehen.

Ich fragte George: Bist du nun zufrieden? Er sagte: Ja, vollkommen! Und so flogen wir Hand in Hand wieder zurück nach Hause und waren zufrieden. Und doch ging mir irgendwie die Eingebung nicht aus dem Kopf, die ich zwei Tage vorher von George bekommen hatte und die dann eigentlich zur Reise nach Holland führte. Jetzt erst verstand ich den tieferen Sinn dieser Verbrennungszeremonie: Die vier Elemente waren dabei, Wasser, Feuer, Erde und Luft!

Doch zurück zur grundlegenden Arbeit mit der Kala-Reinigung. Die nun folgenden praktischen Hinweise sollen es Ihnen ermöglichen, die Kala-Reinigung ehrlich und wirkungsvoll durchzuführen. Hier geht es nicht so sehr um die eigenen Charaktereigenschaften, sondern um Menschen, die wir vor Jahren oder erst letzte Woche verletzt haben. War das vielleicht unter Verwandten oder im Sportclub, im Beruf, oder waren wir auf dem Motorrad oder im Auto rücksichtslos oder aggressiv? Wir wollen unsere Fehler wiedergutmachen. Bei Tante Emma, die wirklich unausstehlich ist, die ich sehr grob angesprochen habe, habe ich mich entschuldigt, und zwar ganz offiziell und sogar in Gegenwart ihres Neffen. Die Entschuldigung war vollwertig, und sie hat mich Mut und Überwindung gekostet! Das gehört nun einmal zu einer Entschuldigung. Wenn sie noch irgendwelche Spuren des Grolls oder der Unschlüssigkeit oder *mangelnder Liebe* enthält, dann war es keine Entschuldigung! Verzeihung erbitten oder sich entschuldigen, braucht eine innere Vorbereitung, eine emotionale Umstellung von Angriffslust auf Versöhnlichkeit. Die Bereitschaft zur Abbitte kann die Folge plötzlicher Einsicht sein. Manchmal kostet sie eine schlaflose Nacht, oder sie kommt erst nach einer längeren Zeit des »Schmollens«. Welchen Weg man auch immer dabei geht: man muß ihn bewußt und vollständig gehen. Eine Entschuldigung ist wie ein Brandopfer. Bringt man es nur halbherzig dar, dann verfehlt es den eigentlichen Zweck.

Innerhalb der Familie sollte es nicht sehr schwer sein, sich zu entschuldigen oder um Verzeihung zu bitten. Im Beruf oder überhaupt mit fremden Menschen ist das manchmal schwieriger. Man meint, »man verliere eine Zacke aus der Krone«. Man meint, der eigene Stolz erlaube die Entschuldigung nicht, und im Grunde genommen ist es nichts anderes als das kleinliche Ego, das wir in uns überwinden müssen, denn derjenige, der die innere Größe hat, sich zu entschuldigen, steht haushoch über dem, der den falschen Stolz hat. Deshalb soll man einen Fehler, bei dem man sich gerade ertappt hat, wenn möglich sofort korrigieren, das heißt, sich sofort bei dem Menschen entschuldigen, den man verletzt hat. Dann wird dieser die Entschuldigung auch spontan annehmen, während es geschehen kann, daß er einfach das Gespräch abbricht, wenn man erst zwei Tage später anruft und der andere sich in seinen Zorn hineingesteigert hat.

Was aber ist zu tun, wenn wir uns bei der Kala-Arbeit an Menschen erinnern, die wir verletzt haben, die aber inzwischen verstorben oder »unbekannt verzogen« sind? Erinnern Sie sich daran, daß Sie mit diesen Menschen immer noch durch die Aka-Schnur verbunden sind (das gilt wohl auch für Verstorbene). Als erstes sollten Sie diesem Menschen oder diesem Wesen über die Aka-Schnur Ihre vollkommene Liebe und die Bitte um Vergebung senden. Es kann sein, daß Ihr George mit dieser ernsten und ehrlichen Aktion zufrieden ist. Es kann auch sein, daß er als Träger des Gewissens der Meinung ist, diese Sendung über die Aka-Schnur sei nur ein billiger Kuhhandel, und daß er mehr möchte! Was dann? Dann wenden Sie das an, was schon kurz erwähnt wurde: die Kompensation. Diese sollte etwas beinhalten, das Mühe macht oder Zeit kostet, also ein kleines Opfer, das Sie bringen. Das kann zum

Beispiel ein Krankenbesuch bei jemandem sein, dem gegenüber man vielleicht gar nicht zu einem solchen verpflichtet ist. »Ist das nicht unehrlich?«, wurde ich einmal in einem Seminar gefragt.

Nein, ich glaube nicht: Der Kranke freut sich über den Besuch und die Blumen. Vielleicht ist er überrascht, aber er weiß nichts von der Kompensation, dem Anstoß zu diesem Besuch. Man selbst hat jedoch mit George ein kleines Opfer gebracht, George ist zufrieden. – Oder Sie fragen einfach: »George, wo kann ich helfen?« Vielleicht braucht jemand Rat beim Ausfüllen der Steuererklärung, vielleicht können Sie einen etwas gebrechlichen Nachbarn irgendwo hinfahren, wenn Sie motorisiert sind; vielleicht erziehen Sie sich und Ihren George dazu, aufmerksamer und mit größerem Interesse zuzuhören, wenn jemand sein Leid klagt; vielleicht entschließen Sie sich dann wenigstens zu dem Versuch, ihm zu helfen, was Sie früher vielleicht nicht getan hätten.

Die Kala-Arbeit erfordert, wie Sie sehen, vor allen Dingen *Wachheit*. Wenn man gar nicht weiß, was man tun soll, kann man auch einer wohltätigen Organisation eine Spende machen, aber sie muß ein wenig schmerzen. Mit fünf Mark ist man dann eben nicht dabei! Als letzte Möglichkeit gibt es noch eine besonders wirksame Kompensation: das Fasten. Wenn Sie nur einen Tag bewußt fasten, um ein bestimmtes Unrecht zu kompensieren, dann wird George sicher zufrieden sein, außer wenn Sie ohnehin gefastet hätten, um abzunehmen . . . Das würde der gewissenhafte George nicht annehmen!

Sie wissen, daß es die Aka-Schnur ist, die Sie und Ihren George mit Ihrem Hohen Selbst verbindet. Sie haben auch gelesen, daß George, der Träger des Gewissens, die Aka-Schnur nicht benutzen wird, daß er sie einfach ausschalten wird, wenn er ein schlechtes Gewissen hat und sich des Kontaktes mit dem Hohen Selbst nicht würdig fühlt. Gerade deshalb ist es so wichtig, daß wir normale Menschen uns ehrlich bemühen, die Kala-Reinigung konsequent durchzuführen, obwohl wir uns durchaus bewußt sein mögen, daß sie nicht vollständig ist und nicht sein kann, denn wir sind nur Menschen. Es mag sogar sein, daß wir unseren George davon überzeugen müssen, daß wir eben nur Menschen sind, besonders dann, wenn er ein Perfektionist ist. In diesem Fall ist es sinnvoll, ihm zu sagen, daß das Stück Kala-Reinigung, das zur Perfektion fehlt und nicht geleistet werden konnte, uns durch die *Gnade* des Hohen Selbstes geschenkt wird. Gerade das ist bei der Kala-Reinigung wichtig, um spätere Zweifel bei George auszuschließen.

Zum Schluß möchte ich Sie mit einer kurzen, einfachen *Kala-Übung* vertraut machen, die Sie durchführen können, auch wenn Sie jetzt noch gar nicht bereit sind, mit der eigentlichen Kala-Arbeit zu beginnen. Sie kann jetzt schon Ihrem George die Basis für Ihre künftige Kala-Arbeit geben. Wenn Sie das tun wollen, dann denken Sie bitte daran, daß Ihr Hohes Selbst Sie schon jetzt bei dieser Arbeit unterstützt.

Sie setzen sich bequem hin und schließen die Augen. Sie sprechen zu George: »Wenn wir einmal mit der Kala-Reinigung beginnen, was würdest du, mein lieber George, vorbringen? Was bedrückt dich? Wo hast du Schuldgefühle? Was willst du bereinigt sehen? Wo kann ich dir helfen? Hilf du mir während der nächsten drei Minuten, während wir darüber nachdenken.«

Legen Sie bitte das Buch aus der Hand, schließen Sie die Augen, und machen Sie diese einfache kurze Übung!

Kapitel 7

Das Hohe Selbst

> *Da es aber Geist an sich nicht geben kann*
> *und jeder Geist einem Wesen zugehört,*
> *so müssen wir zwingend Geistwesen annehmen.*
> Max Planck

Wesen und Gestalt des Hohen Selbstes

Schon zu Beginn dieses Buches war die Rede vom Schutzengel der Kinder. Wenn beispielsweise der *Wiener Kurier* meldet: »Nach 10-Meter-Sturz auf Beton: Kind kam mit Platzwunde davon«, dann betrachte ich dies als einen typischen Fall für das Einwirken eines solchen Schutzengels. Weiter wurde bereits gesagt, daß dieser Schutzengel sich im Laufe der Entwicklung des Kindes nicht verflüchtigt, auch wenn das Kind erwachsen geworden ist. Der Schutzengel bleibt da, nur haben wir Erwachsene die Pflicht, uns diesem Schutzengel bewußt zu nähern. Wir müssen würdig werden, den Kontakt mit diesem Schutzengel herzustellen, von ihm angenommen zu werden. Es wurde bereits darauf eingegangen, daß unser unteres Selbst ganz genau weiß, ob wir würdig sind, uns mit diesem Schutzengel zu verbinden.

Nach HUNA-Auffassung ist das Symbol des Hohen Selbstes eine Lichtgestalt, ein Lichtkörper, der Aka-Körper des Hohen Selbstes. Max Freedom Long bezeichnet das Hohe Selbst als *Führer, Begleiter und Beschützer.* Es ist ein Wesen von höchster Weisheit, Urteilskraft, Macht, Güte und, vor allen Dingen, *Gnade.* Long bezeichnet es auch als elterlichen Geist. Hierbei sind nicht die physischen Eltern gemeint, sondern, bildlich gesprochen, die spirituelle Vereinigung von Adam und Eva, zwei in einem, weil das Hohe Selbst Neues schafft und Altes erneuert. Das Hohe Selbst verlangt von uns Glauben, aber nicht blinden Glauben, sondern den Glauben, der auf Vernunft und Erfahrung aufgebaut ist. Der Glauben an das Hohe Selbst verwandelt sich durch die HUNA-Praxis schließlich in Wissen, daß das Hohe Selbst existiert und daß es bei uns ist, wenn wir es rufen.

Genauso ist es mit unserem Gottesglauben, wenn wir uns tief in der HUNA-Lehre verankert fühlen, wenn wir mit unserem Hohen Selbst verbunden sind und wenn wir dann, geführt von unserem Hohen Selbst, zu dem Punkt kommen, wo wir uns wirklich Gott nähern. Dann verlieren wir unseren Gottesglauben, und der *Glauben wird durch Wissen ersetzt.* Dies Wissen ist dann unerschütterlich. Glauben kann etwas Großes sein und sehr stark, aber der höchste Glauben ist immer noch kein Wissen, denn der Begriff »Glauben« birgt ja immer noch die Möglichkeit des Zweifels in sich, auch beim höchsten Glauben, denn der höchste Glauben ist noch nicht Wissen! Wenn wir uns aber mit unserem Hohen Selbst vereinigt, die gewaltige innere Sicherheit und Geborgenheit gefühlt und die Erfahrungen gemacht haben, die nötig sind, wenn wir von unserem Hohen Selbst mit sicherer Hand auf diesem Weg geführt worden sind, dann wird der Glauben durch Wissen ersetzt. Dieses ist das unerschütterliche und vollkommene Wissen, das die wirkliche und wahre Verbindung zu unserem Hohen Selbst und zu Gott ausmacht.

Das Hohe Selbst führt uns zu höheren Bewußtseinsstufen, bildlich gesprochen, zu höheren Lichtebenen; es beeinflußt und verändert unsere Zukunft. Das Hohe Selbst erfüllt alle unsere Wünsche und Gebete, die Es in Seiner Weisheit und Zukunftsschau als gut für uns *Betende* erachtet. Das kann uns, solange wir unwissend sind, in Konflikte führen. Davon wird ausführlicher im Kapitel über das HUNA-Gebet die Rede sein. Wir können nämlich mit aller menschlichen Weisheit und mit allem unserem Wissen niemals an das Wissen und die Vorausschau des Hohen Selbstes herankommen.

Das ist auch der Grund, weshalb nicht sämtliche von uns erdachten Gebete erfüllt werden, weil wir als Menschen eben nicht diese Vorausschau des Hohen Selbstes haben. – Für Sie ist es aber ganz wichtig, zu wissen und auch davon überzeugt zu sein, daß Ihr Hohes Selbst nur darauf wartet, von Ihnen angerufen zu werden, und zwar schon jetzt, in dem Stadium, in dem Sie selbst sind und da Sie vielleicht zum ersten Mal von HUNA hören. Ich halte es nicht für einen Zufall, daß Sie dieses oder ein anderes Buch über HUNA gekauft haben oder daß es Ihnen geschenkt worden ist. Nein, es ist längst so weit, daß Ihr Hohes Selbst dringlich darauf wartet, mit Ihnen in Kontakt zu kommen, wartet, daß Sie es anrufen werden.

Wer ernstlich mit HUNA anfängt und sich darum bemüht, hat bereits die volle Unterstützung seines Hohen Selbstes.

Sie wissen bereits, daß das mittlere Selbst die Initiative für den Kontakt mit dem Hohen Selbst ergreift. Aber auch ohne diese Initiative, solange dieser Wunsch noch nicht wach geworden ist, bereitet das Hohe Selbst Sein mittleres und unteres Selbst vor, den Kontakt mit Ihm aufzunehmen.

Daß Gott und das Hohe Selbst identisch seien, ist eine Anschauung, die man nicht beweisen kann. Wir können die ganze Schöpfung als Gott ansehen, aber es liegt in der menschlichen Natur, Gott als Persönlichkeit, als anthropomorph zu verstehen. Erst durch *Erfahrung* mit dem Hohen Selbst kann man so weit kommen, daß man Gott und das Hohe Selbst als identisch betrachtet, aber man kann darüber nicht argumentieren. Wenn wir uns von diesem Gedanken leiten lassen, dann wird uns manches sehr viel leichter. Für viele ist dieser Gedanke eben erst durch Erfahrung Wissen geworden. Die Bibel ist voll von der Beziehung zu Gott, die für viele Menschen ein wahres Problem ist, das ich früher auch hatte. Ich fand es so unsagbar schwer, in überzeugender Weise an Gott überhaupt heranzukommen, er war für mich »so weit weg«. Ich konnte mir nicht vorstellen, daß man sich einem so hohen Wesen überhaupt nähern könnte. Daß es aber nicht so sehr schwer ist, sich seinem Hohen Selbst zu nähern, habe ich gelernt, als später die HUNA-Lehre in mein Leben kam. Das Hohe Selbst war plötzlich zur Brücke zu Gott geworden, und diese Brücke ist Gott. Das sind essenische Gedanken, die in anderen Worten auch von Jesus vertreten wurden. Es ist zutiefst befriedigend, wenn wir wissen, daß die HUNA-Lehre uns genaue Anweisungen gibt, wie wir zum Hohen Selbst kommen können. Vor allen Dingen verlieren wir dann die Scheu. Wir bekommen Mut, den Schritt der Annäherung zu Gott zu wagen, weil wir wissen, daß das Hohe Selbst zu uns gehört, daß es Teil von uns selbst ist und daß wir uns Ihm vertrauensvoll zuwenden können.

Für jeden, der anfängt, sich mit HUNA zu beschäftigen, möchte ich hier eine Definition des Hohen Selbstes zitieren, für die ich Max Freedom Long unendlich dankbar bin. Ich habe sie übersetzt aus einem kleinen Band mit dem Titel *Short Talks on HUNA* (Kurze Gespräche über HUNA). Es handelt sich hier tatsächlich um frühe Tonbandaufnahmen von Long, welche Otha Wingo gesammelt als Buch veröffentlicht hat. Es heißt dort auf Seite 44 (übersetzt aus dem Englischen):

»Der Grundsatz vom Hohen Selbst ergibt das Logischste und Glaubwürdigste. *Das Hohe Selbst bringt uns Gott in unsere Reichweite.* Über dem Hohen Selbst mögen noch höhere und höhere Wesen sein, aber für unsere Zwecke und für unsere unmittelbare Hilfe genügt es, zu wissen, daß das Hohe Selbst da ist, daß es Teil von uns selbst und daß es bereit ist, uns zu helfen, wenn wir das gelernt haben, was nötig ist, um Es zu rufen.

Deshalb schützt das Hohe Selbst das Kind so offensichtlich, weil das Kind noch nicht lernen konnte, was nötig ist.

Wir haben zu Gott unter verschiedenen Namen und in vielen Sprachen gebetet, und alle Gebete sind zu den Hohen Selbsten gegangen.«

Ich habe nirgends eine bessere Erklärung und Definition des Hohen Selbstes gefunden. In dieser von Long ist, so glaube ich, alles enthalten, was wir über das Hohe Selbst wissen müssen. Und besonders wichtig scheint mir, daß das Hohe Selbst, wie Long schreibt, bereit ist, uns zu helfen, wenn wir das gelernt haben, was nötig ist, um es zu rufen.

Er macht noch eine weitere Aussage, die mich sehr stark beschäftigt hat: daß über dem Hohen Selbst noch höhere und höhere Wesen sein mögen. Diese Idee hat mich zu einem Begriff in der Bibel geführt, den ich mir nie erklären konnte. Im Alten Testament ist mehrfach die Rede vom »Gott der Heerscharen« oder auch vom »Herrn Zebaoth«. Ich habe dafür keine Erklärung gefunden. Wenn aber von *Heerscharen* die Rede ist, dann müssen sie für irgendeinen Kampf bereitgestellt worden sein. Ferner muß es sich bei den Heerscharen um Fußvolk, um Infanterie handeln, offensichtlich nicht um Offiziere oder Spezialtruppen. Die HUNA-Lehre hat mich auf die Idee gebracht, daß diese fünf oder sechs Milliarden von Hohen Selbsten, die zu uns Menschen gehören, vielleicht diese Heerscharen sind. Es scheint mir sehr logisch und keinesfalls respektlos, wenn wir unsere Hohen Selbste in der Hierarchie der Welt der Engel als die untere Kategorie betrachten, als das Fußvolk, die Heerscharen, denn sie sind es ja, die den Menschen, das physische Wesen, mit der geistigen Welt verbinden. Diese Interpretation scheint mir eine verläßliche Grundlage zu sein für das Verständnis von Psalm 8:6. Der Kampf, in dem diese Heerscharen sich bewähren müssen, ist die Besserung der Menschheit, der Kampf gegen das Böse, aber nicht der Kampf gegen andere, sondern der Kampf in uns selbst. »Sich selbst besiegen, ist der höchste Sieg«, sagt ein Sprichwort, und genau das ist die Kala-Reinigung, zu der wir unser Hohes Selbst dringend brauchen. Die Besserung der Menschheit, so wurde schon erläutert, kann nur der mit vollem Erfolg bewirken, der bei sich selbst anfängt. Deswegen glaube ich, daß diese Heerscharen identisch sind mit dem, was *Poe Aumakua* meint – ein ganz klar umrissener Begriff der HUNA-Lehre: die Vereinigung aller Hohen Selbste. (Das schließt nicht aus, daß man die Hohen Selbste einer Gruppe, etwa eines Seminars, ebenfalls als »Poe Aumakua« bezeichnet; es ist ein Zusammenschluß von Hohen Selbsten unter bestimmten Bedingungen.)

Max Freedom Long hat deutlich erklärt, daß die Kahunas das Hohe Selbst als *Lichtgestalt* betrachten. Sie hat die Form des menschlichen Körpers: Rumpf, Arme, Beine und Kopf sind erkennbar. Die Gestalt besteht aus Licht. Das hat Long schon lange vor der Veröffentlichung der Forschungen des amerikanischen Arztes Dr. Raymond Moody gesagt, lange bevor Dr. Elisabeth Kübler-Ross und Stefan von Jankovich sich in ähnlicher Weise über diese Lichtgestalt geäußert haben.

Ich möchte etwas näher auf das Buch von Dr. Moody eingehen. Es heißt im Deutschen *Leben nach dem Tod.* Durch seine wissenschaftlichen Schilderungen in diesem Buch (und in einem Nachfolgeband *Nachgedanken über das Leben nach dem Tod*) ist Dr. Moody ungewollt zum Kronzeugen der HUNA-Lehre im Hinblick auf das Hohe Selbst geworden. Die amerikanische Originalausgabe erschien 1975, also vier Jahre nach dem Tod von Long. Hätte Moody von Longs Forschungen über die HUNA-Lehre und das Hohe Selbst Kenntnis gehabt, so hätte er diese vielleicht bewußt oder unbewußt in seinen Werken verarbeiten können. Anläßlich eines Vortrages von Dr. Moody in der Schweiz hatte ich Gelegenheit, mit ihm persönlich über die HUNA-Lehre zu sprechen. Ich habe Moody als einen sehr gewissenhaften, bescheidenen und äußerst sympathischen Wissenschaftler kennengelernt. Er hat mir versichert, daß er von der HUNA-Lehre noch nie etwas gehört hatte.

Er berichtet in seinen Büchern über die Erlebnisse, von denen einige tausend Menschen erzählt haben, die klinisch tot waren. Klinisch tot ist man nach einem Unfall oder während einer Operation, wenn die klinisch meßbaren Funktionen der Lebensvorgänge nicht mehr registriert werden können. Das betrifft das Herz und vor allen Dingen das Gehirn. Auf den Intensivstationen der Krankenhäuser ist es heute manchmal möglich, klinisch Tote wieder ins Leben zurückzurufen. Was sie im Zustand des klinischen Todes erlebt haben, wird von Moody berichtet. Er machte am Anfang seiner diesbezüglichen Tätigkeit durch Veröffentlichungen in Fachblättern auf sein Anliegen aufmerksam, so daß ihm in der Folgezeit viele derartige Berichte zukamen. Er hat sie alle sehr genau und kritisch geprüft. Die Patienten lieferten diese Berichte bei klarem

Verstand, das heißt nach der Behandlung auf der Intensivstation.

Zunächst schildern sie das Ereignis, zum Beispiel den Unfall, als einen Schock. Sie berichten weiter von ihrem »spirituellen Leib«, mit dem sie sich über die Unfallstelle oder den Operationstisch erhoben und von oben zuschauten, was geschah. So sahen sie zum Beispiel die Bemühungen von Menschen, die versuchten, den physischen Körper aus dem Autowrack herauszuziehen, und schildern wahrheitsgemäß, was da geschah – selbst Menschen, die in ihrem physischen Körper blind waren. Nach dieser ersten Phase des Erlebens kamen die Patienten bald in einen dunklen Raum oder Gang oder Tunnel, der sie zunächst etwas ängstigte und unbehaglich machte. Am Ende des Raumes oder Tunnels erschien ein Lichtpunkt, der rasch näherkam und dessen Form deutlich sichtbar war: eine Lichtgestalt mit Rumpf, Armen, Beinen und Kopf. Danach wurde alles hell, versöhnlich, angenehm. Von der Lichtgestalt ging eine Liebe und Wärme aus, die, wie alle Patienten bestätigen, mit Worten unserer Sprache nicht zu beschreiben ist. Es werden überdies Gespräche geschildert, die zwischen dem Patienten und der Lichtgestalt stattfanden, bei denen das bisherige Leben in unfaßbarer Schnelligkeit vor dem Patienten abrollte. Keiner der Patienten hatte den Wunsch, ins physische Leben zurückzukehren. Die Nähe der Lichtgestalt war so erschütternd und beglückend und wird in Worten geschildert, die uns überwältigend erscheinen. Doch die Lichtgestalt sagte den Betreffenden, daß sie nicht bleiben dürften, daß sie zurück ins Leben müßten, denn sie hätten noch Aufgaben. Bei manchen betonte das Lichtwesen ausdrücklich, daß der Patient zurückkehren müßte, weil er in seinem bisherigen Leben anderen Menschen noch *nicht genügend Liebe* gegeben habe, und das könnte er jetzt nachholen.

Es ist im Rahmen dieses Buches nicht möglich, all das zu sagen, was Moodys Gewährsleute über die Lichtgestalt in Übereinstimmung mit dem berichten, was die HUNA-Lehre über das Hohe Selbst weiß. Doch einiges will ich herausgreifen.

Ganz wichtig ist es, daß die Dialoge zwischen der Lichtgestalt, ich nenne sie jetzt das Hohe Selbst, und dem Patienten nie in Worten stattgefunden haben und auch nie auf die Weise, die wir hier in unserer physischen Existenz kennen. Der Dialog erfolgte durch das *Auffangen von Gedanken,* und das ist genau das, was wir bei der HUNA-Arbeit im Verkehr mit unserem unteren und Hohen Selbst lernen. Manche Patienten schildern, daß das Hohe Selbst schon früher erschienen ist und daß es ihnen beim Austreten aus dem Körper mit unsagbarer Liebe geholfen habe. Auch wird das Licht als weiß oder klar bezeichnet, ohne daß es die Augen angreift. Die Betroffenen sahen zu diesem Zeitpunkt ja nicht mit den physischen Augen, die hätten geblendet werden können.

Moody beschreibt eine Schilderung dieses Lichtwesens, die der Anschauung vom Hohen Selbst in der HUNA-Lehre entspricht: Keiner der Beteiligten hätte auch nur den leisesten Zweifel gehabt, daß dieses Licht ein *lebendiges* Wesen sei, daß es *personalen Charakter* habe und unverkennbar *persönliches Gepräge.* Das Wesen sende unbeschreibliche Liebe und Wärme aus, vollkommene Bejahung und Geborgenheit, und der Betreffende fühle eine unwiderstehliche, gleichsam magnetische Anziehungskraft von ihm ausgehen. Moody schreibt, daß das Lichtwesen ohne die geringsten Abweichungen stets auf die oben angeführte Weise beschrieben wird.

Es werden bei Moody auch Gespräche wiedergegeben, die tief in philosophische und religiöse Fragen einführen. Beispielsweise wird der von Max Freedom Long vertretene Gedanke, daß der Tod lediglich ein Schritt in einer Entwicklung sei, etwa vergleichbar der Aufnahme an der Hochschule oder der Absolvierung eines Diploms, durch damit fast identische Schilderungen der betreffenden Patienten untermauert. Einer sagte, es gebe gar keinen Tod, man gehe nur weiter, wie man weitergeht von der Grundschule zur Oberschule und zur Hochschule. Andere vergleichen den Tod mit einer Heimkehr, andere mit der Flucht aus dem Gefängnis, eine Aussage, die wir schon bei Plato nachlesen können. Für mich ist Moody nach alldem zum Kronzeugen der Existenz des Hohen Selbstes geworden.

Zum Schluß dieser Betrachtung über das Hohe Selbst möchte ich Ihnen, liebe Leserinnen und Leser, meine persönliche Meinung über das Wirken Jesu darstellen, nämlich als Hohes Selbst. In diesem Zusammenhang möchte ich erwähnen, daß der wirkliche Name Jesu *Jeschua* gelautet hat (= Jehoschua = Jahwe ist Rettung). Das war sein wirklicher Name, denn Jeschua war Jude, frommer Jude, und nicht nur das, er war Rabbiner. Das ist in den Evangelien durch seine Jünger bezeugt, die ihn mehrfach ausdrücklich mit »Rabbi« anreden. Es heißt auch, er habe in den Synagogen gepredigt. Wie wäre das möglich, wenn er nicht Rabbiner gewesen wäre?

Zur Zeit Jeschuas waren die Juden, seine Mitbürger, in einer verzweifelten Situation. Ihre geistige Orientierung war zerfallen, der geistige Kampf zwischen Zeloten, Sadduzäern und Pharisäern tobte, und die Bevölkerung wurde durch die grausame römische Besatzungsmacht unterdrückt, die wir nach heutigen Begriffen nur als »Gestapo« bezeichnen könnten. Dabei gehörte Jeschua zweifellos zu den Pharisäern, die als entschiedene Gegner der Römer ausschließlich ihre eigenen, jüdischen Interessen vertraten. Jeschua war wohl eher, wie Professor Ben Chorin einmal gesagt hat, ein »Pharisäer in Opposition«, das heißt, er bekannte sich wohl grundsätzlich zu den Pharisäern, die zu Unrecht als verachtenswert hingestellt werden, aber er war als Essener mit deren Lehren nicht konform. Deshalb war er ihnen auch unbequem.

Jeschua sah ganz genau die geistigen Schwierigkeiten und Konflikte seiner Mitbürger, und er erlebte in krasser Form selbst, wie die grausame römische Besatzungsmacht sein Volk quälte. Und wenn er sagte, man sollte dem Kaiser geben, was des Kaisers ist, so betrachte ich das als einen politischen Ratschlag an seine jüdischen Mitbürger, die vielleicht grausame Erfahrungen bei dem Versuch gemacht haben, sich vor den Zwangsabgaben an die Römer zu drücken. Wer weiß, wie viele Juden von den Römern hingerichtet, das heißt gekreuzigt worden sind, weil ihnen nachgewiesen werden konnte, daß ihre Zwangsabgaben zu klein waren.

Jeschua wußte, daß die Geheimlehre der Essener für Tausende seiner Mitbürger die Erlösung sein würde, aber er durfte sie ihnen nicht mitteilen. Außerdem bestand die Gefahr, daß viele von ihnen die Lehre nicht begreifen würden und in der Praxis nicht nachvollziehen könnten. Seine Lehre und sein Leben zeigen nach meiner Überzeugung deutlich, daß er sich seinen Mitbürgern als *stellvertretendes Hohes Selbst* darbot und keine göttlichen Ambitionen hatte. Unter diesem Aspekt sind mir die aufschlußreichen Forschungen besonders klargeworden, die Max F. Long in seinem schon erwähnten postumen Buch beschreibt. Ich bin deshalb überzeugt, daß Jeschua von ganz praktischen Ideen geleitet war und daß sein Leben als wandernder Rabbiner den Zweck hatte, seine erlösenden Ideen möglichst vielen seiner Mitbürger zu vermitteln. Sicher hätte er ein viel bequemeres Leben haben können, wenn er in Nazareth, Kapernaum oder Jerusalem eine feste Stelle als Rabbiner angenommen hätte.

Diese Gedanken will ich Ihnen nicht aufdrängen. Es steht Ihnen frei, sie anzunehmen oder abzulehnen. Mir erscheinen sie als logische Eingebung.

Der Kontakt mit dem Hohen Selbst: Durchbruch zur Erleuchtung

Wie stellen Sie nun fest, ob Sie Kontakt mit Ihrem Hohen Selbst haben? Das ist einfach: Sie führen eine Mana-Aufladung durch und senden, zusammen mit George, Mana über die Aka-Schnur an Ihr Hohes Selbst. Es wird Ihr Hohes Selbst sein, das Ihnen sagt, ob Sie diese Mana-Gabe an das Hohe Selbst schon jetzt einmal versuchen sollen oder erst später, wenn Sie die Kala-Reinigung gemacht haben. Wenn Sie dann später das Gefühl haben, jetzt ist es soweit, jetzt kann ich den großen Schritt wagen, dann tun Sie es! Die Weisung dazu kommt in jedem Fall von Ihrem Hohen Selbst über Ihren George. Auf dem gleichen Wege können Sie auch den Namen Ihres Hohen Selbstes erfahren. Und so geben Sie Mana an Ihr Hohes Selbst:

Sie sprechen zu Ihrem unteren Selbst etwa wie folgt: »George, wir wollen es versuchen, wir wollen es wagen. Wir haben Mana aufgeladen und geben nun unserem Hohen Selbst Mana über die Aka-Schnur mit einem tiefen Atemzug – *jetzt!*« Dann hat Ihr Hohes Selbst Mana empfangen und hat es zu Mana-Loa, der »Hochspannung« Mana, verwandelt. Von dieser Energie sendet es einen kleinen, aber mit »Hochspannung« geladenen Teil zurück als *Regen des Segens,* der wunderbar wohltuend auf Sie herniederrieselt. Sie werden diesen Regen spüren, als ob Sie mit nacktem Körper im Regen ständen, nicht *in* der Brust, nicht *im* Bauch, sondern *außen* am Körper, auf dem Kopf, den Schultern, auf der Brust, dem Rücken, auf den Oberschenkeln, den Armen. An dieser oder jener Stelle, kaum an allen Körperstellen gleichzeitig, werden Sie diesen Regen des Segens empfinden. Er macht sich durch ein leichtes Kribbeln bemerkbar, durch das Gefühl einer feinen, aber angenehmen Gänsehaut oder auch auf andere Weise, aber in jedem Falle als Empfindung der Haut. Diese Empfindung werden Sie nun Ihr ganzes Leben lang an den gleichen Stellen spüren, jedesmal in dem Moment, in dem Sie den Regen des Segens von Ihrem Hohen Selbst erhalten. Es kann aber vorkommen, daß eine andere Hautempfindung an einer anderen Stelle einsetzt, wenn Sie später einmal Mana an ein anderes Hohes Selbst als Ihr eigenes geben oder an ein Geistwesen, von dem Sie glauben, daß es Mana braucht oder daß Sie ihm mit Mana Freude machen könnten. Lassen Sie sich also im weiteren bei all diesen Empfindungen der Haut vertrauensvoll führen, und seien Sie nicht erstaunt, wenn bei der Mana-Gabe an andere Wesen auch andere Empfindungen auftreten. Versuchen Sie, im wahren Sinne des Wortes »feinfühlig« zu werden!

Dieser Kontakt mit dem Hohen Selbst über die Aka-Schnur, verbunden mit dem Regen des Segens, ist zwar ein höchst beglückender, aber, wenn man so will, immer noch ein technischer Kontakt. Wenn dieser Kontakt eines Tages zur Sicherheit und zur Gewißheit geworden ist, dann kann der dramatische Höhepunkt in Ihrem Leben kommen, in dem Ihr Hohes Selbst sich Ihnen vollkommen offenbart: Sie werden das tief erschütternde, starke, beglückende und wahrhaftig erlösende Gefühl einer vollkommenen inneren Harmonie, einer vollkommenen Geborgenheit haben. Das ist ein einmaliges und unbeschreibliches Erlebnis, so unbeschreiblich mit unseren Worten wie das Erleben der Menschen, die als klinisch Tote den Kontakt mit ihrem Hohen Selbst erlebt haben. – Sie werden die Empfindung dieser drei Selbste haben, das heißt, Sie werden die *Dreiheit* empfinden, das vollständig geistige und körperliche Ge-löst- und Er-löstsein.

Es wird Ihnen wie eine *Einweihung* vorkommen, wie eine Empfindung des Kontaktes mit Ihrem eigenen, individuellen, Ihnen ganz persönlich zugeordneten *Heiligen Geist,* der einfach da ist und keiner weiteren Erklärung bedarf.

Max Freedom Long schreibt dazu in seinem Buch *Kahuna-Magie* auf Seite 147:

»Die wohl höchste transzendente Erfahrung im Kontakt mit dem Hohen Selbst tritt meist nur ein- oder zweimal im Leben eines Menschen auf. In aller Stille tritt dann plötzlich das untere Selbst durch das unsichtbare Tor, und der Kontakt ist da. Das untere Selbst bringt seine Mana-Gabe dar, und der Mensch wird von Glückseligkeit überflutet. Vielleicht gar sieht er das weiße Licht, das entsteht, wenn das Hohe Selbst das Mana annimmt und in eine Lichtschwingung umwandelt. Dieses Erlebnis ist so gewaltig, daß es als heilige Erinnerung und überzeugender Beweis der Wahrheit dauert bis ans Ende der Tage.«

Eine meiner Schülerinnen schrieb mir einmal: »Einmal hatte ich das Erlebnis totalen Glückes und Seligkeit. Die Tränen strömten über meine Wangen.« – Das habe ich selbst auch erlebt und finde ihre Schilderung ganz normal, denn es gibt ganz bestimmt keine höhere Emotion, die man sich vorstellen könnte, als dieser vollkommene reife Kontakt mit dem Hohen Selbst.

Prof. Dr. E. Otha Wingo, der Leiter der HUNA-Welt-Zentrale, hat die Bedeutung und die Symbiose der drei Selbste in einer ihm eingegebenen Meditation hervorragend erklärt. Sie ist im Anhang dieses Buches auf den Seiten 193 bis 195 wiedergegeben.

Kapitel 8

Huna-Gebet und Geistheilung

> *Der Glaube geht nicht durch den Verstand, so wenig wie die Liebe.*
>
> Hermann Hesse

Die Energie Mana, die wir dem Hohen Selbst im Laufe eines HUNA-Gebetes mehrmals senden, spielt für die Erfüllung des Gebetes eine entscheidende Rolle. Es wurde bereits erläutert, daß die Kraft, die vom unteren Selbst zusammen mit dem mittleren aufgebaut wird, *Mana* heißt. Die Mana-Kraft, die vom unteren Selbst dem mittleren Selbst gegeben wird, heißt *Mana-Mana,* und die Kraft, die dem Hohen Selbst gemeinsam vom mittleren und unteren Selbst gegeben wird, heißt *Mana-Loa.* Mana-Loa ist eine besonders starke Kraft, vergleichbar mit elektrischer Hochspannung, und Mana-Loa wird vom Hohen Selbst wiederum benutzt, um auf der irdischen, physischen Ebene wirksam zu werden. Mana-Loa ist also, wie wir wissen, eine doppelt wirksame Kraft, wirksam sowohl auf dem irdischen als auch auf dem sogenannten jenseitigen Feld.

Wir kommen jetzt zu einem der wichtigsten Teile der HUNA-Anleitung in diesem Buch.

Jedes Gebet ist eine Kontemplation, in der man sich selbst mit Gott findet; es ist eine geistige Handlung in vollkommener Ehrfurcht und Liebe. In diesen geistigen Zustand werden wir automatisch durch die Mana-Aufladung hineingeführt, wenn wir uns dazu bewußt mit Frieden und Ruhe umgeben. Es ist deshalb wichtig, sich einen Ort zu suchen, wo man ungestört ist, um das Gebet in sitzender Stellung zu verrichten, mit geradem, aber nicht krampfhaft aufgerichtetem Rückgrat. Der erste Schritt des Gebetsritus ist die *Mana-Aufladung.*

Der zweite Schritt ist eine *kontemplative Meditation,* eine

Betrachtung über die Bedeutung des Hohen Selbstes, in die Sie folgende Fragen einbeziehen können: Wie nahe steht Es mir, wie eng bin ich mit Ihm verbunden? Was ist der Sinn und Zweck meiner Gebete, und an wen wende ich mich eigentlich? Vergegenwärtigen Sie sich auch, daß Ihr Hohes Selbst, das Sie mit dem Namen belegen, den Sie im Laufe Ihrer HUNA-Praxis gefunden haben, Ihr vertrauenswürdiges, elterliches Hohes Selbst ist, Ihr starker Schutzengel, stärker als alle dunklen Einflüsse; Ihr eigenes heiliges Geistwesen, das Sie unmittelbar mit Gott verbindet, Ihr Führer, Begleiter und Beschützer, dem Sie Ihre Liebe, Dankbarkeit, Ehrerbietung, Freude und tiefe Demut entgegenbringen.

Übernehmen Sie diese Gedanken nicht formelhaft, sondern betrachten Sie sie als Anregungen. Bilden Sie sich Ihre eigenen Gedanken; es müssen bei jeder Gebetseinstimmung nicht immer die gleichen sein (wohl aber die Worte, die Sie dann im Gebet selbst verwenden). Sie mögen auch daran denken, daß Sie sich auf Ihr Hohes Selbst vollkommen verlassen dürfen, daß Es Ihr Bindeglied zu Gott ist.

Der dritte Schritt ist eine *Mana-Gabe an das Hohe Selbst;* und Sie können Ihrem Hohen Selbst etwa sagen: »Diese Mana-Gabe ist ausschließlich für Dich selbst bestimmt, nicht für mich; Du entscheidest bitte über die Verwendung. Ich betrachte sie als ein ganz kleines symbolisches Opfer, das ich Dir von Herzen gern bringe.«

Im vierten Schritt vermitteln Sie Ihrem Hohen Selbst nun zum ersten Mal den *Wortlaut des Gebetes,* das Sie sich vorher sorgfältig erarbeitet haben.

Danach, im fünften Gebetsschritt, *laden Sie das Symbol oder Bild,* welches das Gebet repräsentiert, *mit Mana auf,* indem Sie George etwa sagen: »George, lade das Bild bitte auf, mit unserem gemeinsamen tiefen Atemzug – jetzt!« Im in der Tat gleichen Atemzug stellen Sie sich vor (und bitten George um seine Mithilfe), dieses nun mit Mana aufgeladene Bild über die Aka-Schnur an das Hohe Selbst zu senden.

Der sechste und siebente Schritt bestehen in der zweimaligen *Wiederholung* des Wortlautes Ihres Gebetes an das Hohe

Selbst. Das geschieht in Ruhe und in vollkommenem Vertrauen.

Der achte Schritt umfaßt die kräftige *Mana-Gabe,* die Sie zusammen mit George über die Aka-Schnur an Ihr Hohes Selbst darbieten, um auf eine sichere Verwirklichung des Gebetes hinzuwirken.

Der neunte Schritt ist einfach der Abschluß: *Sie danken* Ihrem Hohen Selbst, wie es Ihnen in den Sinn kommt, wie Sie es angemessen finden, und sagen ihm, daß Sie sich jetzt vom Gebet zurückziehen.

Lesen Sie diese neun Schritte zusammen mit Ihrem George jetzt noch einmal in aller Ruhe durch. Die Unsicherheiten über die praktische Anwendung, die Sie jetzt vielleicht sehen, verschwindet vollkommen, wenn Sie später einmal Ihr HUNA-Gebet nach Erreichen des Hohen Selbstes nur einige Male gebetet haben. Wenn Sie aber *jetzt* schon den *Drang* spüren, ein HUNA-Gebet zu beten, dann tun Sie es jetzt, denn Ihr innerer Drang ist die Sprache Ihres Hohen Selbstes. Denken Sie doch immer wieder an die einfache und klare Gewißheit, daß Ihr Hohes Selbst Sie bei Ihrem HUNA-Gebet aufs stärkste unterstützt! – Ich habe die Grundlage des HUNA-Gebetes, die oben beschriebenen neun Schritte, vorangestellt, damit Sie den Sinn dessen, was jetzt folgt, um so klarer verstehen können.

Natürlich muß das Gebet vorbereitet werden. Das verlangt die HUNA-Lehre imperativ. Schon Jesus hat gesagt, daß wir ein Gebet nicht »plappern« sollen (Matth. 6.7). Das ist eine ganz typische HUNA-Weisung! – Sie sollten sich also den Gegenstand des Gebetes erst einmal genau überlegen und dann wissen, warum und worum Sie eigentlich beten wollen. Das kann ein ethischer oder ein materieller Wunsch sein, denn die HUNA-Lehre verbietet uns nicht, um materielle Dinge zu bitten. Sie verlangt nur, daß wir mit der Erfüllung des Gebetes niemandem schaden, keinem anderen Menschen, keinem Gegenstand, keiner Institution und vor allen Dingen auch nicht uns selbst. Wir müssen uns also fragen: Was geschieht, wenn das Gebet erfüllt würde? Wir brauchen uns keine Sorgen zu machen, ob wir unserem Hohen Selbst schaden, ob wir Es beleidigen oder verletzen. Wir können Es ebensowenig verletzen wie Gott selbst.

Für die Formulierung des Gebetes nehmen Sie in aller Ruhe Papier und Bleistift, um Ihre Gedanken aufzuschreiben. Je kürzer Sie sie fassen, desto besser. Wenn Sie die Formulierung eines Gebetes niedergeschrieben haben, überlegen Sie, ob diese Form eindeutig und klar ist; sie soll unmißverständlich sein. Dann fragen Sie sich, ob Sie Worte oder ganze Sätze kürzen können.

Während Sie die Formulierung niedergeschrieben haben, hat Ihr George schon kräftig mitgearbeitet. Die schriftliche Form empfehle ich nicht aus Pedanterie, sondern weil das geschriebene Wort auf George einen viel größeren Eindruck macht als das gesprochene oder nur gedachte. George weiß dann ganz genau, daß er sich mit dieser Gebetsform befassen muß. Er selbst arbeitet schließlich im weiteren Verlauf mit dem Hohen Selbst an der Verwirklichung des Gebetes! Deshalb wird er auch beim nächsten Schritt, der Schaffung des Symbols oder des Bildes, intensiv mitarbeiten. Er wird Ihnen seine diesbezüglichen Ideen oder Wünsche »eingeben«; sie werden Ihnen mit seiner Hilfe »in den Sinn kommen«.

Hierzu ein Beispiel: Vor einiger Zeit wurde ich von einer Dame in einem meiner HUNA-Seminare gefragt, welches Gebetssymbol sie wohl wählen solle. Das Gebet betreffe ihren Sohn, der demnächst die Referendarprüfung in Deutschland machen müsse, ein juristisches Grundexamen. Trotz gründlicher Vorbereitung des Sohnes wolle sie selbstverständlich für ihn beten. Der Wortlaut des Gebetes war klar, kurz und einwandfrei verständlich, aber, so sagte sie, es mache ihr Mühe, ein geeignetes Symbol zu finden. Wir dachten nur kurze Zeit darüber nach, und bald kam mir die Idee, ein Brustbild des Sohnes zu visualisieren: Es sollte ihn mit einer schweren goldenen Kette zeigen, an der ein großes Paragraphenzeichen aus Gold hing. Die goldene Kette war oder ist das Privileg des Bürgermeisters; sie gilt als Ehrenzeichen. Das goldene Paragraphenzeichen stellt die Rechtswissenschaft dar. Dieses Bild beinhaltet alles, was es zur symbolischen Darstellung des Gebetsanliegens braucht. Das Bestehen der juristischen Prüfung ist darin einwandfrei ausgedrückt! Meine HUNA-Schülerin hat mir später geschrieben, ihr Sohn habe die Prüfung bestanden.

Ein ganz wichtiges symbolisches Bild ist das von zwei Menschen, die sich *umarmen.* Sie werden wohl in Zukunft immer wieder einmal darum beten, daß zwei Menschen sich versöhnen, daß sie neu miteinander anfangen. Vielleicht werden Sie selbst der eine von diesen beiden Menschen sein. Das Bild von zwei Menschen, die sich umarmen, ist nicht nur ein gutes, sondern auch ein *starkes Symbol.* Ich möchte noch einmal besonders darauf hinweisen, daß mir das Symbol als fünfter Gebetsschritt unerläßlich erscheint: Unser George arbeitet mit dem Hohen Selbst Tag und Nacht an der Erfüllung unserer Gebete. Er versteht zwar das Gebet jedesmal, wenn wir es aussprechen, aber er kann es nicht wiederholen. Er kann den Wortlaut nicht sagen. Durch das Symbol jedoch weiß er genau, um was für ein Gebet es sich handelt, und er arbeitet dann, zusammen mit dem Hohen Selbst, ausschließlich mit Hilfe des Symbols.

Noch einmal zu einem Sachverhalt, der schon Gegenstand der Einleitung war. Die Ermahnung Jesu »Betet ohne Unterlaß« oder »Allzeit beten« ist nicht wörtlich zu verstehen, denn es wäre für die meisten Menschen eine unrealistische Forderung, den ganzen Tag zu beten. Mache ich mir aber klar, daß nicht ich, Henry, in der Lage bin, ohne Unterlaß zu beten, sondern daß mein George dazu durchaus in der Lage ist, dann wird mir deutlich, daß Jesus als Essener diese Lehre gekannt haben muß, die mit der HUNA-Lehre identisch ist.

Gewisse Gebete bezeichne ich als »permanente Gebete«. Das sind solche, die man sein ganzes Leben lang beten kann und beten soll. Wenn ich um Erleuchtung, Weisheit und Gesundheit bete, dann wird nie der Tag kommen, an dem ich für Erleuchtung, Weisheit und Gesundheit genug gebetet habe. Wenn ich aber ein neues Auto haben will (und das erlaubt ja die HUNA-Weisheit durchaus), dann werde ich aufhören, zu beten, wenn der Erfolg da ist. Je mehr man sich mit dem Gebet beschäftigt und je mehr man an sich selbst arbeitet, desto mehr ergibt sich, daß man ganz bestimmte Gebete dauernd und immer wieder an das Hohe Selbst richten wird. Ist es sinnvoll, im gleichen Gebet sowohl um Erleuchtung als auch um den neuen Ford zu beten? Bestimmt nicht! Long gibt auch dafür ganz klare Richtlinien. Man sollte die drei oben bezeichneten ideellen Wünsche und dazu vielleicht noch manche andere in einer *Gebetsgruppe* zusammenfassen, die man an das Hohe Selbst emporreicht. Eine zweite Gebetsgruppe mag dann wirtschaftliche Erfolge im allgemeinen oder das erfolgreiche Gelingen einer Geschäftsreise im besonderen betreffen. Long empfiehlt, zwischen solchen Gebetsgruppen eine Pause zu machen, und zwar etwa zwei Stunden. Auch das ist wohl nur ein Richtwert. Wer betet, wird fühlen, ob es zwei Stunden sein sollen oder drei oder nur eine halbe, die zwischen zwei Gebetsgruppen liegen sollten.

Es wurde bereits erläutert, daß wir unserem Hohen Selbst im dritten Schritt des HUNA-Gebetes eine Mana-Gabe ausschließlich für seine eigenen Zwecke darreichen und uns zum Schluß des Gebetes bedanken. Ich möchte noch weitergehen und möchte Sie bitten, immer wieder daran zu denken, daß wir unserem Hohen Selbst gegenüber die tiefe Verpflichtung haben, Ihm nicht nur beiläufig, anläßlich eines Wunsch-Gebetes zu danken, sondern daß wir ihm tatsächlich echte und reine Dank-Gebete senden sollten, denn das Hohe Selbst verdient Dank und Ehrung. Es ist unser göttlicher Teil, und wir können solche Gebete gleichzeitig an unser Hohes Selbst wie an Gott senden. Wenn wir das öfter tun, werden wir vielleicht zu einer stehenden Formel kommen, weil wir finden, daß diese Ausdrucksweise die beste ist. Gebetsformen oder -formeln können ihre Kraft verlieren. Dem können wir aber durch Selbstdisziplin begegnen. Wenn wir uns immer wieder bewußt daran erinnern, daß auch solche Gebetsformen etwas Reales, Wahres und Unerschütterliches bedeuten, dann behalten diese Gebete ihre innere Kraft.

Ich bin übrigens der Meinung, daß es unsere Pflicht als mittlere Selbste ist, *auch unseren George* in ein Dankgebet an unser Hohes Selbst einzubeziehen, denn schließlich ist er es, ohne den wir die Mana-Aufladung nicht vollziehen können, und er ist es, der die Verbindung mit dem Hohen Selbst über die Aka-Schnur herstellt. Überdies ist er Kraft seines Gewissens ein unbestechlicher Wächter.

Jedes Gebet ist telepathisch. Das untere Selbst sendet dem Hohen Selbst Bilder oder Symbole, und das Hohe Selbst materialisiert das ihm gesandte Bild. Es braucht dazu die zweifach anwendbare Kraft, Mana-Loa. Max Freedom Long sagt dazu: »*Das ist das Geheimnis der Geheimnisse.*« Und gerade in diesem Zusammenhang möchte ich nochmals auf die Symbole zurückkommen. Sie sollten *immer positiv* sein. Beispielsweise habe ich nie gebetet: »Erlöse mich von meiner Krankheit!«, sondern »Du gibst mir Gesundheit« (die erste Aussage enthält auch die Gefahr, von gefährlichem Selbstmitleid getragen zu sein).

Auch das ernsthafteste HUNA-Gebet ist nicht mit einem *Anspruch auf Erfüllung* verbunden. Der Irrtum, man bekomme durch das HUNA-Gebet mit aller Sicherheit das, was man haben will, ist gar nicht so selten. Aber die *Weisheit des Hohen Selbstes* steht weit über dem mittleren Selbst, und es kann sein, daß Sie in der Phase, in der Sie sich um ein Gebet bemühen, in der Phase, in der Sie an der Form des Gebetes arbeiten, Schwierigkeiten bekommen, daß Sie nicht vorwärtskommen, daß Sie vergeblich das Symbol suchen und daß Ihnen schließlich die Mitteilung Ihres Hohen Selbstes »in den Sinn kommt«: »Laß die Hände davon, das ist nicht gut.« Da mögen plötzlich (in diesem Fall sinnvolle) Zweifel auftauchen, die Sie veranlassen, das Gebet zu analysieren. In solchen Fällen ist es meistens möglich, herauszufinden, warum das Gebet nicht gut oder noch nicht gut ist. Vielleicht ist die Zeit für die Erfüllung dieses Wunsches noch nicht reif. Unter solchen Bedingungen lernt das mittlere Selbst vom Hohen Selbst. Das Hohe Selbst ist dann ganz klar der Erzieher des mittleren Selbstes.

Es kann aber auch vorkommen, daß Sie nicht »hören«, was das Hohe Selbst Ihnen durch das untere Selbst sagt, daß Ihnen nichts »in den Sinn kommt«. Dann sind Sie mit der Gebetsformulierung und dem Symbol vielleicht etwas forsch vorgegangen. Alle Vorbereitungen sind getroffen, man betet, sendet das Gebet über die Aka-Schnur an das Hohe Selbst oder, besser gesagt, glaubt, das Gebet über die Aka-Schnur an das Hohe Selbst zu senden. In Wirklichkeit hat George, der einen viel engeren Kontakt mit dem Hohen Selbst hat als das mittlere, den Schalter an der Aka-Schnur abgeschaltet. Es kann aber genausogut sein, daß George nichts unternommen hat, sondern daß das Hohe Selbst das Gebet nicht angenommen hat. Kriterium dafür, daß das Gebet nicht angekommen ist, besteht im Ausbleiben des Regens des Segens. Man ist irritiert und denkt nach. Welche von beiden Möglichkeiten eingetreten ist, ob George abgeschaltet oder das Hohe Selbst nicht akzeptiert hat, das kann ich nicht wissen. Aber es mag einem später in den Sinn kommen.

Das HUNA-Gebet ist für das mittlere Selbst kein Freibrief für Untätigkeit. Es ist wunderschön, zu wissen, daß wir zwei unersetzliche Helfer haben, von denen der eine wahrhaft göttlicher Natur ist. Der Kontakt mit dem Hohen Selbst versetzt uns jedoch vielleicht in derartige Euphorie, daß die Gefahr besteht, daß wir nicht mehr nüchtern urteilen und die Pflichten vergessen, die das mittlere Selbst nach wie vor hat. Unseren gesunden Menschenverstand sollten wir dennoch anwenden, denn wir haben als mittleres Selbst die Pflicht, logisch zu entscheiden und zu handeln. Wir müssen »mit beiden Füßen auf dem Boden« bleiben. Wir müssen die Arbeit an uns selbst leisten, die unsere Pflicht ist. Und vielleicht wird uns unter diesem Gesichtspunkt hier und da klar, daß wir das eine oder andere Gebet dem Hohen Selbst gar nicht hätten emporreichen dürfen. Aber ich versichere Ihnen, es bedarf – wenn überhaupt – nur weniger Mißerfolge, bei denen Sie den Regen des Segens nicht spüren, bis Sie »hellhörig« werden und Ihre neuen Gebete besser überprüfen. Sie werden dann in manchen Fällen kritischer sein.

Anders ist es, wenn Sie ganz allgemein Mühe mit der HUNA-Arbeit haben, wenn Sie sich ehrlich anstrengen und irgendwelche Hindernisse Sie stören, die Sie nicht erkennen und in den Griff bekommen. Dann sollten Sie sich wirklich nicht lange abmühen, sondern sofort Ihr Hohes Selbst um Abhilfe bitten.

Es kann geschehen, daß ein permanentes Gebet, wie schon erwähnt, im Laufe der Monate oder Jahre »fad« wird, daß man es als abgestanden empfindet und keine Freude mehr daran hat.

Mich persönlich hat es immer Mühe und Überwindung gekostet, solch einen Sachverhalt festzustellen und anzuerkennen, denn wer will schon an einem Gebet zweifeln, das er lange Zeit gebetet hat und dem doch in irgendeiner Weise ein heiliger Nimbus anhaftet? Das gleiche ist mir auch schon mit Psalmen passiert oder mit anderen Bibelstellen oder in ganz typischer Weise auch mit den Büchern von Max Freedom Long. Solchen Einsichten sollte man sich jedoch nicht entziehen, denn sie sind ein deutlicher Hinweis dafür, daß man sich selbst in der Zwischenzeit entwickelt hat und daß man Gebete, Psalmen und Bücher aus einem anderen neuen Blickwinkel betrachtet. – Vielleicht gilt es dann auch, ein *Gebet neu zu formulieren.* Vielleicht ist inzwischen etwas in Erfüllung gegangen, und vielleicht stellt man aufgrund von neuen Erkenntnissen innerhalb der eigenen Entwicklung fest, daß das, worum man gebetet hat, gar nicht mehr so wichtig ist.

Manchmal ist es auch sinnvoll, sich ohne ein offizielles Gebet an das Hohe Selbst zu wenden. Dann mag man ihm vielleicht nur eine kräftige Mana-Sendung geben und es bitten, diese Kraft für seine eigenen hohen Ziele zu verwenden. Man kann diesbezüglich auch Anregungen geben und um die Verbesserung der Weltlage, der Menschheit, bitten. Vielleicht verwendet das Hohe Selbst diese Mana-Sendung für die vielen Menschen, die das HUNA-Gebet noch nicht kennen und kein Mana senden können. Es genügt bei dieser Form der Kommunikation ganz einfach, mit dem Hohen Selbst zu sprechen und Ihm zu sagen: »Hier gebe ich Dir Mana für alles, was Du willst, nur nicht für mich selbst!«

Wie steht es im Zusammenhang mit dem HUNA-Gebet mit den Gebeten, die wir seit unserer frühen Kindheit *an Gott* gerichtet haben? Diese Frage hat mich in früheren Jahren stark beschäftigt. Heute ist sie für mich aus zwei Gründen beantwortet: Erstens ist mir die Identität zwischen Gott und meinem Hohen Selbst vollkommen klargeworden. Diese Erkenntnis kommt aus Erfahrung. Es ist gleichgültig, ob ich zu Ariel, wie mein Hohes Selbst heißt, bete oder zu Gott. Und zweitens respektiere ich die *Gewohnheit,* die mir deutlich sagt: Wenn du bestimmte Gebete seit deiner Jugend oder Kindheit immer an Gott gerichtet hast, dann bleibe dabei, ändere es nicht. Es kommt vor, daß ich heute bestimmte Gebete an Gott richte, wenn ich Ihn persönlich anspreche, jedoch immer im Bewußtsein, daß Er und Ariel eins sind, zum Beispiel wenn ich Ihm gegenüber meine Liebe ausdrücken oder verstärkt nach Gott suchen will, wenn ich Ihm danken will oder wenn ich Ihm das darbringen will, was die Liturgie oder die Poesie als Lobpreisung bezeichnet. Solche Gedanken, Inhalte also, die kein Eingreifen auf physischer Ebene erfordern, richte ich spontan an Gott. Am Anfang meint man vielleicht unterschwellig, das könne ein Verrat dem Hohen Selbst gegenüber sein – das ist es nicht! Der Begriff »unterschwellig« deutet schon darauf hin, daß solche Gedanken aus dem Unterbewußtsein, also von George, kommen könnten. Das ist auch logisch, denn George, der ja nicht nachdenken kann, fühlt sich vielleicht durch ein spontanes Gebet an Gott zurückgesetzt oder unnötig. Ich habe meinem George vor Jahren einmal erklärt, daß er bei meinem direkten Gebet an Gott ebenso wichtig ist wie bei meinem Gebet an Ariel, denn es ist ja gerade die *Emotion,* die Spontaneität, die mich veranlaßt, mich an Gott zu wenden. Das gilt besonders für jedes *Stoßgebet.*

Damit ist wohl klar, welche Gebete wir intuitiv an Gott richten. Was soll aber andererseits der Inhalt eines Gebetes an das Hohe Selbst sein? Diese Frage ist erst dann von Bedeutung, wenn Ihre Beziehung zum Hohen Selbst fest und unerschütterlich geworden ist. Der Inhalt solcher Gebete ergibt sich nach Bedarf, nach dem geistigen, seelischen oder physischen Bedarf, den Sie bei sich feststellen. Dabei ist von Vorteil, wenn Sie durch die Kala-Reinigung gegangen sind und bemerkt haben, daß sie noch nicht vollkommen war. Erst dann wollen Sie vielleicht auch Ihr Hohes Selbst um die Überwindung von bestimmten Charakterschwächen, von schlechten Gewohnheiten oder Veranlagungen bitten, auch um Erkenntnis oder Weisheit oder um geistige Fähigkeiten. Es gibt überdies Gebete, die den zwischenmenschlichen Bereich betreffen, die Verbesserung der Beziehung zu andern Menschen. Das können Eheprobleme sein, Probleme mit Kindern, mit dem Partner, mit dem Vorgesetzten. Da kann die Schlichtung von Streit im Vordergrund stehen, aber auch der Wunsch nach beruflichen Erfolgen oder dem Gelingen von beruflichen Plänen. Auch eine positive Änderung der Zukunft im allgemeinen kann Gegenstand eines solchen Gebetes sein, wie auch die Bitte um Erkenntnis, was man in diesem oder jenem speziellen Fall für seine Mitmenschen in der Familie oder im Beruf tun soll. Manchmal kommen wir eben mit unserer Logik allein doch nicht weiter. Und dann sagt sich das mittlere Selbst bald, daß nur ein Gebet um göttliche Einflußnahme die unbefriedigende Situation grundlegend verbessern kann. Es gibt ein Sprichwort, das ich erst im Zusammenhang mit der HUNA-Lehre richtig verstanden habe: Hilf dir selbst, so hilft dir Gott.

In diesem Zusammenhang wurde mir von einer praktisch veranlagten, gläubigen Christin ein Problem vorgelegt: Jahrzehntelang war es Jesus, an den sie ihr Gebet gerichtet hatte. Sollte sie sich jetzt, nach dem Lesen dieses Buches, an ihr Hohes Selbst wenden und dessen Namen ergründen? Das falle ihr schwer, sagte sie, denn Jesus sei nach wie vor ihr Mittler zu Gott! Was soll ich tun? fragte sie. Jedem, der mit diesem echten Problem konfrontiert wird, sage ich in voller Überzeugung: Bleiben Sie bei der Person oder dem Namen »Jesus«, denn er hat sich auch Ihnen als stellvertretendes Hohes Selbst zur Verfügung gestellt, so wie ich meine diesbezügliche Meinung auf Seite 18 geäußert habe.

Ist die HUNA-Lehre mit den Religionen vereinbar? Diese Frage stellt sich immer wieder. Nach sorgfältiger Überlegung kam ich zur festen Überzeugung, daß zwischen keiner Religion, Konfession oder Doktrin einerseits und der HUNA-Lehre andererseits der geringste Konflikt besteht. Das gilt besonders auch für die Anrufung des Hohen Selbstes, deren Ausübung vielleicht manchem doktrinären Religionsfachmann oder Theologen als ketzerisch erscheinen mag. Solche Bedenken verschwinden sofort, wenn man sich überlegt und überzeugt ist, daß Gott und das Hohe Selbst identisch sind. Viele Religionen haben das Wesen Gottes in eine ungeheure geistige Entfernung entrückt, so daß wir manchmal kaum den Mut haben, die Nähe dieses hohen, scheinbar unerreichbaren Wesens zu suchen. Manchen erscheint dieser Versuch aussichtslos. Hier ist uns das Hohe Selbst, dieses persönliche, uns nahestehende Wesen, mit dem wir ohne Scheu Kontakt haben können, eine wunderbare Brücke, eine gewaltige Hilfe, denn es ist ja selbst ein Teil des Menschen, der sich mit Gott verbinden will.

Ein bedeutendes englisches Medium, ein Mann mit rauher Schale, den ich aber sehr verehre und liebe, sagte mir vor Jahren einmal: »HUNA? That is only a raft!« – »HUNA? Das ist nur ein Floß!« Er hat recht, er hätte lediglich das »nur« weglassen sollen. Hätte er gesagt, »HUNA ist ein wunderbares Floß, ist eine wunderbare Brücke!«, dann hätte er meines Erachtens den Nagel auf den Kopf getroffen.

Der Inhalt von Religionen oder Konfessionen wird durch die HUNA-Lehre in keiner Weise beeinträchtigt. Wir wollen uns vergegenwärtigen, daß Religionen oder Konfessionen doch *menschliche* Interpretationen und Dogmen über die Beziehung des Menschen zu Gott sind. Die HUNA-Lehre ist klug und weise genug, um bestehende Meinungen über Gottesverehrung nirgends zu beeinflussen oder gar zu beeinträchtigen.

Im Gegenteil: Die HUNA-Lehre kann die Gottesverehrung und den Zugang zu Gott wesentlich verstärken. Ich kenne mehrere Fälle von jungen Seminarteilnehmern, die aus ihrer kirchlichen Organisation ausgetreten waren und nach einigen Monaten der HUNA-Praxis doch wieder eingetreten sind, weil sie nun ihrer Konfession und deren praktischer Anwendung mit einem vollkommen neuen Blickwinkel und mit einer neuen inneren Einstellung gegenübergetreten sind. HUNA selbst ist keine Religion, aber für viele Menschen ein Weg, der zu Gott zurückführt.

Jesus hat gesagt, »keiner kommt zum Vater als durch mich«. In jeder Konkordanz wird man finden, daß die Bezeichnung »Vater« für Gott im Alten Testament recht selten vorkommt. Auch dann wissen wir nicht, woher die Übersetzung stammt. Dagegen kommt dieser Ausdruck im Neuen Testament äußerst häufig vor. Ich neige deshalb zur Annahme, daß Jesus, wenn er als Jude vom Vater spricht, kaum den Gott des Alten Testamentes gemeint hat, sondern sein eigenes Hohes Selbst oder die Gemeinschaft der Hohen Selbste, Poe Aumakua.

Darüber hinaus bin ich, wie schon erwähnt, davon überzeugt, daß Jesus sich selbst seinen leidenden Mitbürgern als stellvertretendes Hohes Selbst zur Verfügung gestellt hat. Deswegen bin ich auch der Meinung, daß er sich selbst als ein Hohes Selbst angesehen hat, als er sagte: »Alles, was ihr in meinem Namen erbitten werdet, wird euch gegeben.« Diese Äußerung ist durch die HUNA-Weisheit logisch zu erklären.

Ich möchte den ersten Teil dieses Kapitels mit einem Zitat aus dem Brief des Jacobus 15.16 beschließen, bei dem von »einem Gerechten« die Rede ist, der identisch ist mit dem »Zaddik« des Alten Testamentes. Ich meine, das sei entweder ein Mensch, dem diese Gnade durch sein Hohes Selbst in die Wiege gelegt worden ist oder der sich durch die Kala-Reinigung (damit auch durch die Gnade) auf die höhere Ebene des Gerechten emporgearbeitet hat. Das Zitat aus dem Brief des Jacobus lautet:

»Das inbrünstige Gebet eines Gerechten vermag viel.«

Die Geistheilung

Die Erkenntnisse über die Geistheilung behandle ich bewußt in diesem Kapitel über das HUNA-Gebet, denn die Geistheilung ist nichts anderes als ein Gebet. Doch das Heilungsgebet ist freier und spontaner.

Wer heilen will, muß sich darüber klar sein, daß er selbst kein »Heiler« ist, sondern ein begnadetes Werkzeug, ein Kanal, ein Draht, wenn man so will, durch den die Heilungsenergie fließen darf. Die Heilung erfolgt immer und ausschließlich durch den, den wir als den obersten Heiler bezeichnen, durch Gott. Heilen zu dürfen ist eine Gnade. Manche Menschen spüren den starken Drang in sich, andere Menschen heilen zu dürfen. Das können Menschen sein, die gar nichts von HUNA wissen und auch das Heilen nicht »gelernt« haben, sondern spontan das tun, was für die Heilung nötig ist: sich selbst ohne Vorbehalt und Stolz zur Verfügung zu stellen, die Heilungskraft fließen zu lassen und dem Patienten nichts zu geben als Mitgefühl und Liebe, Liebe und nochmals Liebe.

Solche begnadeten Naturheiler heilen einfach, ohne zu wissen warum und wieso. Es gibt solche Menschen in Brasilien – vielfach sind es Analphabeten –, auf den Philippinen, bei den amerikanischen Indianern, bei den oft so grundlos belächelten Ureinwohnern im sogenannten Schwarzafrika, meistens dort, wo Menschen unverdorben sind und einen ursprünglichen Kontakt zur Natur haben. Daß es auch in New York und London solche Menschen gibt, erscheint mir als Ausnahme eine Bestätigung der Regel zu sein.

Wenn wir, die sogenannten Zivilisierten, uns aus innerem Drang als Heiler betätigen wollen, müssen wir uns zunächst (nicht immer) mit einer »Technik des Heilens« vertraut machen. Daß auch hier die Liebe der entscheidende Faktor ist, möchte ich ausdrücklich wiederholen, obwohl ich mich nun den mehr technischen Einzelheiten zuwende.

Es gibt Heilerschulen, besonders in England; sie betonen die Notwendigkeit, sich »horizontal« und »vertikal« einzustimmen. Mit der horizontalen Einstimmung ist die geistige Kontaktnahme mit dem Patienten gemeint. Sie wird zum Beispiel dadurch erleichtert, daß man, hinter dem sitzenden Patienten stehend, Zeige- und Mittelfinger an die beiden Halsschlagadern legt und so den Herzschlag des Patienten abfühlt. Auf diesen kann man sich einstimmen. Man kann auch eine Hand auf die Brust des Patienten legen, seinen Atemrhythmus abfühlen und den eigenen darauf einstimmen. Wenn man diese beiden Rhythmen des Patienten erfühlt hat, kann man darangehen, sich dem Patienten mit Mitgefühl und Anteilnahme seelisch zu nähern. Schon zu diesem Zeitpunkt mag man versuchen, Leiden und Schmerzen des Patienten rein gefühlsmäßig zu diagnostizieren. – Dann folgt die vertikale Einstimmung, unter der man allgemein den Kontakt mit Gott versteht.

Für HUNA-Schüler ist die horizontale Einstimmung sehr einfach: Sie wissen, daß Sie allein schon mit der Berührung des Patienten eine Aka-Schnur hergestellt haben, die (wichtig für die spätere Fernheilung) unzerstörbar ist. Natürlich kann man überdies Puls- und Atemrhythmus abfühlen, aber ich halte das nicht unbedingt für erforderlich. Die Verbindung über die Aka-Schnur genügt mir persönlich. Mit ihr ist die Verbindung zum Patienten vollkommen. – Auch die vertikale Einstimmung ist für HUNA-Schüler problemlos. Wer sein Hohes Selbst schon erreicht hat, sendet Ihm zusammen mit seinem George Mana über die Aka-Schnur. Wer es noch nicht mit Sicherheit erreicht hat, soll sich trotzdem, wenn er den Drang dazu hat, ohne Vorbehalte und Zweifel als Heiler betätigen. Sein Hohes Selbst wird ihm für diese Tätigkeit bedingungslos und ohne Vorbehalt zur Verfügung stehen, und nicht nur sein eigenes, sondern auch das Hohe Selbst des Patienten. Seien Sie gewiß, liebe Leserin und lieber Leser, daß Ihnen die Hilfe und Unterstützung Ihres Hohen Selbstes garantiert ist, wenn Ihr Heilungswunsch *ausschließlich* von Liebe und Hilfsbereitschaft diktiert ist.

Es gibt immer wieder Heiler, die ich als Ego-Heiler bezeichne, die sich selber im Mittelpunkt sehen wollen, die sich selbst zur Schau stellen und die immer wieder ihre enormen Heilungserfolge unterstreichen. Tatsächlich haben sie gelegentlich Erfolge, die ich mir durch die psychische Beeinflussung des Patienten erkläre. Genauso wie eine Placebo-Tablette aus Milchzucker dem Patienten helfen kann, macht es manchem Kranken Eindruck, wenn sie zu einem Heiler kommen, dessen Sprechzimmer sehr beeindruckend dekoriert ist, der besondere Kleidung trägt und die Hände mit besonderen Bewegungen auflegt. Er macht vielleicht bewußt Eindruck, und der Patient läßt sich tatsächlich beeindrucken. Es ist durchaus möglich, daß seine Schmerzen, besonders wenn sie psychosomatischer Natur sind, verschwinden. Solche Heilerfolge sind meistens nicht von Dauer. Es ist sogar schon geschehen, daß echte und gute Heiler ihre Fähigkeiten verloren haben, als sie, irregeführt, sich in extremer Weise auf das Geldverdienen verlegt hatten. Der Fall eines bedeutenden philippinischen Heilers ist hierfür eine tragische Warnung.

Auf der anderen Seite kommt es vor, daß ein Heiler mit Fernheilung arbeitet, daß er seinen Patienten, der ihm durch dessen Bekannte oder Verwandte genannt wurde, nie persönlich gekannt hat und daß dieser Patient von Krebs geheilt wurde. Der Patient hat erst viel später von der Tätigkeit des Heilers erfahren. Das, so finde ich, ist der schönste Erfolg für einen Heiler, der ernsthaft arbeitet.

Der erfolgreiche Heiler hat die Gnade, daß er von Gott und von seinem eigenen Hohen Selbst als Werkzeug oder Kanal ausgewählt wurde, um die göttliche Heilungsenergie in den Patienten zu leiten. Wieso kann er die Verbindung zu dieser Heilungsenergie verlieren? Die HUNA-Lehre gibt uns dafür eine eindeutige Erklärung. Kommt der begnadete Heiler aus irgendwelchen Gründen auf Abwege, wird er überheblich, stolz oder geldgierig, so bekommt sein unteres Selbst unweigerlich ein schlechtes Gewissen und schaltet die Aka-Schnur aus. Die Verbindung, das heißt die Zufuhr von Gnade, ist unterbrochen.

Für HUNA-Heiler ist es gut, zu wissen, daß sie über die Aka-Schnur den direkten Zugang zum unteren Selbst des Patienten haben. Darüber hinaus sind sie fest überzeugt, ja wissen es sogar, daß sie die Hilfe ihres eigenen Hohen Selbstes und desjenigen des Patienten haben. Der Kontakt mit dem unteren Selbst des Patienten ist nützlich, aber weniger wichtig als die Verbindung mit dem eigenen Hohen Selbst und mit dem Hohen Selbst des Patienten.

Wie geht man nun im einzelnen vor, wenn man das ausführen will, was ich als Heilungsgebet bezeichne? Als erstes sollte man schon am Morgen eine kräftige Mana-Aufladung machen und George bitten, eine große Menge Mana zu speichern. Sie wird im Laufe des Tages bei der Heilungstätigkeit gebraucht. Man darf nicht daran zweifeln, daß man immer genügend Mana zur Verfügung hat. Gelegentlich macht man dann im Laufe des Tages einen tiefen Atemzug, um den Mana-Vorrat zu ergänzen. Natürlich sollte man, wenn man ungestört ist, auch im Laufe des Tages eine kräftige Mana-Aufladung wiederholen. Wenn man aber unterwegs ist, kann man ebenso sicher sein, daß man immer genügend Mana zur Verfügung hat.

Sie können beim Heilungsgebet die oben erwähnten neun Schritte nicht genau einhalten, schon deshalb nicht, weil Sie mit einer anderen Person, dem Patienten, zusammen sind und sich auf ihn konzentrieren müssen. Was Sie aber immer tun sollten, weil wir es tun können, ist, den gedanklichen Kontakt mit Ihrem Hohen Selbst und dem des Patienten zu pflegen. Dabei geht es gar nicht darum, diesen genau in Worte zu fassen, da er viel mehr durch die Emotionen Ihres George immer wieder erneut erzeugt wird. Es sind allerdings vier Gedanken, die Sie, wenn möglich, immer wieder festhalten sollten und die Ihnen, je öfter Sie zu heilen versuchen, zur Selbstverständlichkeit werden. Dies ist erstens die Bitte um *Heilungsenergie,* zweitens um *Reinigungskraft,* drittens um *Harmonie* und viertens um *Dauerhaftigkeit.* Diese vier Punkte sind leicht zu erklären. Die heilige Heilungsenergie ist die Grundlage Ihrer Tätigkeit. Die Reinigungskraft, die Sie erbitten, hat den Zweck, den Patienten, wann immer sein eigenes Hohes Selbst es erlaubt, in den Genuß einer Kala-Reinigung kommen zu lassen, so als ob er sie selbst vollzogen hätte. Damit ist die Hoffnung verbunden, daß dies wenigstens im Bereich der Heilung gelten möge. Die Bitte um Harmonie hat den Zweck, nicht nur die Schmerzen und die Symptome des Patienten zu heilen, sondern ihm die Gnade einer *ganzheitlichen Heilung* zukommen zu lassen. Und die letzte Bitte um Dauerhaftigkeit der Heilung bedarf wohl keiner weiteren Erläuterung.

Für die Heilung müssen Sie Abstand von allen Formalitäten gewinnen. Das ist eine besondere Mutprobe für den Anfänger. Er muß blindes Vertrauen in sein Hohes Selbst haben. Und wenn er während des Tages keine Gelegenheit hat, erneut zu meditieren oder zu beten, dann sollte er das am Morgen tun und am Nachmittag um vier Uhr keinerlei Zweifel haben, daß dieses Morgengebet immer noch wirkt. Es ist die Gnade seines Hohen Selbstes, die es wirken läßt. Denken Sie daran: Ihr Hohes Selbst ist nicht pedantisch; es freut sich, wenn Sie ihm blind vertrauen.

Beim ersten Kontakt mit dem Patienten fragt der Heiler ihn nach seinem Namen. Er macht sich vielleicht Notizen, die er bei dem darauf folgenden Gespräch in Stichworten fortsetzen kann. Der Heiler fragt den Patienten nach seinen Schwierigkeiten, selbstverständlich auch nach der Diagnose von Ärzten, die der Patient besucht hat. Er fragt vielleicht auch nach den Krankheiten und Veranlagungen von Eltern und Geschwistern, läßt sich aber durch die Antworten des Patienten nicht allzusehr beeinflussen, sondern von seiner eigenen Intuition und Sensitivität leiten, besonders wenn es sich darum handelt, vor oder nach dem körperlichen Kontakt diagnostische Angaben mit den Händen zu kontrollieren oder zu ergänzen. Der Heiler wird kaum in der Lage sein, die ihm vorgetragene Diagnose eines Arztes zu widerlegen. Wenn er aber doch zu der Überzeugung kommt, daß im Bericht des Patienten ein Irrtum vorliegt oder daß dieser ergänzt werden muß, so sollte er nicht darüber sprechen, sondern entsprechend handeln. Der Heiler sollte sich nur selten von verstandesmäßigen Beweisen, sondern vielmehr von seinem Gefühl leiten lassen. Er muß sich klar darüber sein, daß all das, was er in diesen Minuten erlebt, bereits ein wesentlicher Bestandteil seines nachfolgenden Heilungsgebetes ist. Er sollte deshalb seinen George von vornherein bitten, alle diese Empfindungen und Gefühle und Gedanken für das nachfolgende Heilungsgebet zu registrieren.

Die Begegnung des Heilers mit dem Patienten erfordert viel Takt. Der Patient soll sich geborgen fühlen. Er soll die Liebe und das große Interesse des Heilers empfinden, ohne daß dieser darüber spricht. Hierbei arbeitet der vortreffliche George stets intensiv mit.

Sie sind nun aufgrund des Gespräches mit dem Patienten

und Ihrer eigenen Beobachtungen, Empfindungen und Gefühle so weit, daß Sie mit der eigentlichen Behandlung beginnen können. Sie visualisieren erkrankte Organe des Patienten, blicken in seine Richtung und behandeln die Schmerzen in der rechten Schulter des Patienten etwa dadurch, daß Sie rechts neben den Patienten treten, die rechte Hand vorn und die linke hinten auf das Schultergelenk des Patienten legen. Je nach Ihren eigenen Empfindungen, ohne großen Aufwand und ohne daß der Patient es allzusehr bemerkt, holen Sie tief Atem und lassen Mana und *Licht* von der rechten Hand (der gebenden) durch die Schulter des Patienten in die linke fließen.

Wenn Sie als ein Mann die rechte Brust einer Patientin behandeln, ist es vielleicht taktvoll, sie zu bitten, ihre eigene linke Hand auf die Brust zu legen, so daß Sie Ihre rechte Hand auf ihre linke legen, während Ihre Linke auf dem Rücken der Patientin liegt. Dann lassen Sie, wie vorher beschrieben, Mana und Licht durch die Brust der Patientin fließen. Es braucht für die Kontaktheilung ein wenig Zartgefühl. Ihr Hohes Selbst gibt es Ihnen über Ihren George, sobald Sie die Patientin berühren.

Es erscheint mir wichtig, daß Sie ein Organ oder einen Körperteil des Patienten bewußt mit Licht füllen und tatsächlich im Licht visualisieren. Dieses Element gehört dann schon zum folgenden Heilungsgebet.

Der Vorgang des Heilungsgebetes ist im Vergleich zum allgemeinen HUNA-Gebet weniger genau festgelegt und weniger klar programmiert. Das ist aber eine Notwendigkeit, denn das Heilungsgebet findet im Rahmen einer Tätigkeit statt, deren Ablauf nicht vorhersehbar ist und bei der unter Umständen viel *improvisiert* werden muß. Deshalb ist das vollkommene Vertrauen in das eigene Hohe Selbst und in das des Patienten absolute Voraussetzung für den Erfolg des Heilungsgebetes. Dieses Vertrauen ist nichts anderes als das Vertrauen in Gott. Daß hier die Erfahrung und die Übung eine wesentliche Rolle spielen, ist offensichtlich. Die größte Schwierigkeit für einen angehenden Heiler ist immer der Anfang. Es ist verständlich, wenn man Hemmungen hat, nicht an sich glaubt, weil man noch keine Bestätigung hat. Der Heiler, der die ersten Erfolge hinter sich hat, ist ein vollkommen veränderter Mensch. Nur die ersten Fälle sind schwierig. Haben Sie deshalb nicht nur Vertrauen in die Hohen Selbste, sondern auch zu sich selbst: Haben Sie Selbstvertrauen!

Der Ablauf des Heilungsgebetes entspricht der Logik. Als erstes versuchen Sie, allein schon durch Ihre Gedanken, die Schmerzen des Patienten zu lindern. Das ist das wichtigste und stärkt sofort die Beziehung zwischen Heiler und Patient, denn für den Patienten (und für den Heiler) ist das Erlebnis plötzlicher Schmerzfreiheit etwas Wunderbares. Dieser Erfolg kann in vielen Fällen rasch erreicht werden. Das Vertrauen, welches dadurch entsteht, daß die Schmerzen verschwinden, geht in erster Linie vom unteren Selbst des Patienten aus. Das fördert wiederum sofort die Heilungskraft des unteren Selbstes des Patienten. Es wurde bereits erörtert, welche gewaltige Rolle das untere Selbst bei der Entstehung von psychosomatischen Krankheiten spielt. Das gilt umgekehrt natürlich auch für deren Heilung. Die eintretende Schmerzfreiheit, aber auch die symbolische Handlung, bei der der Heiler das kranke Organ zwischen seine Hände nimmt, erzeugen beim unteren Selbst des Patienten den starken Eindruck, daß hier etwas Wichtiges geschieht. Deshalb wird das untere Selbst den Heilungsvorgang intensiv unterstützen.

Ein weiterer wesentlicher Schritt im Heilungsgebet ist der Moment, in dem Sie Ihrem eigenen Hohen Selbst und dem Hohen Selbst des Patienten Mana schicken, mit der Bitte, vermittels der bekannten Wirkung von Mana-Loa auf Zellen, Gewebe, Knochen, Sehnen und Nerven des Patienten direkt einzuwirken. Sie sollten sich dabei gefühlsstark vergegenwärtigen (Ihr unteres Selbst hilft Ihnen dabei), daß die dem Hohen Selbst gesandte Mana-Gabe von gewaltiger Kraft ist und zu einem unvorstellbar wirksamen Mana-Loa umgewandelt wird.

Damit ist das Heilungsgebet eigentlich beendet. Daß man den beiden Hohen Selbsten einen kurzen Dank ausspricht, ist selbstverständlich. Aber wenn Sie das nicht tun, halte ich das Heilungsgebet dadurch keinesfalls für gefährdet, denn das

Heilungsgebet ist besonders typisch für ein Gebet, durch welches wir nichts, aber auch gar nichts für uns selbst erbitten, sondern nur für einen anderen Menschen. Wir können getrost und vertrauensvoll sein, daß hier deshalb andere, günstigere Voraussetzungen maßgeblich sind. Die Hohen Selbste anerkennen, daß wir ihnen beim Heilungsgebet unser volles, spontanes Vertrauen schenken, daß wir freier sind, und werden uns daher nicht im entferntesten an eine Form fesseln und die Heilung andernfalls in Frage stellen. (Ich halte die Formen des normalen Gebetes übrigens weniger für eine Forderung des Hohen Selbstes als für eine Erziehung zur Selbstdisziplin des mittleren und unteren Selbstes.)

Sie sollten bei der Mana-Gabe an Ihr eigenes Hohes Selbst in Gedanken immer das Hohe Selbst des Patienten einbeziehen. Sie dürfen sich auch darauf verlassen, daß all das Positive, was Sie zwar mit dem Patienten erlebt haben, die Berührungen, die Lichtgaben, die Gespräche und die Hoffnungen, nun Gegenstand des Gebetes, Gegenstand der Mana-Loa-Gabe sind. Dabei ist es ganz sicher nicht nötig, daß Sie sich an all diese Einzelheiten erinnern. Ihr George und das untere Selbst des Patienten tun es, denn es hat jede Phase miterlebt – auch die hierbei ebenfalls beteiligten Hohen Selbste. Lassen Sie sich beim Heilungsgebet einfach von all Ihren positiven Emotionen treiben. Liefern Sie sich ihnen vollkommen aus, denn sie tragen zum Gelingen des Heilungsgebetes sehr viel bei.

Noch einmal zur Dauerhaftigkeit von Heilungen. Ich war früher der Ansicht, daß der Heiler mit dem Patienten immer wieder neuen Kontakt aufnehmen müßte, damit die Heilung dauerhaft sei. Das ist ein Irrtum. Es gibt Heiler, die viele hundert akute Fälle haben, um die sie sich eigentlich kümmern müßten, wenn sie sich auf diese Weise um die Dauerhaftigkeit der Heilung bemühen wollten. Das ist schon aus zeitlichen Gründen ausgeschlossen. Nach meiner Meinung und Erfahrung genügt es, wenn der Wunsch der Dauerhaftigkeit beim Heilungsgebet in Gedanken ausgesprochen wird. Wenn Sie als Heiler arbeiten, sollten Sie ohnedies jeden Morgen ein generelles Heilungsgebet sprechen und über Ihr eigenes Hohes Selbst Mana, das heißt Mana-Loa, an das Poe Aumakua aller Ihrer Patienten senden, an die schon erwähnte Gemeinschaft von all den Hohen Selbsten, die zu denjenigen Ihrer Patienten gehören, die immer noch Hilfe brauchen. Wenn Sie das tun, brauchen Sie nicht die geringsten Zweifel zu haben, daß Ihre Mana-Loa-Gabe genau dorthin gelangt, wo sie benötigt wird, denn Ihre Mana-Energie wird von niemand Geringerem verwaltet als von Ihrem eigenen Hohen Selbst und denen Ihrer Patienten!

Ich erwähne an dieser Stelle noch einmal Goethes *Faust*. Es geht wieder um den Osterspaziergang. Wagner spricht mit Goethe über die Pest, die vor einiger Zeit grassiert hat, und kommt auf die gewaltigen Heilungserfolge von Fausts Vater zu sprechen. Faust sagt: »Mein Vater war ein dunkler Ehrenmann.« Dieser Ausdruck wird oft falsch interpretiert: Er war kein Gauner, sondern ein Ehrenmann, der sich mit dunklen Dingen befaßte, mit okkulten Dingen, die wir heute mit dem Schlagwort Esoterik bezeichnen.

Wagner spricht über die Pest und die Gefahr, der Fausts Vater ausgesetzt war. Da sagt Faust: »Dem Helfer half der Helfer droben.« Dieser Satz wird in seiner Bedeutung klar, wenn wir das Wort »Helfer« durch »Heiler« ersetzen: Dem Heiler half der Heiler droben. Aber davon durfte Goethe in seiner Position als Geheimer Rat des Fürsten wahrscheinlich nicht sprechen.

Weiter unten erklärt Mephisto in der Verkleidung des Faust dem angehenden Schüler, was er von der Medizin halte: »Der Geist der Medizin ist leicht zu fassen, man durchstudiert die groß' und kleine Welt, um es am Ende gehn zu lassen, wie's Gott gefällt.« Das klingt etwas zynisch, entspricht aber der Haltung Mephistos. Doch die Aussage enthält, anders betrachtet, die große Wahrheit, daß wir ohne den Willen Gottes nichts tun können, besonders in der Medizin, beim Heilen.

Diesen Satz Goethes möchte ich zum Anlaß nehmen, Sie, liebe Leserinnen und Leser, davor zu warnen, vom Heilungsgebet eine *Erfolgs-Garantie* zu erwarten: die Entscheidung darüber, ob der Patient gesund wird oder nicht, liegt bei *seinem Hohen Selbst.* Wenn er nicht gesund wird, heißt das nicht, daß der Heiler etwas falsch gemacht hat. Vielleicht bezweckt das Hohe Selbst mit der Krankheit eine neue Erkenntnis, eine Wandlung, eine neue Lebenseinstellung des Patienten. Trotzdem mag der Heiler immer wieder erneut versuchen, die Schmerzen des Patienten zu lindern, bis er eines Tages zu der intuitiven Erkenntnis kommt, daß die Heilung nicht zustande kommen darf. Dann beginnt oft eine der wichtigsten, traurigsten und trotzdem beglückendsten Aufgaben des Heilers: dem Patienten echte Sterbehilfe zu leisten, meistens ohne ein Wort darüber zu sprechen. Und vielleicht ist er in der Lage, ihm den Frieden zu geben, den er braucht, ihm die Angst vor dem Tod zu nehmen, ihm innere Festigkeit und Würde zu vermitteln. In diesem Prozeß kann irgendwann der Moment kommen, wo der Heiler dem Hohen Selbst des Patienten Mana-Loa gibt, mit der Bitte, ihn zu erlösen, ihn auf die ersehnte Lichtebene zu ziehen, wenn Es, sein Hohes Selbst, das will. Wenn Sie in einem solchen Moment, vielleicht tief ergriffen, dieses Gebet an das Hohe Selbst des Patienten richten, dann sollten Sie stets den kurzen Satz hinzufügen: »Wenn du es willst!«

Oft kann man dem Sterbenden helfen, ohne mit ihm zu sprechen. Aber manchmal wird er selbst das Gespräch beginnen, wird vielleicht selbst sogar Fragen stellen. Dann soll man mit ihm reden und, wenn es angebracht ist, das erklären, was die HUNA-Lehre über den »Tod« sagt. Long bezeichnet ihn als einen Schritt in einer Entwicklung, vergleichbar dem Übergang von einer Klasse in die höhere, von der Schule in die Hochschule. Die Gewißheit, daß der Geist unsterblich ist, wird dem Sterbenden Trost geben. Er wird die Logik des menschlichen Daseins anerkennen, die Forderung, daß wir hier sind, um zu lernen, und daß Schmerzen und Leiden, auch das sogenannte Sterben, uns in diesem Lernprozeß große Hilfen sein können.

Es drängt mich, auch hier wieder Hermann Hesse zu zitieren. Mir ist, als ob er hier in diesem Kapitel sprechen müßte:

»*Gegen den Tod brauche ich keine Waffe, weil es keinen Tod gibt. Es gibt aber eines: Angst vor dem Tod. Die kann man heilen.*«

Zum Schluß dieses Kapitels will ich noch auf die gesetzlichen Vorschriften eingehen, über die Sie sich als Heiler in Ihrem Land informieren sollten. In der Schweiz ist das Handauflegen, mit Ausnahme des Kantons Appenzell, verboten. Grundsätzlich sollte wohl gestattet sein, die Hände wenigstens zur Diagnose zu gebrauchen. Wenn Sie heilen wollen, ohne die Hände direkt aufzulegen, können Sie sie ohne weiteres in einer Entfernung von drei bis fünf Zentimetern über der Haut des Patienten halten. Die Wirkung ist ebenso stark. Manchmal wird die Wärme sogar stärker verspürt als beim direkten Auflegen der Hände. Denken Sie auch daran, daß viele Heilerfolge durch Fernheilung erzielt werden können, wobei die Entfernung keine Rolle spielt. So ist mir ein Fall aus England bekannt, bei dem ein Heiler eine einundzwanzigjährige Frau von Brustkrebs befreit hat, ohne daß er sie jemals kennengelernt hätte. Er hatte nicht einmal eine Fotografie zur Verfügung, die von Medien und Heilern gern als Hilfe benutzt wird. Er kannte nur den Vornamen der Patientin. Nach meiner Erfahrung ist dieser wichtiger als die Fotografie, ebenso wichtig wie die Unterschrift, denn wenn wir das Hohe Selbst von Barbara anrufen, etwa »Hohe Barbara«, dann wissen wir, daß es sich nur um diese eine kranke Barbara handeln kann, obwohl es noch tausend andere dieses Namens gibt. Die »Hohe Barbara« weiß genau, daß sie gemeint ist, es gibt bei den Hohen Selbsten keine Irrtümer!

Ich bitte Sie, sich stets zu vergegenwärtigen, daß die Tätigkeit des Heilers auf der Gnade Gottes, auf der Gnade des Hohen Selbstes beruht. Aber auch der Patient bekommt die Gnade: Er kann der größte »Sünder« sein und erhält trotzdem durch den Geistheiler über sein eigenes Hohes Selbst die Heilungsenergie, die Reinigungskraft und die Harmonie.

Hier noch ein *dringender Appell an alle Heilpraktiker, Therapeuten, Masseure und Ärzte:* Benutzen Sie das, was Sie über Geistheilung gelernt haben, besonders die Methoden der

HUNA-Praxis, bei Ihren Patienten, ohne daß diese es wissen. Jeder von Ihnen hat die Möglichkeit, bei seiner Arbeit über seine Hände Heilung von oben in den Körper des Patienten fließen zu lassen, und genügend Zeit, um sich im stillen Gebet an das Hohe und das untere Selbst des Patienten zu wenden.

Kapitel 9
Entwicklung und Fortschritt

Engel schwebend in der höheren Atmosphäre,
Faustens Unsterbliches tragend:
Wer immer strebend sich bemüht,
den können wir erlösen.

Goethe, Faust II, 11936

Niemand bleibt als Erwachsener ein Christ nur durch die Taufe oder ein Jude nur durch die Beschneidung. Diese symbolischen Zeremonien sind bedeutungs- und wertvolle Bestätigungen für das Kleinkind. Christ oder Jude kann man nur *werden*. Wenn man es geworden ist, hört man nicht mehr auf, es immer wieder neu zu *werden*. Christ, Jude, Essener, HUNA-Adept, Buddhist *sein,* ist kein statischer Zustand, sondern ein stetiger Prozeß der Weiterentwicklung.

Manche begnadete Menschen erleben diese Dynamik unbewußt. Wenigen wird sie bewußt durch Erkenntnis, durch Inspiration, durch ein tiefes Gespräch mit einem Freund oder durch ein Buch. HUNA-Schüler oder -Adepten haben durch ihre Hohen Selbste, die ihnen als Ziel der HUNA-Praxis nahegekommen sind, die Segnung erfahren, die Wirklichkeit dieser Weiterentwicklung zu erkennen, zu akzeptieren und sogar bewußt zu fördern. HUNA-Praktizierende kennen den »Mechanismus«, der diesen Entwicklungsprozeß verständlich macht, ja notwendig erscheinen läßt. Sie werden mit den schmerzhaften Seiten dieses Lebens, die Anreize zum Lernprozeß bieten, viel leichter und versöhnlicher fertig als andere Menschen, die solche Erkenntnisse nicht oder nur nebelhaft annehmen können. Ich betrachte HUNA hier besonders als das, was ich, rein technisch gesprochen, als »Katalysator« bezeichnen möchte: als Katalysator der Erkenntnis dessen, was uns mit unserem Leben versöhnt.

Abgesehen davon ist das Wissen von der unerschütterlichen Gemeinschaft mit unserem unteren und unserem Hohen Selbst eine gewaltige Stütze in allen kritischen Lebenslagen. Diese Gemeinschaft, die ich als *Dreiheit* bezeichne, wird durch die HUNA-Praxis zu einem Dauerzustand und wird um so beglückender, je öfter wir versuchen, uns die Gemeinschaft mit den beiden anderen Selbsten immer wieder *bewußtzumachen*. Dazu kann es inneren Antrieb brauchen, der uns leicht wird, wenn wir uns nur einige Sekunden an die Wirklichkeit unserer Verbindung mit dem Hohen Selbst erinnern. Manche haben dies in einer ersten Euphorie erlebt, die sie nie vergessen werden. Anderen ist diese Gewißheit durch das Gefühl oder die Eingebung während weniger stiller Minuten gekommen.

Wir sind dann in diesem Zustand der permanenten Dreiheit, der für uns unerschütterlich ist, der uns zur »zweiten Natur« geworden ist und den wir als selbstverständlich erleben. Dieser Zustand ist kein Kahuna-Zustand, den wir vielleicht einmal erreichen werden, ohne es zu wissen! Wir hüten uns davor zu sagen: *Ich bin* ein Heiler, *ich bin* ein Kahuna!

Für das Erleben der permanenten Dreiheit ist die Erhaltung der dauernden dreifachen Lichtpyramide ein äußerst wirksames Hilfsmittel, denn sie ist es, die nicht nur Angriffe von außen abhält, sondern unsere innere Entwicklung mit ihrem Licht fördert. Deshalb sollten Sie es nicht versäumen, Ihre eigenen Lichtpyramiden jeden Morgen neu aufzuladen und auch gleichzeitig diejenigen, die Sie über anderen, Ihnen nahestehenden Menschen errichtet haben. Der Dauerzustand, der dann zur Gewohnheit wird, ist ein Zustand der Harmonie, der aber immer auch Höhen und Tiefen haben wird. Ich habe das bei mir selbst immer wieder erlebt und von vielen meiner HUNA-Schüler bestätigt gefunden. Wir gelangen durch die HUNA-Praxis ganz bestimmt auf eine höhere ethische Ebene, sind aber deshalb noch keine Heiligen. Das Leben geht weiter und die Erziehung durch das Leben auch. Wir können Rückfälle erleben, indem wir andere Mitmenschen doch wieder verletzen, aber wir werden nun diese

Rückfälle unverzüglich und vollkommen in Ordnung bringen, denn wir wissen, daß wir immer wieder versuchen werden, nach der Maxime *Nie verletzen, immer helfen* zu leben.

Es gibt ein Thema, dessen Behandlung mir in Seminaren und auch in diesem Buch Schwierigkeiten macht. Es ist ein Gewissenskonflikt, den ich Ihnen vortragen muß, weil wir mit ihm immer wieder konfrontiert werden. Es ist die Frage: Wie verhalte ich mich niederträchtigen Menschen gegenüber? Wir mögen schweres Unrecht erleiden (und dagegen bin ich selbst besonders allergisch), wir mögen in einem Rechtsstreit unterliegen, obwohl uns mit dem Urteil krasses Unrecht geschieht, oder wir mögen von einem einzelnen Menschen äußerst ungerecht behandelt werden, und das noch mit scheinbarer, aber perfider Logik, gegen die anzukämpfen wir bei der Schnelligkeit des gegen uns gerichteten Angriffs kaum fähig sind. In solchen Fällen sollten wir, der HUNA-Lehre eingedenk, zunächst einmal im wahrsten Sinne des Wortes »tief Atem holen«. Das versetzt den Gegner am Telefon oder im direkten Kontakt zunächst einmal in staunende Verwirrung. Und wenn wir dann langsam, aber gemäßigt antworten, können wir unseren George in die Stimmung versetzen, in der er auf gerechtfertigt erscheinende Aggressionen verzichtet. Unser George (und der wäre es ja, der uns vor Wut überschäumen ließe) wird friedlich bleiben und wird zunächst versuchen, dem angreifenden Gegenüber verständnis- und liebevolle Gedanken zuzuwenden. Ich weiß, das klingt sehr salbungsvoll, weihevoll und priesterlich, um nicht zu sagen pfäffisch, aber ich versichere Ihnen, daß ich als eingefleischter und realistischer Naturwissenschaftler diese Art des Verhaltens *ausprobiert* habe. Sie funktioniert. Am besten wäre es, die Besprechung abzubrechen, darüber nachzudenken, seine Argumente zu sammeln und den niederträchtigen Angreifer später, schriftlich oder mündlich, von seinem Standpunkt abzubringen. Abbrechen und Nachdenken hat aber noch einen weiteren Vorteil: Vielleicht läßt man den ganzen Fall ohne Zorn und nachtragende Gedanken auf sich beruhen und vergißt die Angelegenheit, wenn sie nicht allzu wichtig ist – mit allen guten Wünschen und liebevoller Vergebung.

Dazu gehört Selbstdisziplin, eine positive Eigenschaft, die Sie Ihrem George möglichst bald beizubringen versuchen sollten. Das braucht Tage oder Wochen; ein einziger Versuch ist meistens nicht genug. Auch Selbstmitleid sollte man bei niederträchtigen und ungerechtfertigten Angriffen kategorisch ausschalten. Auch hierzu ist die Erziehung Ihres George erforderlich. Wer aber in der Erziehung seines George mit solchen positiven Eigenschaften Fortschritte gemacht hat, der sollte versuchen, ihn zu überzeugen, daß er diese Fortschritte als *ständigen Auftrag* akzeptiert. Solche ständigen Aufträge können die Regelung des Blutdrucks betreffen, aber zum Beispiel auch permanente Selbstdisziplin und permanentes Ausschalten von Selbstmitleid. Der permanente Ausschluß von Egozentrik ist ein ganz wichtiger ständiger Auftrag, und es bleibt Ihnen und Ihrem Charakter, liebe Leserinnen, liebe Leser, überlassen, welche weiteren ständigen Aufträge Sie an Ihren lieben George geben wollen. Aber bitte überfordern Sie ihn nicht, lassen Sie ihm Zeit!

Gedanken über die Liebe hat sich sicher schon jeder gemacht. Aber das Wort Liebe ist leider sehr abgegriffen und abgenutzt, deshalb ist es manchmal nicht einfach, über die Liebe zu sprechen. Daher ziehe ich es gelegentlich vor, dieses Wort im Gespräch durch das Wort *Licht* zu ersetzen.

Ich bin zu der Auffassung gekommen, daß die Liebe als solche, die Liebe allein, losgelöst von allem, für uns irdische Menschen nicht bestehen kann: Wir brauchen einen Bezugspartner. Das kann ein Mensch sein oder ein Tier oder ein Gegenstand (Vorsicht!), das kann ein Partner sein, mit dem wir durch erotische Liebe verbunden sind, nicht durch Sex, denn das ist keine Liebe – es kann auch die Liebe zu uns selbst sein. Wenn wir auf eine so hohe Ebene der Liebe gelangen, in der es uns schwerfällt, das Wesen auszumachen, auf das sich unsere Liebe bezieht, dann dürfen wir getrost sein, daß es sich um Gott, um Seine Schöpfung oder um Seine eigene Liebe handelt, die nun Gegenstand unserer Liebe ist, denn nur Seine Liebe braucht keine Bezugsform.

Schauen wir uns doch einmal die Liebe zwischen Mann und Frau aus der HUNA-Optik etwas näher an. Hierbei ist zunächst das untere Selbst der wichtigste Wertmesser, der wichtigste Indikator, denn gerade George ist ja der Träger unserer Emotionen! Denken wir also an einen brutalen Mann, der im wahrsten Sinn des Wortes tierisch ist und den sein *niederes* Selbst beherrscht (nicht sein unteres Selbst nach unserer Definition). Dieser Mann ist ultratriebhaft gesteuert, und aus dieser Triebhaftigkeit erklärt sich seine Neigung zu oder das tatsächliche Begehen von Sexualverbrechen oder gar Sexualmorden. Sein unteres Selbst ist stärker als der Intellekt seines mittleren Selbstes; es ist extrem tierisch und eigensüchtig.

Stellen wir uns eine höhere Entwicklungsstufe vor: Beide Partner haben ganz normale untere Selbste, auch ihre mittleren Selbste funktionieren normal. Sie genießen das Leben, und wir finden bei ihnen das, was man ganz allgemein als »Sex« bezeichnet.

Betrachten wir eine weitere mögliche Entwicklungsstufe: ein von Natur aus hochentwickeltes, gut erzogenes unteres Selbst, dazu ein ethisch hochstehendes und empfindsames mittleres Selbst. Wenn das bei einem der Partner, möglichst bei beiden, zutrifft, dann kommt es zu dieser Art der Erotik (Eros, griechisch = Gott der Liebe), die im guten und besten Sinne als solche zu bezeichnen ist. Sie heißt dann nicht mehr »Sex«, der aus dieser Sicht eine rein körperliche Betätigung ist. Diese Art der Erotik finden wir in begeisternder und überzeugender Weise von Heinrich Heine dargestellt. Er ist für mich der Exponent dieser Form von erotischer Liebe.

Machen wir nun einen weiteren, vierten Schritt: Gehen wir wieder davon aus, daß die unteren Selbste der beiden Partner wie oben sehr hoch entwickelt, daß sie ethisch sehr hochstehend sind, daß die mittleren Selbste auf einer geistig hohen Stufe stehen und daß nun noch eines der beiden Hohen Selbste oder gar beide zusammen mitwirken. Dieses Paar erlebt eine vergeistigte Liebe, eine vergeistigte Erotik, die für beide einzigartig ist und die ich klar ausgeprägt in der Dichtung von *Hermann Hesse* gefunden habe. Dieser große Dichter ist für mich der Exponent dieser hochgeistigen, vergeistigten Liebe zwischen zwei Menschen.

Eines seiner Gedichte, in dem er die körperliche Vereinigung zwischen Mann und Frau beschreibt, endet mit dem Vers: »Bis wir über allem Tun und Handeln als Verklärte ganz im Frieden wandeln.« Daß er die *Verklärung* als das höchste Erlebnis der Erotik bezeichnet, ist kein Zufall. Thorwald Detlefsen hat das weniger poetisch, aber ganz deutlich ausgedrückt: Er bezeichnet die Vereinigung zwischen Mann und Frau im Zustand der wahren Liebe, in der geistigen Vereinigung, als die einzige Möglichkeit, in der gesamten materiellen Schöpfung eine *Polarität* aufzulösen. Diese Auflösung ist zwar nur für Sekunden möglich, ist aber vollkommen. Hier also »Verklärung«, dort »Auflösung der Polarität«. Als Naturwissenschaftler finde ich dieses Bild besonders schön.

Gehen wir nun noch einen fünften und letzten Schritt in der Betrachtung der Liebe. Diese Form von Liebe kann in der Partnerschaft zur Vollendung kommen oder auch losgelöst von einem männlichen oder weiblichen Partner. Wir gehen von unteren und mittleren Selbsten aus, die beide höchst entwickelt sind und die wieder unter der Führung ihrer Hohen Selbste stehen. Dann, so könnten wir uns vorstellen, kommt es zur höchsten menschenmöglichen, vergeistigten und metaphysischen Liebe, die von der Polarität Mann/Frau unabhängig sein kann. Diese Partner haben vielleicht die Fähigkeit, die universelle Liebe zu ahnen, jene Gottähnlichkeit, soweit das überhaupt menschenmöglich ist.

Ich habe versucht, Ihnen, liebe Leserinnen, liebe Leser, durch die Betrachtung dieser Entwicklungsstufen klarzumachen, welche Bedeutung zunächst einmal das untere Selbst in den zwischenmenschlichen Beziehungen hat, die dann durch das mittlere Selbst und vor allen Dingen durch das Hinzutreten des Hohen Selbstes in eine vollkommen neue Dimension geführt werden können.

Ich versuche, durch diese Betrachtungen die zahlreichen,

höchst differenzierten Vorgänge der Liebe zu erklären, bin aber weit entfernt von der Meinung, daß deren Erkenntnis nur durch die HUNA-Lehre möglich sei!

Es wäre unverantwortlich, wenn ich dieses Kapitel über Entwicklung und Fortschritt nicht mit einigen Bemerkungen über HUNA-*Krisen* beschließen würde, die ich aus eigener Erfahrung kenne und die bei jedem, der sich mit HUNA beschäftigt, auftreten können. Gleich eingangs dieses Buches habe ich die Zuversicht geäußert, daß jeder sein tägliches Leben durch die HUNA-Praxis bereichern kann. Es ist daher nur fair, auch auf bestimmte Krisen aufmerksam zu machen, die auftreten können, aber keineswegs immer auftreten müssen.

Monate nachdem man sein Hohes Selbst erreicht hat, mag man sich an das damalige Glücksgefühl erinnern und enttäuscht sein, daß es nicht länger angehalten hat. Man hat gute tägliche HUNA-Arbeit geleistet, aber jetzt geht es nicht mehr richtig. Man spürt den Regen des Segens nicht mehr, wenn man versucht, dem Hohen Selbst Mana zu geben. Die Erklärung kann eine sehr einfache sein: Man ist mit seiner *Mana-Produktion* nicht nur lässig, sondern nachlässig geworden, man atmet nicht mehr tief und oft genug und hat für seinen George, für sich selbst und für sein Hohes Selbst einfach nicht mehr genügend Mana produziert. Die Mana-Aufladung ist fade geworden. Wenn das Hohe Selbst ein allzu kleines Päckchen Mana bekommt, kann und will es damit nicht mehr viel anfangen, und man stellt fest, daß man den Regen des Segens nicht mehr spürt.

Die Schuld liegt bei einem selbst, und man sollte George dann fragen und ihn bitten zu helfen. Vielleicht sagt er: Du selbst, Henry, hast auch nicht die Konzentration, und dann konnte ich nicht mehr richtig mitmachen – das ist eine einfache Krise, die mit ein wenig Selbstkontrolle leicht behoben werden kann.

Eine weitere Krise kann durch eine *neue Schuldbelastung* entstehen. Wir haben jemanden verletzt, weil wir nicht genügend wach waren, oder wir haben einen Menschen ignoriert, der unsere Hilfe gebraucht hätte. Unser unteres Selbst, Träger des Gewissens, weiß das genau, es streikt und schaltet die Aka-Schnur zum Hohen Selbst aus. Das ist nicht tragisch, ist aber das Signal für das mittlere Selbst, dem Gewissen seines George zu folgen und eine neue begrenzte Kala-Reinigung vorzunehmen. Diese wird weniger umfangreich, leichter durchzuführen sein als die erste, denn sie wird nur ein ganz bestimmtes Ereignis im Blickpunkt haben, welches sich wahrscheinlich erst in der letzten Zeit ereignet hat.

Eine Krise kann auch einfach durch *geistige Müdigkeit* eintreten. Wir können manchmal ganz banal durch das Wetter eine gewisse Hoffnungslosigkeit erleben, ganz besonders, wenn wir unter Streß stehen und *noch* nicht die Fähigkeit haben, uns daraus zu lösen. Das jedoch braucht Training, und man muß immer wach und dasein, damit man die Streß-Situation erkennt, sich nicht von ihr überfahren läßt und dann im richtigen Moment eine gute Mana-Aufladung macht, die für George und Henry ein Labsal wird.

Aber, so paradox es scheinen mag, der Streß kann so groß sein, daß man vergißt, Mana aufzuladen. Dann hilft nur noch eines: Man liefert sich seinem Hohen Selbst aus, läßt sich gehen, streckt alle viere von sich und ruht sich aus. Dann kommen die guten Gedanken.

Eine banale Krise ist bei mir einmal entstanden, als mein *George beleidigt* war. Ich hatte ihn auf der Fahrt zum Büro immer wieder gebeten, einen Parkplatz zu suchen; dessen war er überdrüssig geworden. Es kann sein, daß man *beruflich überbeansprucht* ist, daß man viel reisen muß und daß man auf der Reise die täglichen HUNA-Übungen vernachlässigt. Das kann zu einer Krise führen.

Ein weiterer wichtiger Grund für eine Krise kann der *tierische Ernst* sein, den man im Lauf der HUNA-Praxis entwickeln kann. Den muß man erkennen und mit seinem George recht freundlich sprechen und nicht immer in ihn hineinhämmern, was er nach unserer Meinung alles falsch macht und wie schlecht er möglicherweise ist. Nein, man sollte mit ihm gemeinsam genießen, in der Natur, in einem Konzert, zu Hause, ganz einfach bei einer guten Schallplatte oder bei einem guten

Glas Rotwein. Das kann man dann bewußt und gemeinsam mit George zusammen genießen, indem man ihn darauf hinweist und ihm dankt für die Gefühle, die man durch seine Emotionen erst bekommt!

Jede Krise hat eine unerwartete Entwicklung und meistens eine neue Erkenntnis zur Folge, häufig eine engere Beziehung zum Hohen Selbst. Gewisse Lebensprobleme können sich durch Krisen lösen. Man erkennt, daß es am besten ist, die Schmerzen, die man im Leben erfährt, *bewußt zu akzeptieren.* Dadurch verlieren sie ihre Heftigkeit; man muß versuchen, zu erkennen, woher diese Schmerzen kommen. Sehr oft finden wir den Grund in uns selbst, wenn wir versuchen, ihn mit Hilfe von George und dem Hohen Selbst zu erfahren.

Es ist sehr schlecht, wenn wir solche Schmerzen in einer Dumpfheit weiterbestehen lassen, weil sie sich dann in Leiden verwandeln. Leiden, so möchte ich sagen, sind chronische Schmerzen. *Schmerzen rütteln auf, Leiden betäuben!* Um etwas deutlich zu machen, ziehe ich gern die Sprache hinzu. Sie sagt in ihrer unvergänglichen Weisheit: »Es schmerzt«, aber »ich leide«, nicht »ich schmerze«. Schmerzen sind neutral, Leiden persönlich! Sie sagt »die Wunde schmerzt mich« oder »diese Erfahrung schmerzt mich«. Dabei ist die Erfahrung Subjekt, mit dem ich umgehen kann, welches ich gegebenenfalls beseitigen oder abschwächen kann. Wenn »ich leide«, bin ich selbst *Subjekt,* ich bin viel unmittelbarer betroffen. Das Subjekt, mich selbst, kann ich nicht ausschalten. Und denken Sie bitte daran: Ihr Hohes Selbst, das Sie um Hilfe bitten, wird alles tun, um Ihnen Hilfe zu geben!

Allen meinen Leserinnen und Lesern möchte ich zum Schluß noch einen wichtigen, auf Erfahrung aufgebauten Hinweis geben. Manche Unzulänglichkeiten, die wir schmerzhaft empfinden, ohne daß es Schicksalsschläge sein müssen, erleben wir vielleicht viele Tage oder gar Wochen, fragen unseren George und unser Hohes Selbst Ariel und bekommen keine Antwort. Wir verzweifeln zwar nicht, weil es, wie wir ja wissen, im Zusammenleben mit unserem Hohen Selbst Verzweiflung nicht mehr gibt, aber unsere Geduld wird maßlos strapaziert werden. Hier ist das Stichwort: *Geduld!* Wir erkennen: Wir sind in diese lange Krise geraten, weil wir endlich einmal Geduld lernen mußten! Bitte erinnern Sie sich immer wieder an die Bedeutung der Geduld. Vielleicht werden Sie dann diese Art von Krise gar nicht erleben oder sie dadurch verkürzen, denn jetzt haben Sie das Stichwort »Geduld« gelesen; und Ihr George hat es sich bereits »zu Herzen genommen«!

Sehen Sie jetzt, wozu Krisen gut sind? Sind Sie überzeugt, daß Sie jede Krise nun ausnahmslos positiv ansehen sollten und akzeptieren müssen? Sagen Sie bitte nie: Das, was mir passiert ist, ist die größte Ungerechtigkeit; es gibt gar keinen Gott. Das hört man immer wieder, aber das werden Sie nach dem, was Sie jetzt gelesen haben, sicher nie sagen.

Alles fließt, sagte der große griechische Philosoph Heraklit. Wellentäler sind etwas Natürliches in unserem Leben, und dann kommt auch wieder der Wellenberg. Diese Bewegung ist polarer Natur und trägt ihren unmittelbaren Fortschritt in sich, wenn Sie selbst ihn erwarten.

Zusammenfassung

Die HUNA-Lehre ist eine philosophisch-religiös-psychologische Lehre und praktische Anweisung für eine neue, glücklichere und erfolgreichere Lebensführung. Dabei wird die Beziehung zum göttlichen Ursprung des Menschen ohne jede dogmatische Vorschrift besonders gefördert. Die HUNA-Lehre anerkennt die Existenz von drei »Selbsten«:

Das mittlere Selbst ist der physische Mensch mit seinem Verstand und einem dazugehörigen Geistwesen.

Das untere Selbst ist das, was die Psychologie das Unterbewußtsein oder das Unbewußte nennt. Das untere Selbst ist ein selbständiges, individuelles, geistiges Wesen, es ist ansprechbar und erziehbar.

Das Hohe Selbst ist das göttliche Geistwesen des Menschen, durch das der Mensch sich von allen anderen Geschöpfen unterscheidet; es ist der »Schutzengel der Kinder«, der »göttliche Funke des Menschen«, jenes geistige Wesen, das nach der HUNA-Lehre sowohl zum Menschen als auch zum Schöpfer gehört.

Die Vereinigung dieser drei Selbste ist das Ziel der HUNA-Praxis. Jesus hat diese Vereinigung mit »neu geboren werden« bezeichnet.

Dem HUNA-Praktizierenden stehen Hilfsmittel zur Verfügung, die ich als »Werkzeuge« bezeichne:

Die Mana-Energie ist die Lebensenergie, eine irdische Energieform, die wir vor allem aus unserer Nahrung durch intensivierte Atmung beziehen können; sie ist sowohl auf der physischen als auch auf der geistigen Ebene wirksam.

Die Aka-Schnur ist die Verbindungsschnur zwischen dem mittleren und dem unteren Selbst einerseits und dem Hohen Selbst andererseits, wenigstens am Anfang; ferner zwischen dem mittleren/unteren Selbst und anderen Geistwesen sowie zwischen dem mittleren/unteren Selbst und anderen Lebewesen (Menschen, Tiere und Pflanzen).

Die Kala-Reinigung ist ein rein geistiges Werkzeug, ein autopsychiatrisches Mittel zur Verbesserung des eigenen Charakters als Voraussetzung für das Erreichen des Hohen Selbstes.

Das Licht ist ein geistiges Element, mit dem der HUNA-Praktiker auf verschiedenste Weise arbeitet, besonders in der Form einer heilenden Energiequelle für seine dreifache Pyramide, die ihm Schutz von außen wie von innen gibt.

Die Visualisierung ist ein besonderes Hilfsmittel für die HUNA-Gebete und für das spezielle HUNA-Gebet, die geistige Heilung.

Das *Ziel* der HUNA-Praxis ist die Verschmelzung der drei Selbste, das Neu-geboren-Werden, die Empfindung dessen, was der Unwissende »glücklich sein« nennt.

Kapitel 10

Persönliche Erfahrungen von HUNA-Studenten

Es ist verständlich und erfreulich, daß viele meiner Seminar-Teilnehmer, die die HUNA-Lehre praktisch angewendet haben, Erfolge bei der Lösung von manchmal schweren Problemen feststellen konnten und daß sie mir *unaufgefordert* darüber berichtet haben. Einzig im Fall von Doris H. bat ich um Bericht. Ich war mit ihr wegen einer beruflich-technischen Frage in Kontakt und hörte von ihr mehr beiläufig über eine positive Wendung in ihrem Leben. Ich hatte Doris gebeten, mir darüber zu berichten. (Es ist nicht dieselbe Doris H., die über ihre Mitarbeiterin berichtet.) Die Hervorhebungen in den Briefauszügen stammen von mir. Doris schreibt: »Du fragst in Deinem Brief nach meinen HUNA-Erfahrungen. Ja, ich muß Dir sagen, seit ich *Unity* und *HUNA* kennengelernt habe, hat sich *mein Leben total verändert.* Ich hatte *endlich die Kraft,* eine zwanzigjährige Beziehung zu lösen und einen neuen Weg einzuschlagen. Ich kann Dir nur sagen, daß ich *wirklich glücklich* bin und auch sicher, daß ich das Richtige getan habe. Ich habe einen Mann, der mir die Sterne vom Himmel holt, und unsere Beziehung ist so harmonisch, wie ich sie mir besser nicht vorstellen könnte. Die vielen kleinen Probleme, die es immer wieder gibt, gehe ich heute mit der richtigen Einstellung und dem HUNA-*Gebet* an.«

Gabriele schreibt von ihrem Unglück, ihrem Zahnarzt und von Krisen: »War ich *bis jetzt vom Unglück verfolgt,* so kann ich nun jeden Tag – als Folge der Gebete – einige kleine *Wunder* verbuchen. Diese kleinen Erfolgserlebnisse geben mir natürlich sehr viel Auftrieb. Ging früher alles schief, so scheint jetzt alles wie am Schnürchen zu laufen. Sehr oft brauche ich nicht einmal zu beten, schon der positive Gedanke oder

Wunsch genügt. Eine kurze Zeit des Wartens, und es verwirklicht sich, was alltägliche kleine Probleme anbetrifft. Ich kann überhaupt nicht mehr verstehen, daß ich einmal ein einziger negativer Block war, trotz aller meiner Bemühungen. Natürlich klappt es nicht immer. Etwas ist George schon noch kapriziös. Aber mein *Zahnarzt* war ziemlich fassungslos, als ich beim Bohren gar nichts spürte.«

Eine andere Seminarteilnehmerin schreibt: ». . . heute merke ich eine Führung. *Selbst in der Krise merke ich, daß sie ihren Grund hatte,* daß sich daraus etwas Positives entwickeln sollte. Auch hadere ich nicht mehr mit meinem Schicksal beziehungsweise meiner Vergangenheit. George ist da ziemlich emotionslos geworden. Ich sehe sie jetzt als sehr lehrreich und karmaabgeltend an. Auch meine Mutter ist für mich ein Lernprozeß; sie hat sich übrigens sehr gebessert.«

Helmut schreibt über den Regen des Segens: »Der *Regen des Segens* äußert sich . . . in warmer beglückender Gewißheit und aufströmender Dankbarkeit und großer Mühe, die Tränen zurückzuhalten, oft gepaart mit Eingebungen, zum Beispiel dem Vorsatz, von nun an allen unteren Selbsten mit positiven Gedanken zu begegnen und den besten Wünschen, allen Groll und jede Abneigung wirklich abzulegen.«

Über die Angst schreibt Ingrid: »Vielleicht freut es Dich auch, wenn ich Dir berichte, daß ich ein vertrauensvolles Verhältnis zu meinem ›Hohen Selbst‹ bekommen habe, daß ich mich *geborgen und behütet fühle* und dadurch *meine Angst verloren* habe.«

Alexander: »Meine Entwicklung mit George hat sich weiterhin verstärkt. Besonders habe ich mich mit dem *Abbau der Angst* beziehungsweise der vielen kleinen Ängste beschäftigt und stetigen Fortschritt erzielt. Dabei ist ein Ende noch gar nicht abzusehen.«

Ein anderer Alexander schreibt ebenfalls über seine Zusammenarbeit mit George: »Die *Zusammenarbeit mit George* hat sich in den letzten Monaten sehr verbessert. Sie ist soweit fortgeschritten, daß ich die meiste Zeit mit George verbringe. Erst dadurch konnte ich Erfolge auf breiter Basis erzielen. *Meine*

Gesundheit und die von George ist schon sehr zufriedenstellend. *Meine Arbeit* geht gut voran. *Das Verhältnis* von mir zu meinen Eltern, Brüdern und Mitmenschen hat sich so verbessert, wie ich es mir beizeiten gewünscht habe... Erst jetzt merke ich, wie viele ›Felsbrocken‹ schon auf dem ungepflegten Weg lagen.«

Manche schreiben über die Verbesserung ihrer Lebensqualität im allgemeinen und über die Festigung ihres Glaubens an Gott:

«Seit Deinem Seminar habe ich täglich Gespräche mit meinem unteren Selbst, die mir *viel Sicherheit und Zuversicht* für die Zukunft geben und *meinen Gottesglauben gefestigt* haben.« – ». . . ich werde jetzt innerlich sehr getrieben, Ihnen zu schreiben und zu sagen, *welch ein glücklicher Mensch ich durch die HUNA-Lehre geworden* bin, nachdem ich ein Leben lang auf der Suche war. Nach großen Anfangsschwierigkeiten klappte die Verbindung mit dem *Hohen Selbst* und mit *George* immer besser und hat sich inzwischen zu einem *innigen Miteinander* entwickelt. Nachdem das untere Selbst voll wachbewußt geworden war, *lernte* es zu *vergeben,* zu *beten* und kann inzwischen voll an meinem Leben teilnehmen und mir helfen.«

«Ich kann mir ein Leben *ohne HUNA* nicht mehr denken und wünsche jedem Mitmenschen diese großartige Stütze.«

Sergio ist Arzt und offenbar Philosoph. Er schreibt: »HUNA scheint mir mehr und mehr das *Ursystem der Psyche* zu verstehen . . . Es entwickelt sich eine innere Dankbarkeit, daß man das erfahren durfte . . . Mir scheint es, *daß mit HUNA die Probleme viel geringer werden* – sie werden lösbar, auch die großen Lebensprobleme.

Sie nehmen eine andere Dimension an, oder zumindest besteht immer die Zuversicht, daß sie später gelöst werden.« Und später: »Ich lerne, daß eigentlich das Leben eine ständige Übung, ein dauerndes Gespräch mit dem unteren Selbst ist. Ist es so?«

Yvonne hat einen schweren Schicksalsschlag erlebt. Sie schreibt: »Ich habe vor drei Monaten *meinen Mann durch Un-*

glücksfall verloren. HUNA hat mir sehr geholfen, diese Zeit gut zu überstehen!«

Ulla schreibt positiv und trotzdem kritisch, was ich schätze: »HUNA ist für mich und Luigi *eindeutig Erhöhung der Lebensqualität* auf jeder Ebene. Manchmal liegen noch Schatten auf der Seele, aber das gehört wohl zum Reinigungsprogramm. Selbst in diesen Stunden fühle ich mich aufgehoben.«

Eine andere Doris schreibt: »Sie haben mir den *Weg zu meinem inneren Selbst* aufgezeigt, und ich schöpfe daraus in allen schweren und schönen Stunden . . .«

Hier ein ganz kurzer Auszug aus Tonis Brief: »Dank HUNA ist meine *Verzweiflung verschwunden,* und ich sehe meine Angelegenheiten und auch meinen Weg immer klarer.«

Ganz lustig schreibt Sylvie über den »Schwarzen Sack«: »Vor kurzem haben wir den ›*Schwarzen Sack*‹ vernichtet . . . Als alles im Sack war und wir losfliegen wollten, hatte George plötzlich Angst, der Sack könnte unten reißen . . . Stell Dir vor, ich mußte drei Säcke ineinanderlegen . . . Das restliche Vernichten verlief etwas anders als bei Dir, aber auch sehr schön. Ich habe mich über dieses Erlebnis sehr amüsiert, vor allem, weil es echt typisch für einige meiner Verhaltensweisen ist. *Jedenfalls macht die Zusammenarbeit mit George viel Spaß!*«

Mit der anderen Doris, die oft in unserer Züricher HUNA-Gruppe war, habe ich ausführlich das Problem ihrer unausstehlichen Mitarbeiter besprochen. Sie schreibt: »*Das Problem mit einer Mitarbeiterin am Arbeitsplatz* . . . konnte ich nun fast auf Null abbauen . . . Die ›Wunderwand‹, die Du mir zur mentalen Konstruktion empfohlen hast, ist wirksam geworden. Sie hält den Lärm (weitgehend) ab und läßt freundliche Gefühle passieren. *Die Kollegin ist jetzt höflich,* nennt mich korrekt beim Namen (was sie vorher nicht tat) und grüßt (was sie vorher nicht für nötig hielt). Mein unteres Selbst Valentine konnte seine Gefühlslage der jungen Frau gegenüber verbessern, das heißt, sich positiver auf sie einstellen . . . Einmal mehr konnten wir gemeinsam einer schwierigen Alltagssituation aufgrund der HUNA-Lehre eine günstige Wendung geben.«

Von Inge wußte ich, daß sie ganz schwere Sorgen mit ihrem geschiedenen Mann hatte, der gerichtlich gegen sie vorgegangen war. Sie schreibt über ihn und einen Autounfall: »Mein tägliches HUNA-*Gebet* hat auf fast wunderbare Weise *Erhörung gefunden*. Es hat sich für mich alles zum Besten gewendet. Mit meiner Arbeit geht es wieder sehr gut. Mein Exmann hat das Verfahren gegen mich eingestellt und zahlt freiwillig – und ich bin *wie durch ein Wunder weder tot* noch im Krankenhaus: Mein Auto hat sich vergangene Woche auf einem vereisten Stück Straße überschlagen, und ich bin bei diesem schweren Unfall ohne auch nur die allerkleinste Verletzung und auch ohne Schock davongekommen. Die Leute, die mich geborgen haben, konnten es nicht begreifen – *ich schon*.«

Zum Schluß noch ein ganz erstaunlicher Bericht von Ursula, die nie in einem meiner Seminare war, der ich aber die Funktion des unteren Selbstes ausführlich erklären konnte. Obwohl sie verheiratet war, hatte sie jahrelang Schwierigkeit, in innerlich gelöster Weise mit ihrem Mann zusammenzukommen. Bei einem längeren Gespräch hatte ich die intuitive Information bekommen, ihre sexuelle Schwierigkeit sei in einem schlimmen Baby-Erlebnis begründet. Obwohl ich diese Information zunächst als unlogisch zurückweisen wollte, akzeptierte ich sie und sprach mit ihrem unteren Selbst. Ursula schreibt: ». . . und gleich nach den ersten Sätzen kamen wir zum Kern meines Problems . . . meine *verklemmte Sexualität*. Es war sehr beeindruckend für mich, zu erfahren, daß die im Krieg zwangsläufig miterlebte Vergewaltigung meiner Mutter – ich war etwa ein Jahr alt – der Ursprung meiner sexuellen Schwierigkeiten ist! Sie sagten unter anderem, meine Georgette würde ja jetzt schon genau zuhören, ich solle jedoch am besten noch mit ihr darüber sprechen, . . . und dann würden sich mit Sicherheit meine Schwierigkeiten lösen.« (Die Verfasserin berichtet dann von einem Traum:) »Indem im Traum mein Mann die Spinne entfernen konnte, bin ich ganz offensichtlich frei geworden und kann meine eigene Sexualität endlich genießen! Nun, nach meinem Gespräch mit meiner Georgette, drehte sich sofort alles um. Schon Tage später konnte ich *vergnügt* auf meinen Mann zugehen und mit ihm zusammensein! Ich kann gar nicht mit Worten schildern, was ich in dieser kurzen Zeit erlebt habe!«

Anhang

Die drei Selbste
Meditation von E. Otha Wingo

Meditiere über den göttlichen Geist als Intelligenz, Kraft und Bestandteil jedes Atoms, jeder Zelle und jedes daraus gebildeteten Organismus im Weltall.

- Ich bekräftige, daß ich die DREIHEIT der drei Selbste bin.

1. Ich bin das mittlere Selbst

- Ich lebe in meinem Körper, und ich habe volle Verantwortung für meinen Körper.
- Ich habe volle Urteilskraft, Intelligenz und starke Willenskraft.
- Ich habe mein volles Bewußtsein und treffe klare Entscheidungen in Zusammenarbeit mit meinem tiefen Selbst, meinem Bruder-Selbst und unter der Führung meines Hohen Selbstes.
- Ich habe eine lebhafte, schöpferische Imagination, und ich weiß, wenn ich mir etwas vorstelle oder bildhaft denke, daß das ein Werkzeug ist, um die Zukunft zu erschaffen, die ich mir wünsche.
- Ich habe eine harmonische Bindung mit meinem Bruder-Selbst und ich kann jederzeit alles, was ich brauche, aus dem Gedächtnisspeicher meines Bruder-Selbstes abrufen.

2. Ich bin das untere, das Bruder-Selbst

- Ich bin ein wichtiges Wesen in der Gemeinschaft der drei Selbste, mit der ich mich identifiziere.
- Ich habe starke positive Emotionen.

- Ich übernehme die volle Verantwortung der autonomen Funktion unseres Körpers und überlasse die übrige physische Verantwortung meinem mittleren Selbst.
- Ich habe ein vollkommenes Gedächtnis und stelle alles bereit, was mein mittleres Selbst wünscht, braucht oder als Gedächtnisleistung verlangt, und ich zwinge meinem mittleren Selbst nie Erinnerungen auf, wenn sie nicht erwünscht oder nötig sind. Ich werde meinem mittleren Selbst mit meinem Gedächtnis, wann immer es nötig ist, prompt zur Verfügung sein, und zwar ganz deutlich.
- Ich werde alles nötige Mana für das Wohlergehen unseres Körpers zur Verfügung stellen und für die Vollendung von allem, was für die Zukunft entscheidend ist.
- Ich werde jedes Gebets-Symbol oder -Bild unserem Hohen Selbst liefern, sobald mein mittleres Selbst mich abweist, es zu tun.

3. Ich bin das Hohe Selbst

- Ich werde jeder Bitte meines Bruder-Selbstes und meines mittleren Selbstes entsprechen, um gemeinsam unsere Zukunft zu bilden.
- Ich beschütze unser Bruder-Selbst und unser mittleres Selbst, und ich bin bereit und fähig, mit meiner Führung und Hilfe beizustehen.
- Ich bin eine MENSCH-GOTT DREIHEIT der drei Selbste. Wann immer ich das Wort »Ich« benutze, verstehe ich darunter immer uns drei:

unser unteres, das Bruder-Selbst
das mittlere Selbst
das Hohe Selbst
und wir werden immer zusammen und niemals
getrennt arbeiten

- Ich gestatte allen dreien meiner Selbste frei und leistungsfähig in ihren individuellen und einzigartigen Rollen unseres dreiteiligen Lebens zu wirken.

- Ich bin das mittlere Selbst
- Ich bin das Bruder-Selbst
- Ich bin das Hohe Selbst

- Ich bin die MENSCH-GOTT DREIHEIT der drei Selbste, und ich lebe als EINES!

Aumama ua noa
Lele wale akua la[*]

---

[*] Das Gebet steigt zum Hohen Selbst auf. Möge uns der Regen des Segens berühren.

Die HUNA-Weisheit
und die Lehren der Essener

(Kapitel 9 aus *Unternehmen Erlösung* von Sir George Trevelyan, mit freundlicher Genehmigung des Greuth Hof Verlags, Gutach. Ich danke als Autor insbesondere Sir George Trevelyan ganz herzlich für die Erlaubnis, dieses Kapitel im Anhang meines Buches veröffentlichen zu dürfen. Ich halte seine kompetente Darstellung für eine besondere Bereicherung für das Verständnis meiner Leser im Hinblick auf die Beziehung zwischen der Huna-Weisheit und den Lehren der Essener.)

. . . So möchte ich den Blick auf zwei Ströme alter Lehren richten, die große Wahrheiten für unsere Gegenwart bereitzuhalten scheinen, nämlich das Geheimwissen der Kahunas (die HUNA-Lehre) und die Lehre der Essener. Diese beiden Wissensströme sind in unserer Generation ins Blickfeld getreten. Bei den Essenern ist durch die Bücher und Übersetzungen von Edmond B. Szeékely ein neuer Anstoß erfolgt; beim HUNA-Codex haben die Entdeckungen und Schriften von Max Freedom Long die alten Lehren der Kahunas neu belebt. Diese beiden Anschauungen haben so viele Gemeinsamkeiten oder Parallelen, daß von ihnen Licht auf unser derzeitiges Problem fallen wird. In beiden Fällen waren sie die Hüter eines als äußerst wichtig angesehenen Geheimwissens, das für die künftige Entwicklung der Menschheit aufbewahrt werden mußte. Wovon hier die Rede ist, mag wohl der Kernpunkt jenes Schrittes in der Evolution sein, der getan werden muß, wenn die Menschheit ihr volles Potential erreichen soll. HUNA und die Lehren der Essener scheinen diese ewige Wahrheit zu enthalten.

Die *Kahunas* oder »Hüter des Geheimnisses« hatten ihr

Wissen und Können aus uralten Lehren ererbt, vermutlich aus der Zeit von Atlantis. Sie wurden zur Zeit Christi im Atlasgebirge praktiziert, und es scheint durchaus möglich, daß Unser Herr die HUNA-Weisheit gekannt und gelehrt hat. Max Freedom Long nannte sein letztes Buch *The HUNA Code in Religions* (Der HUNA-Code in den Religionen) und zeigt darin auf, daß diese Lehre in allen großen Religionen zu finden ist. Sie gelangte, unter der Führung der Höheren Selbstheiten, über Indien an einen Ort, wo sie sicher aufgehoben war – nach Hawaii. Keinesfalls ist daher der Schluß zulässig, sie habe ihren Ursprung in der Magie der Eingeborenen Polynesiens.

Die Kahunas sind heute so gut wie ausgestorben, und da sie, wie die Druiden, keinerlei schriftliche Aufzeichnungen hinterlassen haben, wäre ihr Geheimwissen mit ihnen ausgelöscht worden, hätte nicht Max Freedom Long mit seiner erstaunlichen Leistung den Geheimcode entdeckt, der wie eine Chiffre in der polynesischen Sprache verborgen ist.

HUNA stellt eine Form des wirkenden Gebetes dar, die zu echten Ergebnissen geführt hat, eine »Weiße Magie«, die stets zu augenblicklicher Heilung führte, selbst bei zersplitterten oder gebrochenen Knochen. Man wurde zuerst durch die unerklärliche Fähigkeit des »Feuer-Gehens« auf die Kräfte der Kahunas aufmerksam, des unverletzt über glühende Lava Gehens. Das sollte von unserem westlichen Verstand nicht als bloße Eingeborenen-Magie abgetan werden, denn nach Longs Darstellung stimmt das HUNA-Wissen mit unserer fortgeschrittensten Psychologie und unserem spirituellen Wissen überein.

Im Zentrum der HUNA-Lehre steht das Konzept von den drei Selbsten des Menschen – dem mittleren Selbst, das heißt unserer rationalen Persönlichkeit, dem niederen Selbst oder Unbewußten und dem Höheren Selbst. Das Niedere Selbst gilt nicht etwa als bloßes Freudsches »Ausgußbecken« für all unsere bösen Verdrängungen und Perversionen, sondern als Wesen auf einer mehr tierischen Stufe der Entwicklung, nicht rational oder intellektuell, doch durchaus intelligent und darauf bedacht, seinem Meister, dem mittleren Selbst, zu dienen. Wie ein anhänglicher und gelehriger Hund ist es ungemein willfährig, und wenn es richtig abgerichtet und behandelt wird, scheut es vor nichts zurück, um dem mittleren Selbst zu helfen.

Zweifellos bietet uns das eine sehr konstruktive Anschauung vom Unbewußten und seinen Möglichkeiten. Das Niedere Selbst steht in Verbindung mit dem kollektiven Unbewußten, dem Gedächtnis der Erde und der Elementarwelt. Hier liegt vermutlich eine Erklärung für das Phänomen der Wünschelrute. Auch ist das niedere Selbst ein Speicher für die als *Mana* bekannte Lebenskraft. Das ist ein Konzept von höchster Wichtigkeit. Das niedere Selbst kann auf Verlangen einen Überschuß an Mana hervorbringen und an das mittlere Selbst abgeben (in der HUNA-Sprache heißt dies »Manamana«). Es kann dem Höheren Selbst als Gabe angeboten werden, und dieses kann es bei der Aufnahme in Hohes Mana verwandeln, eine Kraft von solcher Stärke, daß sie sofortige molekulare Veränderungen hervorzubringen und offenbare Wunder im Heilen und sogar in der Veränderung äußerer Umstände zu bewirken vermag.

Um das zu verstehen, muß man das Konzept des *Aka*-Körpers begreifen, der wesenhaft identisch ist mit dem »Ätherleib« der Lebenskräfte, wie die moderne spirituelle Forschung ihn kennt. »Aka« ist eine mysteriöse spirituelle Substanz, die alle miteinander in Kontakt stehenden Wesen mit ätherischen Fäden verbindet, die sich unbegrenzt durch Raum und Zeit erstrecken können. Haben wir uns also die Hand geschüttelt oder uns umarmt, so verbinden uns die »Aka-Fäden«, wenn wir es wünschen, für immer. Mit ihrer Hilfe können Gedankenformen zusammengefaßt und gesendet werden, was dem von uns mit Telepathie Bezeichneten entspricht. Heilkraft kann auf Verlangen des mittleren Selbst ausgestrahlt werden.

Der stärkste Aka-Strang besteht zwischen dem niederen und dem Höheren Selbst. Damit ist eine Tatsache von höchster Bedeutung für das wirkende Gebet festgestellt, denn sie besagt, daß die Zusammenarbeit mit dem niederen Selbst für unseren Kontakt mit dem Höheren Selbst entscheidend ist. Vielleicht erklärt sich aus dem Fehlen dieses Wissens, warum so viele unserer Gebete unerwidert bleiben, denn das Höhere Selbst ist göttlich von Natur. In der HUNA-Sprache heißt es *Aumakua* oder »höchst vertrauenswürdiges elterliches Wesen«. Es ist ein Vater-Mutter-Geist, der über unserem ganzen Schicksal waltet, die Prüfungen und Erfahrungen lenkt, durch die wir hindurch müssen, und der uns das ganze Leben hindurch auf dem Übungsfeld Erde bewacht und führt. Für die Kahunas ist er Gott, in dem Sinne, daß er diejenige Facette des Allmächtigen ist, die wir, die wir nur Menschen sind, erkennen und zu der wir Kontakt aufnehmen können. Wohl waren sie sich höherer Seinsstufen durchaus bewußt, doch ihr Hauptanliegen war das wirkende Gebet, und dieses genügte ihnen für die Zusammenarbeit mit dem Höheren Selbst. In gleicher Weise lag dem Buddha nichts an Spekulationen über Gott, denn er lehrte den Weg der Erleuchtung.

Wir müssen die Auffassung der HUNA-Lehre von der Sünde erwähnen. Für sie gab es keine andere Sünde als die Verletzung eines anderen Lebewesens. Wenn eine Handlung niemandem weh tut, wie kann man sie dann Sünde nennen? So waren sie mit einem Schritt aus dem Moralkodex herausgehoben, von dem unsere zwischenmenschlichen Beziehungen so besessen waren. In ihrer Gesellschaft lebten sie tatsächlich gemäß dem Axiom, das alle großen Religionen mit fast den gleichen Worten festgelegt haben: »Behandle andere so, wie du von ihnen behandelt zu werden wünschst.«

Als Kapitän Cook Hawaii entdeckte, fand er eine Gesellschaft vor, die harmonischer und heiterer war als irgendeine andere in der Welt – in ihr galt Buddhas Regel des Nichtverletzens als das Höchste. Die Kahunas erkannten, daß der Grund, weshalb so viele menschliche Gebete unerwidert bleiben, darin liegt, daß der Fluß des Mana aus dem niederen Selbst versperrt ist. Das sind die psychischen Blockaden und Komplexe, die unser Weiterkommen behindern und die aufgelöst werden müssen, wenn wir zu einer echten und schöpferischen Beziehung zum Höheren Selbst gelangen wollen. Sie rühren häufig von einer Art Besessenheit her, bei der verdrängte Angst, Schuldgefühle oder Haß geradezu an unserem Herzen

»nagen« und uns hindern, aufrichtig eine Haltung einzunehmen, die niemanden verletzt. Sie trugen den pittoresken Namen »Eß-Genossen«.

So wußten die Kahunas vor 2000 Jahren genau Bescheid über das Unbewußte, das bei uns erst vor so kurzer Zeit von Freud und Jung wiederentdeckt wurde, und sie kannten das Höhere Selbst oder Überbewußte und arbeiteten damit, das von einem Großteil der orthodoxen Psychologie bis heute nicht anerkannt wird. Diese ungewöhnliche Tradition steht daher heute in einer Linie mit der Psychosynthesis und der transpersonalen Psychologie. Die Gebete der Kahunas wirkten und hatten stets Erfolg, wo wir so häufig Fehlschläge hinnehmen müssen. Und dies ist, um es nochmals zu sagen, nicht als »polynesische Eingeborenen-Magie« anzusehen, sondern als ein letztes Überbleibsel des Geheimnisses, das von Eingeweihten gehütet und von Atlantis oder noch weiter her über die Welt getragen wurde; in Lehre und praktischer Demonstration gaben sie Kunde davon, so daß in vielen Religionen ein teilweises Verstehen davon und Erinnerungen daran zu finden sind. Sie bewahrten es an jener verborgenen Stelle des Stillen Ozeans, und es wurde noch eben rechtzeitig wiederentdeckt, ehe die negativen, destruktiven Einflüsse der westlichen Kultur sie in den Untergrund treiben konnten. Doch heute, zur Zeit des geistigen Erwachens, scheint das Geheimnis der Kahunas, neu dargeboten in westlicher Ausdrucksweise, eine Perle von hoher Kostbarkeit zu bergen, entscheidend für den Schritt in die Erkenntnis, den der moderne Mensch tun muß, wenn er nicht untergehen soll.

Die Essener haben ihr Wissen von Enoch und Moses ererbt. Hier haben wir es mit einem hohen zoroastrischen Impuls zu tun, der in Gemeinschaften bewahrt wurde, die sich aus den Städten zurückzogen und als »Wüstenväter« in der Nähe des Toten Meeres und als »Therapeutae« in Ägypten lebten. Die Bruderschaft folgte einer äußerst strengen Disziplin, so daß alle, die sich ihr nicht unterwerfen wollten, ausgeschlossen waren. Man verehrte in ihnen Männer von außerordentlichem religiösen und sittlichen Rang. Sie waren so gesund und kräftig, daß ihre übliche Lebensspanne 120 Jahre betrug; sie waren auch so heiter und still, daß jedermann erkannte, daß sie innerlich mit den spirituellen Quellen verbunden waren und ein Echo der großen Lehren der alten Schriften in sich trugen.

Die Essener schufen sich ihre Lebensweise in Übereinstimmung mit dem göttlichen Gesetz; sie erkannten, daß der Mensch immer und an jedem Punkt mit den Ozeanen des göttlichen Seins in Berührung steht und daß menschliches Leiden und Unglück die Folge willkürlichen Abweichens von dem Gesetz ist, auf das sich alles natürliche und kosmische Leben gründet. Ihr Lebensstil spiegelt das Beste von dem wider, was wir heute als Naturheilen und -therapie kennen, als organische Landwirtschaft und transpersonale Psychologie, doch dies innerhalb einer Struktur der Verehrung und des Einsseins, die sich der Heiligkeit und Einheit allen Lebens auf der Erde und im Kosmos voll bewußt war. Sie schickten ihre Lehrer aus, und es hat den Anschein, als sei Jesus der Größte unter ihnen gewesen.

Wir wissen aus den *Readings* (Wörtl.: »Lesungen«; medial gewonnene Informationen, veröffentlicht in vielen Büchern und Sammlungen von Aussagen Cayces. Anm. d. Hrsg.) von Edgar Cayce und anderen Quellen, daß Maria von der Bruderschaft in Obhut genommen und daß Jesus als höchster Eingeweihter von ihr aufgenommen worden ist. Er brauchte nicht die volle Lehrzeit durchzumachen, da er bereits alles wußte. Ja, es sieht so aus, als habe der Orden der Essener innerhalb des irdischen Schicksalsmusters einen Handlungsraum geboten, in dem der Impuls der werdenden Christenheit Nahrung finden konnte.

Die Bewegung erlosch um 100 n. Chr., als sie ihre Funktion erfüllt hatte. Johannes der Täufer und Johannes der Lieblingsjünger dürften initiierte Essener und Lehrer gewesen sein. So ist es nicht überraschend, wenn man so viele biblische Passagen in die Schriftrollen vom Toten Meer und andere Essener-Dokumente eingewoben findet. Das zeigt sich aufs deutlichste in den hervorragenden Büchern *The Essene Gospel of Peace*

(Das Friedensevangelium der Essener), in denen Dr. Edmond Bordeaux Szeékely zahlreiche Essener-Quellen zusammengetragen hat, teilweise in poetischer freier Wiedergabe, teils in Übersetzung.

Sie lebten nach einer strengen meditativen Regel, die auf ihrer Verbindung mit den Engeln der Irdischen Mutter und des Himmlischen Vaters beruhte. Sie gewannen ihre Inspiration aus dem Wissen des Moses, daß es mächtige Quellen kosmischer Energie gibt, mit denen wir in jedem Augenblick und mit jedem Teil unseres Seins in Verbindung stehen. Dabei handelt es sich nicht um bloße mechanische Kräfte, vielmehr sind sie lebendig und ganz durchtränkt von Bewußtsein und Sein. Immer arbeiten sie für den harmonischen Ablauf allen Lebens in Übereinstimmung mit dem Göttlichen Gesetz. So wurden sie als »Engel« bezeichnet, und sie stellen die Kräfte dar, deren wir für ein lebendiges Leben bedürfen, so daß wir echte Gesundheit und Harmonie von Leib und Seele erfahren können.

Diese Ozeane des Seins erscheinen in der christlichen Doktrin von den Neun Himmlischen Hierarchien wieder, von den Cherubim und Seraphim bis hinab zu den Erzengeln und Engeln. Steiner nannte sie aufgrund seiner geistigen Forschungen Geister der Harmonien, der Liebe, des Willens, Geister der Weisheit, der Bewegung, der Form und so fort. Diese große Vision stimmte durchaus zusammen mit unserer holistischen Weltsicht, in der wir erkennen, daß alles Leben in der unendlichen Vielfalt seiner Formen doch als ein großes Einssein erlebt werden muß, ein Kontinuum von Denken, Wille und Liebe.

Die Essener praktizierten in der Morgenfrühe sieben Vereinigungen (Kommunionen) mit den Engeln der Erdmutter, die den Menschen auf die Reiche der Natur, der lebendigen Erde, der Bäume und der Elemente einstimmten. Wir müssen darin die nahe Verwandtschaft mit den Mächten des niederen Selbst im HUNA-Wissen erkennen. Es bedeutete, daß sie in ihren Ritualen des Gartenbaus, der Forst- und Landwirtschaft das niedere Selbst mit all seinen Fähigkeiten wirklich zu enger Zusammenarbeit aufriefen.

Die Engel des Himmlischen Vaters, an die sie sich bei ihren

nächtlichen Kommunionen wandten, repräsentieren alle Eigenschaften des »Aumakua«, des Reiches des Höheren Selbst. Sie begannen mit der Bekundung: »Der Himmlische Vater und ich sind Eins.« An den nachfolgenden Tagen stimmten sie sich auf die Ozeane des Ewigen Lebens, der schöpferischen Ideen und des Friedens ein. Danach schöpften sie aus den kosmischen Ozeanen der Weisheit, Liebe und Macht, um das von ihnen »Denkender Leib«, »Fühlender Leib« und »Handelnder Leib« Genannte mit Leben zu erfüllen.

Die dreifache Natur des Menschen, den Essenern voll vertraut, wird heute in spirituellen Lehren und in der fortschrittlichen Psychologie zunehmend anerkannt – Denken, Fühlen und Wollen wirken jeweils durch den Kopf oder das Nervensystem, das Herz oder das rhythmische System und das metabolische oder System der Gliedmaßen.

Sodann begingen die Essener jeden Mittag ihre »Kontemplation des Siebenfachen Friedens«. Sie erblickten im Frieden oder der Harmonie eine dynamische Kraft, auf die sie sich mit Körper, Gefühl und Denken in ihrer Beziehung zu den Mitmenschen und der Menschheit und schließlich zu dem Himmlischen Vater einstimmen konnten. Das brachte ihnen Stille und Freiheit von Bindungen. Damit stehen die Essener auf der gleichen Stufe wie die Kahunas mit ihrer Lehre: »Keine Verletzung – keine Sünde.« Dasselbe besagt auch das Gebot: »Liebe deinen Nächsten wie dich selbst.«

Da anzunehmen ist, daß Jesus sowohl ein Essener-Lehrer als auch ein eingeweihter Kahuna war, und da beide Systeme sich in seinen Lehren wiederfinden, besteht wohl Grund zu der Annahme, daß diese beiden bemerkenswerten Lebensstile – auf den ersten Blick so verschieden – aus derselben Quelle, derselben Wahrheit stammen und tatsächlich die Hüter der größten der Menschheit zugänglichen Geheimnisse sind. Wir müssen daran denken, daß es hier nicht um ein bloßes akademisches Studium des Lebens der Wüstenväter geht, sondern um einen lebendigen Impuls, der in unsere Zeit hinüberspielt und sich bei seinem Wiedererscheinen weiterentwickelt und verwandelt; ja wir müssen erkennen, daß viele der großen Essener, die den Christus-Impuls in den ersten Jahren behüteten, sich in unserer Gegenwart neu inkarnieren, um mit der gleichen lebensentscheidenden Arbeit fortzufahren, in einer dem Zeitalter der Wiederkunft angemessenen Form.

Die Essener haben eine Menschheitskatastrophe vorausgesehen, wenn das Abweichen vom Gesetz so weitergeht. Ihr Buch der Offenbarungen enthält Passagen, die der Apokalypse ganz nahestehen – sie wurde ja von dem Lieblingsjünger Johannes geschrieben, einem Essener-Meister.

Das Ziel der Kommunionen und des ganzen Lebensstiles war, genügend Menschen aufzuwecken und für das Überleben in Zeiten des Unheils zu schulen sowie Zentren zu bilden, wo Techniken des Überlebens und eine Lebensführung in Harmonie mit dem Gesetz eingeübt werden konnten. Wenn eine ausreichende Zahl von Menschen diese Gesundheit und Harmonie wiedergewinnen und wahrhaft mit den Kräften der Engel zusammenarbeiten konnte, so war die Menschheit zu retten. Dasselbe läßt sich gewiß über die Notwendigkeiten unseres eigenen Zeitalters sagen.

Das ist in Kürze das allgemeine Bild von dem essenischen Lebensstil, wie ihn Edmond Bordeaux Szeékely in seinen zahlreichen Büchern darstellt. Das wichtigste ist das dreibändige *Essene Gospel of Peace* (Das Friedensevangelium der Essener). Hier werden in dichterischer und biblischer Sprache uns aus der Heiligen Schrift bekannte Sätze und solche aus anderen, bis auf Enoch und das Zend-Awesta des Zoroaster zurückgehenden Quellen stammende Texte zusammengetragen. Es ist ein schönes Werk. Den wesentlichen Kommentar dazu finden wir in *The Teachings of the Essenes from Enoch to the Dead Sea Scrolls* (Die Lehren der Essener von Enoch bis zu den Schriftrollen vom Toten Meer). Es gibt uns eine allgemeine Beschreibung der Essener und ihrer Lehren, mit Einzelheiten über die Kommunionen und die Kontemplationen des Siebenfältigen Friedens.

Diese beiden Werke reichen aus, uns die entscheidende Einstellung für unser Leben und unsere Meditation zu geben. 1977 veröffentlichte Szeékely ein weiteres wichtiges Buch:

The Essene Way – Biogenic Living (Der Weg der Essener – Biogenes Leben), eine Neufassung des ursprünglichen Buches, mit dem er fünfzig Jahre vorher die »International Biogenic Society« (Internationale Biogene Gesellschaft) gründete. Hier finden wir praktische Techniken für eine Lebensweise, die mit dem Besten in unserer holistischen Heilkunde, der organischen Landwirtschaft, der Naturheilkunde und dem, was heute alternativer Lebensstil heißt, unmittelbar übereinstimmt.

Es sei betont, daß es sich hier nicht um einen eigenen »Kult« oder eine eigene Lehre handelt. Der Ausdruck »biogen« bedeutet einfach »Leben erzeugend«. Ein Lebensstil, der die Lebensenergien durch ganzheitliche und lebendige Ernährung und das rechte Verhältnis zu Natur, Erde, Himmel und zu unseren Mitmenschen erschließt – er ist das, was heute so verzweifelt not tut. Im Grunde ist, wer heute für die Bewegung des Neuen Zeitalters arbeitet, ein Essener, denn bei fast jedem ihrer Aspekte erkennt man, daß er eine Facette dieser umfassenden Lehre von einer Lebensweise aufweist, die aus kosmischen und irdischen Kräften lebt. So kann der essenische Weg des biogenen Lebens vielen eine Hilfe sein und dem, was sie schon jetzt tun, mehr Sinn und Richtung geben. Eine ganze Anzahl von »alternativen« Zentren und Unternehmungen wurde bereits gegründet; noch sind sie auf der Suche nach ihrem eigentlichen Zweck und Ziel. Vielleicht wird die Vision der Essener hier Klärung und Inspiration bringen.

Ein wichtiger Punkt noch: Es mag sein, daß Szeékely von manchen Historikern mit der Begründung abgelehnt wird, seine Interpretation unterscheide sich in gewissen Punkten von dem, was wir über die Wüstenväter wissen. Ferner kämen manche seiner Zitate anscheinend aus Quellen, die den Gelehrten in der Vatikanischen Bibliothek und anderwärts unbekannt sind. Hier muß man bedenken, daß es nicht um die akademische Erforschung einer zweitausend Jahre alten Bewegung geht, sondern um einen in unsere eigene Zeit hineinwirkenden Impuls. So steht es mit dem Stoff der Geschichte. Der Impuls der Essener wurde neu geboren und strömt in Frische in unsere gegenwärtige Situation ein. Ohne Zweifel wird er von Seelen getragen, die damals gelebt haben und heute wiederkommen, mit bereichertem Wissen und verwandelt, um den Bedürfnissen des zwanzigsten Jahrhunderts zu dienen. Es besteht die hohe Wahrscheinlichkeit, daß Szeékely selber ein großer Essener war, und so ist sein lebendiger Gedanke ein reiner Kanal für die Engel der Weisheit, durch den sie ihr Wissen in das moderne Denken einströmen lassen können.

Die Essener verbrachten ihre Tage mit Land- und Gartenwirtschaft, um die Früchte der Erde hervorzubringen, mit Meditation, mit Lehren und auch mit dem Studium der großen Werke der Literatur und des religiösen Schrifttums. Freilich waren dies keine bloßen akademischen Studien. Sie erlernten die Kunst, sich mit dem hinter dem Meisterwerk Liegenden auseinanderzusetzen, das im Ozean der Weisheit weiterhin lebendig ist. In ihrem Konzept des »Siebenfältigen Friedens« findet sich eine Kontemplation, die sich mit dem »Frieden (oder der Harmonie) mit der Kultur« befaßt. Das Ziel war, in eine Seelen-Beziehung mit dem Denken der großen Meister zu treten, wie es sich in der bedeutenden Kunst und Literatur ausdrückt. »Sittliche Erziehung ist unmöglich ohne den ständigen Blick auf das Große«, um einen Satz von Whitehead zu verwenden.

Die Essener boten, wie gesagt, dem Christus-Impuls einen schützenden Rahmen, als er vor 2000 Jahren zum ersten Mal auftrat. Wäre es nicht denkbar, daß dieselben Seelen wiederkehren, um demselben Impuls zur Zeit der Wiederkunft zu dienen? »Leben erzeugend«, das ist es in der Tat, denn es ist ein Zusammenwirken mit der immer neu werdenden, immer neu heraufdämmernden Lebenskraft dessen, der gesagt hat: »Ich bin die Auferstehung und das Leben.«

Es ist durchaus angebracht, daß man in diesem Zeitalter der Krisen Überlebenstechniken meistern und zu einem vereinfachten Lebensstil finden sollte, so daß wir lernen, mit den Lebenskräften der Erde richtig zusammenzuarbeiten, ohne verschwenderische Ausbeutung unersetzlicher Rohstoffquellen. Wenn uns das nicht gelingt, wird das Menschengeschlecht sich selbst vernichten. So hat das uns von der erneuerten Essener-Bewegung Gebotene nichts Sektenhaftes an sich, sondern es ist eine Lebensweise, die die Engelskräfte des Himmels und der Erde kanalisiert und das Leben wieder in Einklang mit dem göttlichen Gesetz und der uralten Ewigen Weisheit bringt. Es ist ein Aspekt der Menschheit, der die volle Verantwortung für die Menschlichkeit übernimmt.

Szeékely wurde im August 1979 nach einem langen Leben in das größere Leben entlassen. Mit ihm ist ein großer Eingeweihter dahingegangen. Ganz gewiß wird diese Seele jetzt auf bedeutsame Weise über der Bewegung des Neuen Zeitalters leuchten. Die »International Biogenic Society« arbeitet in Zentralamerika, doch es war seine große Hoffnung, daß auch in Europa Lehrzentren für das »Biogene Leben« des Essener-Weges entstehen würden. Dadurch könnte jeder Aspekt des Alternativen Lebensstiles und die Verwirklichung der holistischen Weltsicht bereichert werden.

Dies Kapitel soll mit zwei Abschnitten aus der »Rolle der Loblieder« (oder »Hymnenrolle«) der Schriftrollen vom Toten Meer schließen (Fassung von Szeékely):

> Ich danke Dir, Himmlischer Vater,
> denn Du hast mich gebracht
> zu einer Quelle fließenden Wassers,
> an einen lebendigen Brunnen
> in einem Land der Dürre.
> Sie bewässern einen ewigen Garten der Wunder,
> den Baum des Lebens,
> Wunder über Wunder;
> ihm wachsen immerwährende Zweige
> ewigen Wachstums,
> sie senken ihre Wurzeln
> in den Strom des Lebens,
> der aus ewiger Quelle strömt.
> Und Du, Himmlischer Vater,
> schütze Du ihre Früchte
> mit den Engeln des Tages

und denen der Nacht
und mit Flammen des Ewigen Lichtes,
die jedem Wege leuchten.

Ich habe die innere Vision erlangt,
und durch Deinen Geist in mir
habe ich Dein wundersames Geheimnis
vernommen.
Durch Deine mystische Einsicht
hast Du eine Quelle des Wissens
in mir zum Sprudeln gebracht,
einen Brunnen der Kraft,
dem lebendige Wasser entströmen,
eine Flut der Liebe
und all-umarmender Weisheit
wie Glanz des Ewigen Lichtes.

Literatur

In der nachstehenden Liste sind nur Bücher in deutscher Sprache berücksichtigt.

Bibel. Die Heilige Schrift. Übers. Schlachter Haus der Bibel. Genf – Zürich 1951

Die Bibel. Einheitsübers. Herder, Freiburg, Basel, Wien, 1980

Barnett, Lincoln: *Einstein und das Universum*. 1955, S. Fischer Verlag, Frankfurt a. Main

Bernstein, Morey: *Protokoll einer Wiedergeburt*. 1973, Scherzverlag, Bern

Brunton, Paul: *Geheimnisvolles Ägypten*. 1983, Verlag Hermann Bauer, Freiburg i. Br. (vergriffen)

Edwards, Harry: *Geistheilung*. 1975, Verlag Hermann Bauer, Freiburg i. Br.

Edwards, Harry: *Praxis der Geistheilung*. 1976, Hermann Bauer Verlag, Freiburg i. Br. (vergriffen)

Einstein, Albert: *Mein Weltbild*. 1986, Ullstein Materialien

Goethe, Johann Wolfgang: *Faust*. 1963, Christian Wegner Verlag Hamburg

Goyon, Georges: *Die Cheops-Pyramide*. 1979, Gustav Lübbe Verlag, Bergisch-Gladbach

Grözinger, Karl Erich: *Qumran*. 1981, Wissenschaftliche Buchgesellschaft, Darmstadt (15 Monographien)

Gumpertz, J.: Mit *Rute und Pendel*. 1949, Selbstverlag, Crocifisso bei Lugano

Haich, Elisabeth: *Einweihung*. 1985, Drei Eichen Verlag, München

Hesse, Hermann: *Gesammelte Werke*. Werkausgabe, 1976, Suhrkamp Verlag, Frankfurt a. Main

Hoffman, Enid: *HUNA für Einsteiger und Praktiker*. 1992, Verlag Hermann Bauer, Freiburg i. Br.

Ilg, Hermann: *Die Bauten der Außerirdischen in Ägypten*. Eigenverlag, Buchdienst für Hermann Ilg, Erwin Dien, 71229 Leonberg

Kissener, Hermann: *Die Schriftrollen vom Toten Meer*. 1970, Drei Eichen Verlag, München

Liekens, Paul: *Die Geheimnisse der Pyramiden-Energie*. 1987, Edition Schangrilla, Haldenwang

Lincoln, Baigent, Leigh: *Der heilige Gral*. 1984, Gustav Lübbe Verlag GmbH, Bergisch-Gladbach

Long, Max Freedom: *Kahuna-Magie*. 1990, Verlag Hermann Bauer, Freiburg i. Br.

Long, Max Freedom: *Geheimes Wissen hinter Wundern*. 1965, Verlag Hermann Bauer, Freiburg i. Br. (vergriffen)

Long, Max Freedom: *Selbstsuggestion und Huna Gebet*. 1968, Verlag Hermann Bauer, Freiburg i. Br. (vergriffen)

Maier/Schubert: *Die Qumran-Essener*. 1982, Ernst Reinhardt GmbH, München

Meek, George W.: *Heiler und der Heilungsprozeß*. 1980, Hirthammer Verlag, Frankfurt a. Main.

Mermet, Abbeé A.: *Der Pendel,* Tressel Pierre. 1979, Siegrist und Müller, CH-3527 Heimberg

Mlaker, Rudolf: *Geistiges Pendeln*. 1974, Richard Schikowski, Berlin

Moody, Raymond A.: *Leben nach dem Tod*. 1977, Rowohlt Verlag GmbH, Reinbek b. Hamburg

Moody, Raymond A.: *Nachgedanken über das Leben nach dem Tod*. 1983, Rowohlt Verlag GmbH, Reinbek b. Hamburg

Nielsen, Greg/Polanski, Josef: *Die Magie des Pendelns*. 1978, Wilhelm Heyne Verlag, München

Ritchie, George: *Rückkehr von Morgen*. 1988, Francke-Buchhandlung GmbH, Marburg an der Lahn

Russell, Bertrand: *Das ABC der Relativitätstheorie*. 1972, Rowohlt Taschenbuch Verlag GmbH, Reinbek b. Hamburg

Ryzl, Dr. Milan: *ASW-Training*. 1978, Ariston Verlag, Genf

Ryzl, Dr. Milan: *ASW-Experimente*. 1978, Ariston Verlag, Genf

Ryzl, Dr. Milan: *Parapsychologie*. 1970, Ramon F. Keller Verlag, Genf

Ryzl, Dr. Milan: *Nutzen Sie Ihre phänomenale Gedächtniskraft*. 1985, Ariston Verlag, Genf

Schonfield, Hugh J.: *Die Essener*. 1985, Verlag Bruno Martin, Südergellersen

Schul, Bill/Pettit, Ed: *Die geheimnisvollen Kräfte der Pyramide*. 1975, Wilhelm Heyne Verlag, München

Stelter, Alfred: *Psi-Heilung*. 1977, Wilhelm Goldmann Verlag, München

Sterneder, Hans: *Das kosmische Weltbild*. 1977, Verlag Hermann Bauer, Freiburg i. Br. (vergriffen)

Sterneder, Hans: *Also spricht die Cheops-Pyramide.* 1977, Verlag Hermann Bauer, Freiburg i. Br. (vergriffen)

Székely, Edmond: *Heliand.* 1972, Drei Eichen Verlag, München

Székely, Edmond: *Das Friedensevangelium der Essener Buch 1.* 1977, Verlag Bruno Martin, Südergellersen

Székely, Edmond: *Die unbekannten Schriften der Essener Buch 2.* 1978, Verlag Bruno Martin, Südergellersen

Székely, Edmond: *Die verlorenen Schriftrollen der Essener Buch 3.* 1978, Verlag Bruno Martin, Südergellersen

Székely, Edmond: *Das geheime Evangelium der Essener.* 1982, Verlag Bruno Martin, Südergellersen

Székely, Edmond: D*ie Lehren der Essener.* 1979, Verlag Bruno Martin, Südergellersen

Tompkins, Peter: *Cheops.* 1973, Droemersche Verlagsanstalt Th. Knauer, München

Toth, Max/Nielsen, Greg: *Pyramid Power.* 1977, Verlag Hermann Bauer, Freiburg i. Br.

Trevelyan, Sir George: *Unternehmen Erlösung.* 1989, Greuth Hof, Gutach i. Br.

Trevelyan, Sir George: *Eine Vision des Wassermannzeitalters.* 1980, GTP-Verlag, Freiburg i. Br.

Westlake, Aubrey T.: *Medizinische Neuorientierung.* 1963, Origo-Verlag

Wingo, Dr. E. Otha: *Das HUNA-Arbeitsbuch.* 1994, Verlag Droemer/Knaur, München

Mitteilungen
an die Leserinnen und Leser

Den Autor erreichen Sie unter folgender Adresse:
Henry Krotoschin, Wirzenweid 6, CH-8053 Zürich

Unter dieser Adresse bekommen Sie Auskunft über Daten von
HUNA-Seminaren, über die Möglichkeit von Einzelberatungen,
über die Mitgliedschaft in der HUNA-Forschungs-Gesellschaft
und über Arbeitshilfen für die HUNA-Praxis in Form von Kasset-
ten und Literatur.

Register